中公クラシックス W10

パスカル

パンセ I

前田陽一
由木 康 訳

中央公論新社

目次

無限を包み込んだ小宇宙　塩川徹也　5

パンセ
（断章）
第一章　精神と文体とに関する思想　一〜五九　3
第二章　神なき人間の惨めさ　六〇〜一八三　37
第三章　賭の必要性について　一八四〜二四一　133
第四章　信仰の手段について　二四二〜二九〇　186
第五章　正義と現象の理由　二九一〜三三八　215
第六章　哲学者たち　三三九〜四二四　246
第七章　道徳と教義　四二五〜五五五　288
第八章　キリスト教の基礎　五五六〜五八八　392

パンセⅡ　収録

パンセ

（断　章）

第九章　永続性　五八九～六四一

第十章　表　徴　六四二～六九二

第十一章　預　言　六九三～七三六

第十二章　イエス・キリストの証拠　七三七～八〇二

第十三章　奇　跡　八〇三～八五六

第十四章　論争的断章　八五七～九二四

小品集

真空論序言

覚え書

ド・サシ氏との対話

幾何学的精神について

年譜／読書案内／重要語句索引

無限を包み込んだ小宇宙

塩川徹也

『パンセ』は、一六七〇年、フランスのパリで刊行された。その完全な題名は、次の通りである。

『死後、書類の中から見出された、宗教及び他の若干の主題に関するパスカル氏のパンセ』

書物は、出版直後から大きな反響を呼び、多数の読者の心を捉《とら》えた。以来三世紀以上の歳月が経過するうちに、それは文学、哲学、宗教の古典の位置を占めるに至り、多数の言語に翻訳されて、世界中で愛読されている。ところで題名からも窺《うかが》えるように、これはひとまず遺稿集のジャンルに属する書物である。「パンセ」というフランス語は、「考えること」、そしてその成果としての「思想」のことであるが、さらに「簡潔な表現に凝縮された思索あるいは着想」、つまり格言や断章を意味することもある。「考える葦《あし》」（断章三四七）や「クレオパトラの鼻」（断章一六二）の文章は、それぞれが一つの「パンセ」であり、題名の『パンセ』（複数形）は、それらを寄せ集めた文集のことである。

こうして本書は、宗教を中心として、哲学、道徳、政治、言語といった広範なテーマについて、パスカルが綴った随想の集大成として、読者の前に差し出されている。「宗教」の観点に立てば、敬虔《けいけん》なキリスト教徒であった作者の信念と信仰が表明された信仰書、そして「他の若干の主題」の観点に立てば、人間の実相に肉薄する人生論あるいはモラリスト文学の相貌《そうぼう》が浮かび上がるような書物である。しかし『パンセ』にはもう一つの姿がある。初版の表題の上部には、完成した教会堂を中心としてその左右に、建築中の建物と建物の残骸《ざんがい》が描き込まれている口絵が掲げられ、それに「事業は中断されたままである」という題辞が添えられている。『パンセ』は、パスカルが計画していた著述の準備ノートを主体として編纂《へんさん》された未完の書なのである。それでは、彼が構想していたのは、いかなる書物であったのか。

ブレーズ・パスカル（一六二三―一六六二）は、科学者として出発した。十六歳のときに『円錐《えんすい》曲線試論』を執筆して、射影幾何学におけるパスカルの定理を証明したのを皮切りに、二十代初めには史上初の計算機を考案製作し、さらに真空の存在を証明するための実験の考案を通じて、大気圧と流体の平衡の考察に進み、圧力の単位「ヘクトパスカル」にその名を残している。その後も、賭博《とばく》の賭金《かけきん》の分配規則を定めるために、「フェルマの大定理」で知られるピエール・フェルマと協力して確率論に通ずる理論を開発し、晩年には、サイクロイドの求積問題を解決して、微分積分学への道を開いた。十七世紀ヨーロッパは、「科学革命」の時代であるといわれるが、彼はその重要な担い手の一人なのである。

しかし彼は同時に、敬虔で熱烈なキリスト教徒であった。誠実で従順なカトリックの家庭に生まれ、父親から、「すべて信仰の対象は、理性の対象にはなりえない、いわんや理性に従属することはない」という教えを叩き込まれていた彼は、ルネサンス以来台頭していた反キリスト教的な合理主義と接触しても、無信仰に陥ることはなかった。彼の伝記を書いた、姉のジルベルトはそう証言している。しかし表面的には、すべてのフランス人がキリスト教徒であり、その大部分がカトリック教会に属していた当時にあって、信者であることは、慣習の一部、いわばルーチンであった。そのような事情に変化をもたらしたのは、少なくとも二度にわたる回心の体験である。十六世紀の宗教改革のあとを受けて、十七世紀のフランスでは、カトリック内部での信仰改革の機運が大きな高まりを見せた。そこで重要な一翼を担ったのが、ポール・ロワヤル女子修道院とその周辺に集う男性の隠遁者集団及びその同調者たち——総称して「ポール・ロワヤル」と呼ばれる——である。パスカルはその感化を受けて、一六四六年、父と二人の姉妹とともに回心し、科学の研究と並行して、宗教の研究に打ち込んだ。しかしこの熱意は、父が一六五一年に亡くなり、その後、妹のジャクリーヌが彼の意に反してポール・ロワヤル修道院に入ると一時減退し、社交界に出入りして、「人間の研究」(断章一四四)に目を向けるが、一六五四年十一月二十三日の夜、神との神秘的な出会いを体験して、信仰に身を捧げることを決意する。その記念として残されている一枚の書き付けが、『覚え書』である。

以後彼は、ポール・ロワヤルの同調者として、求道生活を送るとともに、教会内の信仰刷新運動にかかわり、さらにジャンセニスムとの関連で、宗教上の異端及び政治上の反体制の嫌疑をかけられたポール・ロワヤルを擁護すべく尽力する。ジャンセニスムとは、スペイン領フランドル――現在のベルギー――の神学者コルネリス・ヤンセン(一五八五―一六三八)がアウグスティヌスの恩寵《おんちょう》論に依拠して展開した理論、原罪の支配下にある人間の意志の堕落を重視し、神の恩寵の働きが救いにとって絶対的要件であることをことさらに強調する神学説である。これは、ルネサンスの人間中心主義の影響を受けて、信仰における人間の自由意志の役割を重視し、キリスト教を積極的に近代世界に適合させていこうとする潮流、とくに反宗教改革の尖兵《せんぺい》であったイエズス会に代表される神学に対する反動であり、両者の対立は教会内に激しい葛藤《かっとう》を引き起こしていた。しかし最終的に、宗教的原因と政治的原因の複雑な絡み合いの結果、ジャンセニスムは異端としてローマ教皇から断罪された。そしてポール・ロワヤルは、フランスにおけるジャンセニスムの牙城《がじょう》としてさまざまの迫害を受けていたのである。

このような状況で、ポール・ロワヤルの同調者となったパスカルは、一六五六年から翌年にかけて、『プロヴァンシアル（田舎の友への手紙）』と題する十八通の論争書簡を発表して、アウグスティヌス伝来の厳格な恩寵観を堅持するポール・ロワヤルを擁護すると同時に、論敵イエズス会の自由主義的な――パスカルの観点からすれば、弛緩《しかん》した――道徳論を鋭く批判する。これは地下出版物であり、匿名で発表されたが、論争文学史上空前の反響を呼び、論争終結後直ちに、ルイ・ド・モンタルトの筆名のもとに一本にまとめられた。論争が過去のものになった後も、フランス古典主義を代表する散文として、現在に至るまで読み継がれ、文学史の中で大きな位置を占めている。

ところで『プロヴァンシアル』執筆の最中、彼の姪に、「聖荊《せいけい》の奇蹟《きせき》」と呼ばれる不思議な出来事が出来《しゅったい》した。姉ジルベルトの娘で、ポール・ロワヤル修道院の寄宿生であったマルグリットは三年にわたって、涙嚢瘻《るいのうろう》と呼ばれる厄介な眼病を患っていた。それが、キリストの遺物――受難の際にかぶせられた荊《いばら》の冠の破片と称するもの――を患部に押し当てたところ、たちまちのうちに快癒したのである。ポール・ロワヤルとその擁護のために闘っているパスカルが、これを自分たちの信条と行動の正しさを証《あか》しする神意の顕現と解釈したのは、驚くにあたらない。しかもそれは、パリの大司教区によって正式に奇蹟として認定された。ポール・ロワヤルに敵対している勢力も、カトリック教会に所属している限りは、それを承認せざるをえないはずである。ところが反対派はそれが奇蹟であることは認めても、その意味については別の解釈をくだす。それは、ジャンセニスムの異端を支持するポール・ロワヤルに対する神の慈悲にあふれる警告だというのである。この解釈の食い違いから、プロヴァンシアル論争と並行して、奇蹟の意味をめぐるもう一つの新たな論争がもち上がった。パスカル自身は、それに直接関与することはなかったが、当然ながら強い関心を寄せ、奇蹟一般そしてとくにイエス・キリストの奇蹟の意味についての考察を書き残し、それらは『パンセ』に収録されている。

しかし、さらに注目に値するのは、奇蹟についての考察が、『パンセ』として刊行されることになる著作の計画を生み出すきっかけとなったことである。そのへんの事情を、姉のジルベルトは次のように記している。

弟は奇蹟についてさまざまの考察を行ったが、それは宗教に関する多くの光明を弟にもたらすことになった。ところで真理はすべて、次から次へと引き出されていくものなので、弟もそのうちの一つに集中すると、それだけで、他の真理はいわば群れをなして姿を現し、たちまちのうちに目の前に整列し、そのありさまは、弟の言い方を借りれば、心を恍惚《こうこつ》とさせるほどだった。そしてこれをきっかけにして、弟は無神論者に対して激しい憤りを感じ、神から与えられた光明のうちに、彼らを説き伏せ、完膚なきまでに打ちのめすに足るものがあるのを見て、あの著作に打ち込むことになったのである。そのうち今集められた部分を見るにつけても、弟が自分自身で取り集め、さらに書き足した部分を加えて、完璧《かんぺき》な美しさを備えた一つの作品に仕上げることができなかったことが、くれぐれも惜しまれるのである。（ジルベルト・ペリエ『パスカル氏の生涯』、傍線は引用者）

彼が構想していた著作は、理性の名においてキリスト教を攻撃する人間――無神論者ないしは自由思想家――を相手取って、彼らの主張を反駁《はんばく》し、さらにひるがえって、キリスト教の正しさを積極的に読者に説得することをめざす著作であった。ジルベルトはそれを、漠然と「あの著作」と呼んでいるが、パスカル研究の伝統においては、『キリスト教護教論』（別名『キリスト教の弁明』）と呼びならわされている。しかしそれは、すでに述べたように、未完成で、パスカルの頭の中にしかない。書物として刊行された『パンセ』は、「そのうち今集められた部分」に過ぎないのである。こうして著者パスカルの意図と、読者の前にある現実の書物の間には、解消することのできないズレあるいはねじれがある。『パンセ』の謎と魅力の源泉にあるのは、ある意味で、このズレとねじれなのである。

『キリスト教護教論』の構想はいかなるものであったのか。いや、それ以前に、その構想を垣間《かいま》見ることは果たして可能なのか。実は、この問題は、本書の翻訳の底本となったブランシュヴィック版では、表面には浮かび上がらない。ブランシュヴィック版は、十九世紀末に刊行され、二十世紀前半、さらには六、七〇年代に至るまで支配的な位置を占めつづけた版であるが、『護教論』の再構成を潔く断念し、精神の類型（「幾何学の精神」と「繊細の精神」）や文体に関する考察から出発して人間学を経て宗教的考察へと、順を追ってテーマ別に断章を配列したところに、その成功の秘訣《ひけつ》があったからである。『護教論』の構想を復元する試みは、しばしば企てられたが、未完の計画を完結させるのは無理な話であり、いずれも恣意《しい》を免れることはできず、説得的な成果は挙げられなかった。

ところがこの問題については、この半世紀の間に劇的な転換が生じた。パスカルが自らの著作の計画について、一六五八年ごろ、ポール・ロワヤルの友人たちの前で講演を行い、その概要を説明したことは以前から知られていた。しかし、さらに講演後、時期は不明だが、パスカル自身が著作プランを作成し、それに沿ってそれまで書きためていたノートを分類し、章立ても考えていたこと、そしてそれが、死後まもなく作成された原稿の写本——二種類残されている——に反映していることが、研究者たちの粘り強い探索の結果、次第に明らかになってきたのである。その中核にある発見は、パスカルの残した原稿が、形態も分量もまちまちの約六〇束の文章ファイルから構成され、その中の二七束はそれぞれ標題をもち、目次に従って並べられていたことである。『護教論』のたんなるプランを超えて、そのスケッチあるいはシナリオが残されていたとすれば、それを手がかりに、パスカルの『護教論』の構想を垣間見ることが可能になる。こうして、近年フランスでは、写本を底本とする版が主流を占めるようになった。主要なものに、ラフュマ版（一九五一年）、セリエ版（一九七六年）、ル・ゲルン版（一九七七年）がある。

シナリオが描き出す『護教論』の輪郭はおおよそ以下の通りである。全体は二部に分かれ、前半部では、キリスト教の知識を前提としない人間学の観点から出発し、「偉大」と「惨めさ」が綯《な》い交ぜになった人間の不可解さを浮き彫りにして、信仰の必要性と正当性を示唆する。人間は真理と正義を渇望しながら、それを実現できないし、またその渇望を断ち切ることもできない。平安を理想としながら「部屋にじっとしている」という無為に耐えられず、社交生活、賭博、学問、出世競争といった「気を紛らすこと」（断章一三九）に身をやつして、不幸の意識の根源にある「倦怠《けんたい》」から目をそらし、未来に設定した目標の達成によって幸福を実現しようとする。しかし幸福になる準備をしているばかりなので、決してそこに到達することはできない。だがこうして人間に付きまとう不幸の意識は、人間の高貴さの証しでもある。樹木にも動物にも不幸の意識はない。人間の惨めさは、それを意識することにおいて、偉大さの源となる。ところが人間の哲学は、「偉大」と「惨めさ」のいずれかに注目するだけで、このような逆説的状況を解明するには至らない。それを解明する唯一の仮説は、キリスト教の提示する原罪の教えである。無垢《むく》で完全な存在として、神によって創造された人間は、造物主の支配を逃れて独立し、万物の中心になろうとしたために、神から見捨てられ、他の被造物の支配下に入ったばかりでなく、自らを制御し支配することもできなくなった。自我の基本的なあり方としてのエゴイズムとそれに随伴する不正と不幸は、原罪の果実なのである。

後半部は、この仮説及びそれと相関するもう一つの仮説の証明、すなわち人類の始祖アダムの堕罪と救世主イエス・キリストの十字架の贖《あがな》いによる原罪からの解放が真実であることの証明にあてられる。ところでパスカルにとって、アダムの犯した罪とキリストのもたらした救済は、一方では理性の理解を超える神秘であるが、同時に、歴史の中に生起した出来事であり、その限りにおいて、当事者と目撃者を出発点として伝聞によって伝えられる歴史的事実である。実際、これら二つの出来事は、旧約・新約両聖書の記述を通じて世に知られているのであり、それ以外に、知るすべはない。逆にいえば、聖書の核心をなすのは、アダムの堕罪と救世主の到来の事実に関する証言なのである。こうして聖書が伝える証言の信憑《しんぴょう》性——パスカルの用語法では、「権威」——を、信仰を共有しない、言い換えれば聖書の権威を認めない読者に対して論証することが課題となる。

ところでパスカルにとって、書物の信憑性は最終的には、その内容を伝える証人の信憑性に帰着する。とくに旧約聖書については、それを作成し伝承してきたのはユダヤの民であるが、彼らはイエスを救世主と認めることを拒んでキリスト教徒と対立しながら、他方では、キリスト教徒と同じく旧約聖書を神の啓示の書として崇拝し、忠実に保持しつづけている。つまりユダヤ教徒とキリスト教徒は、法廷における原告と被告のように対立しながら、旧約聖書の信憑性については一致して認めているのである。この意味でユダヤの民は、「非の打ちどころのない証人」(断章七六〇)であり、聖書の信憑性に関する彼らの証言は信頼できる。しかしそれでは、同じテクストから出発して、どうして救世主の到来について、キリスト教徒とユダヤ教徒のあいだに、見解の相違が生ずるのか。それは、旧約の伝える事柄が歴史的事実であると同時に、新約において成就する出来事の予兆あるいは表徴という二重の性格を帯びており、そこから旧約の文章表現も否《いや》応《おう》なしに字義どおりの意味と象徴的意味の二重性をはらんでいるからである(断章六七八)。被造物への愛にとらわれていたユダヤの民は、聖書の象徴的意味を読み取ることができずに、イエスが救世主であることを見逃してしまったのである。こうして、いわゆるユダヤ人証人説と表徴による聖書解釈という二つの理論に導かれて、キリスト教の真理の歴史的論証は完結する。

次いで議論は、「キリスト教の道徳」の考察に移り、人間の救いは、キリストを頭とし信者を手足とする「共同体=教会」に参入することによって成就するという神秘的なヴィジョンが展開される。しかし最終章に至って、神を知ることと神を愛することのあいだに横たわる距離が強調され、信仰は神の人間の心への働きかけである「回心」にほかならないという方向が指し示されるところで、『護教論』のプランは幕を閉じる。

奇蹟に関する考察を積み重ねた末に、「(無神論者を) 説き伏せ、完膚なきまでに打ちのめすに足る」論拠を見出したと確信したときに、パスカルが抱いた直観を、残された『護教論』のシナリオに従って展開すれば以上のようになる。しかし当然のことながら、これはある時点におけるパスカルの構想を展開したものに過ぎず、決して『護教論』の完成した姿についての推測ではない。それは、パスカル自身、知らなかったことなのだから、解答不能というより、無意味な問いである。避けてとおることのできない問い、それは、『パンセ』と『護教論』の関係である。パスカルがめざしていたのは、『キリスト教護教論』の完成であり、『パンセ』と題する遺稿集の出版ではなかった。しかしそれなら、『護教論』完成の暁には、『パンセ』はそれに吸収される運命だったのだろうか。この問いもまた、非現実の想定に基づく無意味な問いだというのなら、『パンセ』はひたすら『護教論』の構想との関連において読み、考察すべきものなのだろうか。

そうでないのは明らかである。まず『護教論』のシナリオとなるファイルは、パスカルが残した原稿の半分にも満たない。だからといって、他のファイルが『護教論』と無縁だというわけではない。たとえば、有名な「賭」の断章 (二三三) は、ある意味で、『護教論』の構想とその問題点を集約的に表現しているが、シナリオには含まれていない。とはいえ、「雑」(断章四八) と名づけられたファイルを中心として、『護教論』の構想からはみ出す断章群が収められたファイルもかなり残されており、そこでは、言語、文体、認識と言語の関係、美と美的体験の構造、紳士

（オネットム）の資質、法律と正義の根拠といった多岐にわたるテーマが論じられている。そればかりではない。『護教論』のシナリオに属する部分にも、信仰とは無縁の人間とそのような人間が寄り集まって形成される共同体に関する多数の考察が含まれているが、それらはキリスト教の知識と信仰を前提とはしていない。『護教論』が、キリスト教信仰の外部に対する訴えかけである以上、議論にあたっては、信者と不信者に共通のものさしである理性を使用するほかないからである。『パンセ』の人間学と政治学は、パスカルの信仰に裏打ちされていながら、いわば『護教論』の手前側にあって、そのまま世俗の人間学と政治学として通用する。それは、『パンセ』の本質的部分を形作っている。

　それでは『パンセ』の宗教的側面はどうか。それは、『護教論』と重なり合うのだろうか。護教論的議論が、『パンセ』の宗教的考察の大きな部分を占めているのは確かである。しかし信仰と護教論は同じものではない。護教論の企ての出発点に、自らの信仰を未信者と分かち合いたいという熱烈な願望が控えているのは事実である。とはいえ、護教論の固有の目標は、キリスト教の正しさを、理性の次元で説得することにある。その説得が功を奏したとしても、それ自体は必ずしも信仰を生み出さない。それにパスカル自身の信念に即しても、「信仰は神よりの賜物《たまもの》」であり、護教論者の「推理の賜物」ではない（断章二七九）。なぜなら、「神を感じるのは、心情であって、理性ではな」く、信仰とは、「理性にではなく、心情に感じられる神」（断章二七八）だからである。しかしそれなら、人間であるパスカルが、いまだ神との出会いの体験をもたない読者を信仰のとば口に誘《いざな》うべく、彼の卓越した説得術を駆使することに、いかなる意味があるのか。万一、企てが成功して、読者が信仰を抱くに至るとすれば、それは神の賜物である信仰を護教論者が横取りすることにならないか。

宗教書としての『パンセ』の独創性は、この疑問と危険にきわめて意識的なことである。そこには、キリスト教の真理を読者に説得することをめざす護教論と並行して、そもそも信仰を説得するとはいかなることか、護教論が読者に納得させようとしている信仰はいかなる信仰なのかをめぐって、透徹した考察が展開される。信仰は本来、「心情の直感」を通じて神から直接与えられるものであり、護教論者の役割は、「推理」によって、キリスト教という宗教の信憑性を読者に説得することに尽きる。しかしそれは神の霊感が読者に望むまでの、いわば暫定的な信仰にとどまり、それだけでは、人間的で、救いには無益なのである（断章二八二）。

だが『パンセ』には、さらにその先がある。それは、「心情」に神を感じたパスカルが、神と信仰について、直接神の意を受けて、言葉を発しているように感じられる文章が存在していることである。いやむしろ、ここまでくれば、言葉を発しているのは、パスカルの心情に触れた神だ、といったほうがよいかもしれない。「A. P. R.」と題する長大な断章（四三〇）では、「偉大」と「惨めさ」が背中合わせになった人間の「不可解」の理由が解き明かされるが、そこで「私」の名において語っているのは、「神の知恵」である。これを、「擬人法」という文学的虚構の産物だといってしまえば、それまでのことであるが、筆を執るパスカルの意識に即して考えると、それだけではすまないという気がしてくる。彼は、「預言」について、それは、「神について語ることであり、しかも外的な証拠によらず、内的ななじかの直感によって語ることである」と述べている（断章七三二）。人間の心情あるいはむしろ心に現前した神の促しによって語ることが、預言だというのである。しかもキリストの到来によって、すべての信者に預言する可能性が開かれたことを彼は確信している（断章二八七）。『パンセ』の中には、人間理性の次元にとどまる護教論者の呼びかけばかりでなく、神の言葉に侵入された預言者の声が響き渡っているのである。『パンセ』を護教論の土俵に閉じ込めることは決してできない。それは、『護教論』の構想を中心にして、その手前側に人間と理性の領域、その向こう側に神と信仰の領域が三層構造をなして、果てしなく広がる、未完の書物である。そしてそれぞれの断章（パンセ）は、散乱しながら、目には見えない全体を自らのうちに映し出している。『パンセ』は、比較的小ぶりな体裁の中に、幾重もの無限を包み込んだ、一つの小宇宙なのである。

『パンセ』の後世への影響は深く広い。それはもちろん、キリスト教を代表する信仰書として、信者はもとより、超越者とその神秘への憧れを断ち切ることのできないすべての人間に愛読されてきた。しかしより注目に値するのは、『パンセ』が、脱宗教化あるいは世俗化の道をたどった近代及び現代の思想と緊密な緊張関係を取り結んでいることである。それはおそらく、パスカルが近代ヨーロッパのとば口に立って、その基本的な理念の形成に深く寄与しながら、同時にその限界と問題性に鋭い疑問の刃を突きつけた逆説的な思想家であることに起因している。実際、彼は、科学技術の領域では、進歩の観念を唱導し、組織と個人の関係においては、「考えること」を人間の尊厳の根拠に据えて、良心の自由を擁護しながら、他方、信仰の領域では、人間の原罪と神の恩寵を強調する復古主義的な立場を堅持し、その観点から合理主義と人間中心主義が根拠を欠いていること、そして合理主義と人間中心主義の行き着く先が世界の意味の喪失であることに容赦ない批判を浴びせかけている。また哲学との関係も、「哲学をばかにすることこそ、真に哲学することである」（断章四）という言葉に象徴されるように逆説的性格を帯びている。彼は、あらゆる人間の哲学を、人間の根源的な欲望である感覚欲、知識欲、支配欲のいずれかの表現であるとして退ける（断章四六一）。唯一デカルトの哲学については、理性あるいは精神の水準ではもっとも正しいものと評価して、その心身二元論を受容するが、それでもその体系を内側から解体して、「愛の秩序」の下位にある「精神の秩序」の空しさを暴き出さずにはおかない（「身体」、「精神」、「愛」の三つの秩序の区分については、断章七九三を参照のこと）。パスカルは、近代のもっとも根源的な批判者の一人なのである。

こうして十八世紀の啓蒙主義も、十九世紀のロマン主義も、二十世紀の実存主義、構造主義、ポスト構造主義等の思想潮流も、パスカルのうちに先駆者あるいは敵対者を見出して、彼の提起した問題に対する応答を続けてきた。それが近代のフランス思想史の重要な部分を形作っているといっても過言ではない。しかも注目すべきは、彼の影が、ヴォルテールやヴァレリーのように反パスカルの旗印を打ち出す思想家・文学者にも一生つきまとうことである。立場を異にする反対者の心をも強迫観念のように捉え続けるところに、彼の文章の謎めいた魅力がもっともよく窺える。

『パンセ』の版本について

すでに記したように、書物としての『パンセ』は、パスカルの残した未定稿を取り集めた遺稿集であり、その成立にパスカルは関与していない。ある意味で、それは編纂者が作り上げる本なのである。そして、一六七〇年の初版――「ポール・ロワヤル版」と呼びならわされている――以来、数十種類の版本が刊行されたばかりでなく、今なお新版編纂の試みが活発に行われている。そして版によって、収録する文章の範囲、何をもって一つの断章とするかその基準、原文の読み方、そしてとりわけ断章の配列と著作としての構成が異なっている。刊行された作品は、版が異なっても、冒頭から末尾に至るまで、多少の異同は別にして、同じ文章群が同じ順序で連なっているのが原則だとすれば、『パンセ』という一冊の書物は存在しない。それぞれの版ごとに、異なった書物なのである。どの版本で読むか、どの版本を底本として翻訳するかが、『パンセ』については、無視できない問題となる。以下、版本について、必要最小限のことを記す。

初版の「ポール・ロワヤル版」は、著者の近親と友人たちの手によって編纂され、世に出た。彼らは、パスカルの生前の計画を知っていたので、できることなら、彼の遺志を継いで、彼が準備していた書物を完成に導くか、それが無理でも、完成した姿を彷彿とさせるように原稿を整えて、刊行することを望んでいた。しかし残された原稿の状態は、あまりにも未完成で、『護教論』を完成することはおろか、その構想を復元することは不可能だと思われたので、編者たちは、逡巡《しゅんじゅん》した挙げ句、残された原稿の中から、分かりやすく、ある程度完成した文章を抜粋して、遺稿集として編纂した。その際、未完成の文章には手を加え、断章と断章のあいだにはつなぎの文章を入れ、さらにパスカル特有の用語法や構文を、当時の古典主義的文体の理想に照らしてしばしば改変している。現在の書物編纂の基準からすれば、不完全な版であるが、公刊後直ちに評判を呼び、版を重ね、一世紀半にわたって支配的位置を保った。

『パンセ』編纂の第二の波は、十九世紀中頃に始まる。その口火を切ったのは、当時の哲学界の重鎮であったヴィクトル・クーザンである。彼は、王立図書館に保存されていた『パンセ』の肉筆原稿集を参照して、ポール・ロワヤル版との文章の異同に気が付き、『パンセ』新版の必要性を訴えた。この問題提起を受けて、プロスペル・フォジェールという学者が一八四四年、はじめて原稿に忠実な最初の版本を出版する。つまり残されていた肉筆原稿集に収められているすべてのテクストを、他の経路で伝えられたテクストも併せて、可能な限り原稿に忠実に刊行したのである。しかしこれで『パンセ』の編纂作業に終止符が打たれたわけではなく、十九世紀中葉から二十世紀前半にかけて、さまざまの『パンセ』新版の試みが行われ、主要なものだけでも、五種以上になる。その中でもっとも大きな成功を収めたのが、本訳書の底本であるブランシュヴィック版（初版、一八九七年、改訂版、一九〇四年）であることは、すでに述べた。

しかし肉筆原稿集があるのに、どうして異なる版が出版されるのか。それは、今に伝えられている原稿集が、パスカルの残した原稿の状態を反映していないからである。それは、形も大きさもまちまちの紙片の集合体であり、散逸を防ぐために、死後五〇年ほど経ってから、大きな台紙に貼り付けて装丁したものなのである。したがって個々の断章の読みについては、もちろんこれが最終的基準になるが、収録すべき断章の範囲、断章の配列など、書物全体の構成にかかわる事柄については、そのままでは拠《よ》り所にならない。それぞれの編纂者は、自分が『パンセ』について抱いているイメージに従って、その構成を決定するほかなかったのである。

二十世紀中葉に始まる『パンセ』編纂の第三の波は、すでに触れたが、『護教論』のシナリオの発見にかかわる。死後まもなく作られた原稿の写本が、残された原稿の状態を反映しており、そこからパスカルがある時点で抱いていた『護教論』の構想を垣間見ることができることが、徐々に明らかにされてきた。それと並行して、個々の原稿の読みにも、新たな改良が加えられた。とくに本書の共訳者の一人である前田陽一氏は、「人間の不釣合《ふつりあい》」(断章七二)の原稿の仔細《しさい》な検討によって、同じ紙片に、異なる段階のテクストが書き込まれていることを発見し、第一稿と最終稿を分離することに成功した。この手法は他の断章の解読にも適用され、『パンセ』のテクスト校訂において重要な役割を果たしている。

こうして写本を底本とした版本が地歩を固めつつあるが、それも一種類ではない。その理由はまず、残された写本が二種類あって、『護教論』のシナリオの部分では一致しているものの、他のファイルの配列が異なっており、どちらを底本に選ぶかが問題になるからであるが、それ以外にも、編纂者が独自の工夫を凝らすからである。ともあれ、写本に基づく主要な版本としては、次の三種類が挙げられる。

●ラフュマ版(一九五一年) いわゆる第一写本を底本としてはじめて採用した版。そこに収録されていない断章についてては、それぞれの出所を明示して、最終部に配列している。

●セリエ版(一九七六年、新版、一九九一年) いわゆる第二写本を底本として採用している。そこに収録されていない断章の扱いは、ラフュマ版と同様。同一の紙片に記されている断章には、同一の番号を割り当てているので、従来の版に比べると全体の断章数が減少している。

●ル・ゲルン版（一九七七年）　ラフュマ版と同じく、第一写本に依拠している。断章の区切り方はセリエ版とほぼ同じ。

なお、この半世紀にわたって、世界のパスカル研究をリードしてきたジャン・メナール教授も『パンセ』の新版を準備しており、完成すれば、画期的な版になると期待されているが、現時点では刊行の目処《めど》は立っていない。

本書の翻訳について

本書に収める翻訳は、最初は、中央公論社版『世界の名著』第二十四巻「パスカル」（一九六六年）として刊行された。ブランシュヴィック版の配列に従って、前田陽一氏が、断章四四〇まで、由木康氏が断章四四一以降を担当して、翻訳が行われた。ただし原文のテクストについて、前田氏は、肉筆原稿集、及びそれに含まれない断章の場合は、第一、第二写本の写真版に直接準拠し、由木氏は、ブランシュヴィック版を底本として、他の版、とくにトゥルヌール版とラフュマ版を参照したと、解説の付記に記されている（トゥルヌールは、『パンセ』の原稿の判読に一生を捧げた在野の研究者であり、彼の版は、テクストの読みの正確さで定評があった）。これは、パスカルの文章を、可能な限り原文に忠実に翻訳しようとする態度の表れであり、両氏、とくに前田氏の翻訳の大きな特色となっている。

しかし大筋では、由木氏ばかりでなく、前田氏の翻訳も、ブランシュヴィック版にほぼ一致している。ブランシュヴィック版を含めた従来の版に大胆な変更を加えた箇所は、ただ一箇所、断章二四七の「たとえそう叫んだところで」（一九〇ページ、注(1)参照）だけである（ただしこの読みは、一九六六年以降に刊行された校訂版である、セリエ版にもル・ゲルン版にも採用されていない）。本書のような普及版の翻訳書において、底本の選択や原文の読み方の異同について神経質になる必要はない。

（東京大学教授）

凡例

一　『パンセ』の断章の配列は、ブランシュヴィック版による。翻訳は、断章一から四四〇までを、前田陽一氏、断章四四一から九二四までを、由木康氏がそれぞれ担当された。

二　訳文中、〈〉内は、パスカルがフランス語以外で記した語句を示し、とくに注記したもの以外は、すべてラテン語で記されている。また、〔〕内は、いったん書かれた後で、パスカル自身が線を引いて抹消した部分である。

三　『パンセ』の断章番号の下に小字で示した記号「ラ」は、ラフュマ版全集（一九六三年）で、下の数字はその該当番号を意味する。

四　由木康氏の担当された断章四四一以降、（）内に入れた本文より小さい字の語句は、訳者の補足である。

なお、パンセⅡ収録の年譜・索引は、『世界の名著』版（一九六六年）による。

パンセ

第一章　精神と文体とに関する思想

一

ラ五一二

幾何学の精神と繊細の精神との違い。

前者においては、原理は手でさわれるように明らかであるが、しかし通常の使用からは離れている。したがって、そのほうへはあたまを向けにくい。慣れていないからである。しかし少しでもそのほうへあたまを向ければ、原理はくまなく見える。それで、歪《ゆが》みきった精神の持ち主ででもないかぎり、見のがすことがほとんど不可能なほどに粒の粗《あら》いそれら原理に基づいて、推理を誤ることはない。

ところが繊細の精神においては、原理は通常使用されており、皆の目の前にある。あたまを向けるまでもないし、無理をする必要もない。ただ問題は、よい目を持つことであり、そのかわり、これこそはよくなければならない。というのは、このほうの原理はきわめて微妙であり、多数なので、何も見のがさないということがほとんど不可能なくらいだからである。ところで、原理を一つでも見落とせば、誤りにおちいる。だから、あらゆる原理を見るために、よく澄んだ目を持たなければならず、次に、知りえた原理に基づいて推理を誤らないために、正しい精神を持たなければならない。

すべての幾何学者は、もしも彼らがよい目を持っていたなら、繊細になれただろう。彼らは自分の知っている原理に基づいては、推理を誤らないからである。また繊細な精神の人々は、慣れない幾何学の原理のほうへ目をやることができたなら、幾何学者になれただろう。

したがって、ある種の繊細な精神の人々が幾何学者でないのは、彼らが幾何学の原理のほうへ向くことが全くできないからである。ところが幾何学者が繊細でないのは、彼らがその前にあるものを見ないからであり、また彼らが幾何学のはっきりした粗い原理に慣れていて、それらの原理をよく見て、手にとったのちでなければ推理しない習慣なので、原理をそのように手にとらせない繊細な事物にぶつかると途方に暮れてしまうのである。このほうの原理はほとんど目に見えない。それらは、見えるというよりはむしろ感じられるものである。それらを自分で感じない人々に感じさせるには、際限のない苦労がいる。それらの事物は、あまりにも微妙であり、多数なので、それらを感じ、その感じに従って正しく公平に判断するためには、きわめて微妙で、きわめてはっきりした感覚が必要である。その際には、たいていの場合、幾何学におけるように秩序立ってそれらを証明することはできないのである。というのは、人はそれらの原理を同じ具合には所有していないし、そのようなことを企てたとしても際限のないことだからである。問題のものを、すくなくともある程度までは、推理の運びによってではなく、一遍で一目で見なければならないのである。そういうわけで、幾何学者が繊細で、繊細な人が幾何学者であるのは珍しい。なぜなら、幾何学者はそれらの繊細な事物までも幾何学的に取り扱おうとするからである。そして、まず定義から、ついで原理から始めようとして、物笑いになる。それはこの種の推理の際のやり方ではない。といっても、精神が推理をしないというわけではない。ただ、精神はだまって、自然に、たくまずにするのである。なぜなら、それを表現するのは、すべての人の力を越えており、それを感じるのは、少数の人だけに限られているからである。

繊細な精神の人々は、それに反して、こうして一目で判断するのに慣れているので、彼らには何もわからない命題が提出され、そこへはいっていくためにあまりに無味乾燥でそんなに詳しく見る癖がついていないような定義や原理を経なければならないとなると、驚きのあまり、おじけづき、いやになってしまう。

しかし、歪んだ精神の持ち主は、決して繊細でも、幾何学者でもない。

そこで、幾何学者でしかない幾何学者は、万事が定義や原理によってよく説明されるかぎり、正しい精神を持っている。さもなければ、彼らは歪んでいて、鼻持ちならない。なぜなら、彼らが正しいのは、よく明らかにされた原理に基づく場合だけだからである。

また繊細でしかない繊細な人々には、彼らが、世間で一度も見たことがなく、また全く使用されていないような思弁的、観念的なことがらの第一原理にまでさかのぼっていくだけの忍耐力を持てないのである。

二

ラ五一

正しい判断力のいろいろ。ある人々は、ある秩序の事物において正しいが、他の秩序ではそうでなく、むちゃをする。

ある人々は、わずかな原理からよく結果を引き出す。そしてそれは判断力の正しさである。

他の人々は、多くの原理が存在する事物からよく結果を引き出す。

たとえば、ある人々は、水のいろいろな作用をよく理解する。そこにはわずかな原理しかない。しかしその結果は、はなはだ繊細なので、精神の極度の正しさだけがそこまで届きうるであろう。

そうだからといって、この人たちが大幾何学者であるとはかぎらない。なぜなら、幾何学には多数の原理が含まれており、ある種の精神は、わずかな原理には根底までよく徹することができても、たくさんの原理が存在する事物にはからきし徹しえないのである。

するとニ種類の精神が存在することになる。一つは、原理から結果へ、鋭く、深く徹するもので、これは正確の精神である。もう一つは、多数の原理を、混合することなしに理解するもので、これは幾何学の精神である。一は精神の力と正しさとであり、他は精神の広さである。ところで、一方は他方なしによく存在しうる。精神は、強くて狭いこともありうるし、広くて弱いこともありうるからである。(1)

(1)この断章と前の断章との二区分は、異なった性質のものである。異なった時期に記されたものであるかもしれないし、あるいはまた、前の断章で、繊細の精神に比べれば原理の数が少ないことが特徴であった幾何学の精神（小品『幾何学的精神』においては、幾何学は、当時の慣用に従って、「数学全体」を意味している）が、ここでは理科系の学問の内部において、狭義の幾何学精神として、物理学や代数学に対立させられていると解することもできよう。

三

ラ七五一

直感によって判断する習慣のついている人々は、推理に関することがらについては何もわからない。なぜなら彼らはまず一目で見ぬこうとし、原理を求める習慣がついていないからである。これに反して、原理によって推理する習慣のついている他の人々は、直感に関することがらについては何もわからない。彼らはそこに原理を求めようとするが、一目で見ることなどできないからである。

四

ラ五一三

幾何学。繊細。

真の雄弁は、雄弁をばかにし、真の道徳は、道徳をばかにする。言いかえれば、規則などない判断の道徳は、精神の道徳をばかにする。

なぜなら、学問が精神に属しているように、判断こそ、それに直感が属しているからである。繊細は判断の分け前であり、幾何学は精神の分け前である。

哲学をばかにすることこそ、真に哲学することである。

五

ラ五三四

規則などなしにある著作を判断する人々が、他の人々に対するのは、ちょうど時計を持っている人たちがそうでない人たちに対するようなものである。[1] 一人は言う、「二時間たった」と。他の一人は言う、「四十五分しかたたない」と。私は自分の時計を見て、[2] 一人に言う。「君は退屈してるね」と。そして他の一人に言う、「君には時間のたつのが早いね」と。なぜなら、じつは一時間半たっているのだからである。そして、私には時間がたつのが早いとか、私が当て推量で判断しているのだと言う人など、相手にしない。

彼らは、私が自分の時計によって判断しているのを知らないのだ。

（1）ここまでの文章の比例関係については、古今東西にわたってさまざまの異説が唱えられている。ここでは、パスカルが記したとおりのテキストに従い、前の断章で「規則などない判断の道徳」の優位が主張されているように、ここでも「規則などなしに著作を判断」することの優位が説かれていると解した。

（2）パスカルは「いつも左の手くびに時計をつけていた」と伝えられている。

六

自分の精神をそこなうことがあるように、自分の直感をそこなうこともある。

ラ八一四

――

自分の精神と直感とは会話によって作り上げられ、自分の精神と直感とは会話によってそこなわれる。このように、よい会話やわるい会話は精神を作り上げたりそこなったりする。だから、それを自分で作り上げ、そこなわないようにするためには、よく選びうることが何よりもたいせつである。ところがこの選択は、精神をすでに作り上げ、そこなわなかったのでなければ、できない相談である。こうして循環論法になる。そこから脱出できる人は幸いである。

七

ラ五一〇

人は精神が豊かになればなるほど、独特な人間がいっそう多くいることに気がつく。普通の人たちは、人々のあいだに違いのあることに気づかない。

八

ラ七六六

晩禱《ばんとう》を聞くのと同じ態度で、説教を聞く人が多い。

九

ラ七〇一

人を有益にたしなめ、その人にまちがっていることを示してやるには、彼がその物事をどの方面から眺めているかに注意しなければならない。なぜなら、それは通常、その方面からは真なのであるから。そしてそれが真であることを彼に認めてやり、そのかわり、それがそこからは誤っている他の方面を見せてやるのだ。彼はそれで満足する。なぜなら彼は、自分がまちがっていたのではなく、ただすべての方面を見るのを怠っていたのだということを悟るからである。ところで人は、全部は見ないということについては腹を立てないが、まちがったとは思いたがらないものである。これはおそらく、人間というものは、あらゆるものを見ることなどできないのが自然で、また自分が眺めている方面についてならば、まちがいえないのが自然であるということに由来するのであろう。感覚の知覚というものは、常に真であるから。

一〇

ラ七三七

人はふつう、自分自身で見つけた理由によるほうが、他人の精神のなかで生まれた理由によるよりも、いっそうよく納得するものである。

一一

ラ七六四

あらゆる大がかりな気ばらしは、キリスト者の生活にとっては危険である。しかし、この世が発明したすべての気ばらしのなかでも、演劇ほど恐るべきものはない。それは情念の実に自然で微妙な演出であるから、情念をかきたて、われわれの心のなかにそれを起こさせる。特に恋愛の情念を。ことにその恋愛がきわめて純潔でまじめなものとして演じられていれば特にそうである。なぜなら、それが潔白な魂に潔白に映ればうつるほど、それによって動かされやすくなるからである。その恋愛の激しさが、われわれの自愛心を喜ばせる。その自愛心は、目の前でこんなに巧みに演じられているのと同じ効果をひきおこそうとする欲望をただちにいだく。それと同時にそこに見られる感情のまじめさに基づいた一種の自覚がつくられ、その自覚が純な魂の懸念を取り除き、あのようにつつましく見える愛で愛することが純潔を傷つけられることにはならないという気になるのである。

こうして、人は恋愛のあらゆる美しさと楽しさとに心をすっかり満たされ、魂と精神とは恋愛の潔白さを信じきって劇場から出て行く。そのため、恋愛の最初の作用を受け入れたり、あるいはむしろ、劇中であのように巧みに描写されているのを見たのと同じ快楽と同じ犠牲とを受け入れるために、その恋愛の最初の作用をだれかの心のなかに起こさせる機会を求める用意がすっかり整った状態になっているのである。(1)

(1) この断章がはたしてパスカルのものであるかどうかは疑われている。

一二

ラ五八一

一つのことしか考えないスカラムッシュ。

何もかも言ったあとで、まだ十五分間もしゃべるほど、言いたくてしかたがない博士。(1)

(1) スカラムッシュも博士も、当時パリで上演されていたイタリア喜劇の登場人物。

一三

ラ六三五

人は、クレオビュリーヌ(1)のあやまちと情熱とを見るのが好きだ。というのも彼女がそれに気づかないでいるからだ。もし彼女がだまされていなかったならば、喜ばれなかっただろう。

(1) 同時代のスキュデリの小説に出てくるコリントの女王。臣下の一人を愛していることに気づいた時には、もうその愛にうち勝つことができないまでになっていた。

一四

ラ六五二

自然な談話が、ある情念や現象を描くとき、人は自分が聞いていることの真実を自分自身のなかに発見する。それが自分のなかにあったなどとは知らなかった真実をである。その結果、それをわれわれに感じさせてくれる人を愛するようになる。なぜなら、その人は彼自身の持ちものを見せつけたのではなく、われわれのものを見せてくれたのだからである。このようにして、われわれと彼とのあいだの知的一致が、われわれの心を彼を愛するようにと必然的に傾けるばかりでなく、この恩恵がわれわれに彼を好ましくさせるのである。

一五

ラ五八四

権力によらず優しさで、王としてでなく僭主《せんしゅ》として、説得する雄弁。

一五付録①

雄弁とは物ごとを次のように話す術である。一、話しかける相手の人たちが苦労しないで楽しく聞けるようにする。二、彼らがそれに関心をいだき、したがって自愛心にかられて進んでそれについて反省するようにしむける。

それはすなわち、一方では話しかける相手の人々の精神と心と、他方ではわれわれの用いる思想や表現とのあいだに、われわれがうち立てようと努める対応関係のうちに存するのである。そのことは、われわれが人間の心のあらゆる動機を知るため、次にそれに適応させようと欲する議論の正しい釣合《つりあい》を見いだすために、この人間の心というものを十分研究することを前提とする。われわれの話を聞く人の身になってみることが必要である。そしてわれわれの話に与える言いまわしを自分自身の心でためしてみて、その言いまわしが心に合っているかどうか、また聞き手が否応《いやおう》なしに承服されるようになるだろうとの確信が持てるかどうかを見なければならない。できるだけ単純な自然さのなかにとどまらなければならない。小さいものを大きくし、大きいものを小さくしてはいけない。何かが美しいだけでは十分でなく、それが主題にかない、よけいなものや足りないところがないようでなければならない。

(1) 古い版では一六となっていたこの断章は、ボッシュが既存の資料に基づいてこしらえたものであることが判明したために、一五の付録と格下げされた。

一七

ラ七一七

川は、人が行きたいと思うところへ運んでくれる、進行する道である。

一八

ラ七四四、七四五

あることについての真理が知られていない場合、人間の精神を固定させる共通の誤りがあるのはよいことである。たとえば、季節の移り変わりや、病気の進行などを月のせいにするたぐいである。なぜなら人間のおもな病は、自分の知りえないことについての落ち着かない好奇心だからである。こんな無益な好奇心のなかにいるよりも、誤りのなかにいるほうが、まだ、ましである。

エピクテトス、モンテーニュ、サロモン・ド・テュルティ(1)などの書きぶりは、最もよく用いられ、最もよく人の心に食い込み、最もよく記憶にのこり、最もよく引用される。というのは、それは日常生活での話題から生まれた思想ばかりから成り立っているからである。たとえば、月はあらゆるものの原因だというような世間にある共通の誤りについて話そうとするときには、人はきっと、サロモン・ド・テュルティが、あることについての真理が知られていない場合、共通の誤りがあるのはよいことである、云々と言っているというのを忘れないだろう。すなわち反対側に記してある思想のことである。(2)

(1) サロモン・ド・テュルティ Salomon de Tultie は、パスカルが『プロヴァンシアル』で用いた筆名 Louis de Montalte と数学論文で用いた筆名 Amos Dettonville のアナグラム（同じ綴り字を組み変えて作る別の語句。ここでは当時の慣用によってUとVとが同じに扱われている）である。したがって、このサロモン・ド・テュルティという筆名を『キリスト教護教論』で用いるつもりだったろうと推測される。

(2) この断章は、パスカルの姉ペリエ夫人の筆跡で、前半と後半とが一枚の紙の表と裏とに記されている。したがって、ここで「反対側に記してある」となっているのは、「上記の」という意味であり、原稿でもすでに、別の筆跡でそのように訂正されている。

一九

著作するときに、最後に考えつくことは、何を最初におくべきかを知ることである。

ラ九七六

二〇

順序。

ラ六八三

なぜ私は、私の道徳を六つというよりはむしろ四つに分けてかかろうとするのか。なぜ私は、徳をむしろ四つに、二つに、一つに定めようとするのか。なぜ「自然に従え」[1]とか、プラトンのように「自分自身のつとめを不正なく行なえ」[2]とか、その他のことではなく、〈慎め、且《か》つ堪え忍べ〉[3]とするのか。

「でも、そうすれば、すべてが一言に含まれるではないか」と君は言うだろう。——よろしい。

だけど、それは説明しないかぎり無益なのだ。そして人がそれを説明しようとして、他のすべての教訓をなかに閉じこめているこの教訓を開けるやいなや、それらすべての教訓は、君が避けようとした初めの混乱のままそこから飛び出してくる。このように、それらのものが全部一つのなかに閉じこめられているときには、箱の中に入れられているようなもので、隠されていて無益である。そして出てくるときには、本来の混乱のままでしか現われない。自然はそれらのすべてを、一を他に閉じこめないで、立てているのである。

(1) エピクロス派とストア派とに共通の教訓。
(2) モンテーニュ『エセー』三の九による。
(3) ストア派の哲学者エピクテトスの教えとされるもの。

二一

ラ六八四

順序。

自然は、あらゆる真理を、おのおのそれ自身のなかに置いた。それらすべてを、われわれの技巧が、一方を他方のうちへと閉じこめる。しかしそれは不自然である。おのおのの真理は自分の場所を占めている。

二二

ラ六九六

私が何も新しいことは言わなかった、などと言わないでもらいたい。内容の配置が新しいのである。ジュー・ド・ポーム(1)をするときには、一方も他方も同じ球を使うのだが、一方のほうが上手《じょうず》に球を送るのである。

それと同じように、私は古い言葉を使ったと言われるほうがうれしい。同じ言葉が異なった配置によって別の思想を形づくるのと同様に、同じ思想でも配置が異なれば、別の論旨を形づくるのではなかっただろうか。

(1) テニスの一種。

二三

ラ七八四

言葉は、ちがった配列をすると、ちがった意味を生じ、意味は、ちがった配列をすると、異なった効果を生じる。

二四

ラ七一〇

言語。

疲れをとるため以外は、精神を他に転じさせてはいけない。それも適当な時に限るのである。

必要な時にだけ疲れをとらせるべきで、そうでない時はいけない。なぜなら、不適当な時に疲れをとらせようとすると、かえって疲れさす。また、不適当な時に疲れさすと、疲れをとらすことになる。というのは、何もかもほっぽりだしてしまうからである。邪欲の意地悪さかげんというものはそれほどひどいものであって、人がわれわれに快楽を与えることなしにわれわれから何かを得ようとすると、それとは正反対なことをして喜ぶのである。快楽こそ、そのためにわれわれが人の欲するすべてのものを与えてやるところの通貨なのである。

二五

ラ六六七

雄弁。

快いものと真実なものとが、必要である。しかし、その快いものは、それ自体、真なるものからとってこられたものでなければならない。

二六

ラ五七八

雄弁は、思想の絵である。だから、描きおわったあとで、なお加筆する人は、肖像画のかわりに、装飾画を作ることになる。

二七

ラ五五九

雑、言語。

言葉に無理じいをして対照法をつくる人は、均整のためにめくら窓をつくる人と同じことをやっている。彼らの方針は、正しく話すことではなく、修辞学の型に正しくのっとることなのである。

二八

ラ五八〇

均整。

一目でわかるという点で。

――

それと違うふうにする理由がないというところに基づいている。

そして同様に人間のかたちにも基づいている。

そこから、人は均整を左右にだけ求めて、高さや奥行には求めないということが起こるのである。

二九

ラ六七五

文体。

自然な文体を見ると、人はすっかり驚いて大喜びする。なぜなら、一人の著者を見るのを期待していたところを、一人の人間を見いだすからである。反対に、よい趣味を持ち、書物を見て一人の人間を見いだそうと思っていた人たちは、一人の著者を見いだして全く意外に思う。〈君は人としてよりも詩人として語った〉[1]自然のままであらゆることについて語りうる、神学についてさえも語れるのだ、ということを自然に教えてやる人たちは、自然というものを大いに高めてやっているのである。

(1) ペトロニウス（一世紀のローマの政治家・小説家）『サティリコン』九〇。原意とずれているので、何かからの孫引きであろうと言われている。

ラ六一〇、六一一

三〇

人はそのどちらも友としないだろう。[1]

――――

人は耳にしか相談しない。というのは、心無しだからである。

――――

基準は品格[2]である。

――詩人ではあるが、オネットム[3]ではない。
――

省略の美。判断の美。

（1）この直前に、『プロヴァンシアル』に関する覚え書だったと推定される「私は道化とうぬぼれ者とを等しくきらう」という文章が横線で消されてあるので、本文の「そのどちらも」というのは、それをさしているのであろう。

（2）ここでは一応このように訳しておいたが、原語は「オネットテ（honnêteté）」で、次のオネットムの特性を抽象的に表現した言葉である。

（3）広い一般教養に恵まれ、洗練された会話術を心得た社交界の紳士。十七世紀フランスの人間理想であった。

三一　ラ七二八

われわれがキケロのなかで非難するあらゆる偽りの美には、それに感心する人があり、しかも多数ある。

三二　ラ五八五

弱いにせよ強いにせよ、われわれのあるがままの性質と、われわれの気に入ることとの間のある種の関係から成り立っている、快さと美しさとのある種の典型が存在する。

――

すべてこの典型にのっとって作られたものは、われわれの気に入る。家、歌、話、詩、散文、女、鳥、川、樹木、部屋、着物などがそうである。

――

すべてこの典型にのっとって作られなかったものは、よい趣味を持っている人々の気に入らない。

――

そして、それぞれ自分の部類においてではあるが、この唯一の典型に似ているという理由から、このよい典型にのっとって作られた歌と家とのあいだには、完全な対応関係が存在するのであるが、それと同様に、悪い典型にのっとって作られたもののあいだにも完全な対応関係が存在する。といっても、悪い典型がただ一つしかないというわけではない。なぜならそれは無数にあるからである。しかし、たとえば、それぞれのまずい十四行詩は、どんな偽《にせ》の典型にのっとって作られたものにしても、その同じ偽の典型にのっとって衣装をつけた女にすっかり似ているのである。

――

偽の十四行詩がどんなに滑稽《こっけい》かをわからせるためには、その本性とその典型とを考え、次にその原型にのっとっている女や家を想像してみるにこしたことはない。

三三

ラ五八六

詩的な美。

詩的な美と言うように、幾何学的な美とか薬学的な美と言ってもいいはずである。しかし、人はそうは言わない。その理由は、幾何学の目的が何であるかということ、そしてそれが証明にあるということ、また薬学の目的が何であるかということ、そしてそれがなおることにあるということはよく知っているからである。ところが、詩の目的である快さというものが何から成り立っているかは、知らないのである。模倣すべき自然の典型とは何であるかを、人は知らない。そこで、それを知らないために、ある種の奇妙な用語を発明した。「黄金の世紀」「現代の驚異」「宿命的な」等々。そして、この種の隠語を、人は詩的な美と呼んでいるのである。

しかし、小さなことを大げさな言葉で言うことから成り立っているこの典型にのっとった一人の女を想像してみる人は、鏡や鎖で満艦飾のきれいなお嬢さんを思いうかべて、ふきだすだろう。なぜなら、人は、女の快さが何から成り立っているかということのほうを、詩の快さが何から成り立っているかということよりもよく知っているからである。しかし、それをわきまえていない人たちだったら、そんな身支度をした女に感心するかもしれない。そして彼女を女王と取り違える村もたくさんあることだろう。だから、われわれは、この典型にのっとって作られた十四行詩を、村の女王と呼ぶのである。

三四

ラ五八七

世間では、詩人という看板を掲げなければ、詩の鑑定ができる者として通用しない。数学者その他の場合も同じである。しかし、普遍的な人たちは、看板などまっぴらで、詩人の職業と刺繍《ししゅう》師のそれとのあいだに、ほとんど差別をつけない。

普遍的な人たちは、詩人とも、幾何学者とも、その他のものとも呼ばれない。しかし、彼らは、それらのすべてであり、すべての判定者である。だれも彼らを見破ることができない。彼らは、はいってきたときに、人が話していたことについて話すだろう。ある特質を用立てる必要が起こったとき以外は、彼らのなかで特にある一つの特質が他のものよりも目立つということはない。しかし、そのときには、思い出されるのである。なぜなら、言葉のことが問題になっていないときには、彼らが上手に話すと人は言わないが、それが問題になっているときには、彼らが上手に話すと人が言うのも、これまたその特徴だからである。

したがって、ある人がはいってきたとき、人々が彼のことを、詩に秀《ひい》でていると言うならば、それはにせものの讃辞を彼に呈しているのである。そしてまた、何か詩句の鑑定が問題になっているときに、人々がある人にそれを頼まないとしたならば、それは悪い徴候である。

三五

ラ六四七

オネットム。

人から「彼は数学者である」とか「説教家である」とか「雄弁家である」と言われるのでなく、「彼はオネットムである」と言われるようでなければならない。この普遍的性質だけが私の気に入る。ある人を見てその著書を思い出すようでは悪い徴候である。何か特質があったとしても、たまたまそれを〈何事も度を過ごさずに〉(1)用立てる機会にぶつかったときに限って、それに気がつかれるようであってほしい。さもないと一つの特質が勝ってしまって、それで命名されてしまう。彼が上手に話すということは、上手に話すことが問題になったときに限って思い出されるようでなければならない。しかもそのときこそは、思い出されなければならないのである。

(1) 古代ギリシアの格言のラテン語訳。

三六

ラ六〇五

人間は、欲求でいっぱいで、それをみな満たしてくれる人たちしか好きではない。「あの人は優《すぐ》れた数学者だ」と人は言うだろう。しかし私は、数学などには用はない。彼は私を一つの命題と取り違えるかもしれない。「あの人は優れた軍人だ」彼は私を、包囲中の要塞《ようさい》と取り違えるかもしれない。だから必要なのは、私のあらゆる欲求に全般的に応じることのできるオネットムなのだ。

ラ一九五

三七

〔すべてを少しずつ。〕

人は普遍的であるとともに、すべてのことについて知りうるすべてを知ることができない以上は、すべてのことについて少し知らなければならない。なぜなら、すべてのことについて何かを知るのは、一つのものについてすべてを知るよりずっと美しいからである。このような普遍性こそ、最も美しい。もしも両方を兼ね備えられるならばもっとよいが、もしもどちらかを選ばなければならないのだったら、このほうを選ぶべきである。世間は、それを知っており、それを行なっている。なぜなら、世間は、しばしばよい判定者だから〕

ラ七三二

三八

詩人ではあるが、オネットムではない。

三九

ラ七六五

もし雷が低い所に落ちること等々があった場合には、詩人たちや、この種の事柄に基づいてしか推理できない人たちは、論拠を失ってしまうだろう。

四〇

ラ五二七

ほかのことを証明するために人が取り上げる実例は、もしその実例を証明しようとする場合には、そのほかのことをそれの実例として取り上げることであろう。なぜなら、人は常に、困難は証明しようとすることのなかにあると信じているので、実例のほうがもっと明瞭《めいりよう》で、そのことを明示するのに役立つように見えるからである。

そのようにして、一般的なことを明示しようとする時には、その一つの場合についての特殊な規則を提供しなければならない。ところが、一つ特殊な場合を明示しようとする時には、一般的な規則から始めなければならない。なぜなら、人は常に、証明しようとするものを不明瞭だと思い、証明に用いるものを明瞭だと思うからである。そのわけは、人があることを証明すべきものとして提出する時には、そうする以上はそれが不明瞭なのであり、反対に、それを証明しなければならないほうのことは明瞭であるという想像で初めからいっぱいになり、こうしてこちらのほうは、たやすく理解するからである。

四一

マルティアリスの寸鉄詩。[1]　ラ七九八

人間は、意地悪が好きである。しかしそれは、片目や不幸な人たちに対してではなく、高慢なしあわせ者に対してである。そこをはずすと見当ちがいになる。なぜなら、邪欲はわれわれのすべての動きの源であるから。そして人間性も。

――

人間的でやさしい感情を持った人たちの気に入らなければいけない。

――

二人の片目についての寸鉄詩[2]には、何の値うちもない。なぜなら、それは彼らを慰めず、著者の名誉にはなる、警句の辛辣《しんらつ》さを提供するにすぎないからである。

すべて、著者のためでしかないものには、何の値うちもない。

〈彼は他意ある文飾を切り取るであろう〉[3]

（1）一世紀のローマの詩人。

（2）パスカルが用いたであろうと思われる一六五九年ポール・ロワヤル編『寸鉄詩選』には、「二人の

片目」について、マルティアリスのものはないが、他の作者による辛辣きわまるものがのっている。

（3）ホラティウス（紀元前一世紀のローマの詩人）『ピソンへの書簡』にある詩句。

四二

王に対してプリンス[1]と言うのは気持がいい。そうすれば、彼の位がさがるから。

ラ六三六

（1）王、王子、公爵のいずれにも用いられる語。

四三

ある著者たちは、自分の著作について話す時、「私の本、私の注解、私の物語、等々」と言う。そう言う彼らは、一戸を構え、いつも「拙宅では」を口にする町人臭がぷんぷんしている。彼らはむしろ「われわれの本、われわれの注解、われわれの物語、等々」と言うほうがよかろう。というのは、普通の場合、そこには彼ら自身のものよりも他人のもののほうが、よけいはいっているからである。

ラ一〇〇〇

四四

君は人からよく思われたいと望んでいるのか。それなら、そのことを自分で言ってはいけない。

ラ六七一

四五

言語というものは、文字と文字とが置きかえられているのでなく、言葉と言葉とが置きかえられている暗号である。したがって、未知の言語も解読可能である。

ラ五五七

四六

警句をよく吐く人、悪い性格。

ラ六七〇

四七

上手に話すけれども、上手に書けない人たちがある。それは、場所や一座の人々が彼らを熱中させ、その熱がないときには見いだされないものを、彼らの精神から引き出すからである。

ラ五五五

四八

雑。

ラ五一五

ある論述のなかで言葉の繰り返しがあるのを見つけ、それを訂正しようとすれば、それがあまりに適切であるためにかえってその論述をそこなうおそれがある場合には、それをそのままにしておかなければいけない。これこそそうすべきだという合図なのだ。訂正しようという気持のほうは、目が見えないいちずな欲望であって、その繰り返しがその箇所ではまちがいではないということを知らないのである。なぜなら、そこには一般的基準などというものはないからである。

四九

ラ五〇九

自然に仮面をかぶせ、仮装させる。もはや、王も、教皇も、司教もなくなってしまい、「畏《かしこ》き帝《みかど》」などとなってしまう。パリもなくなり、「王国の首都」となる。

――

パリをパリと呼ばなければならない場合だってあるし、それを王国の首都と呼ばなければならない場合だってあるのだ。

五〇

ラ七八九

意味。

同じ意味でも、それを言いあらわす言葉によって変化する。意味が言葉に品位を与えるかわりに、かえって言葉のほうからそれを貰《もら》う。そのような例をさがすこと。

五一

ラ八八六

強情者としての懐疑論者。[1]

（1）『パンセII』所収の小品集の中の『ド・サシ氏との対話』の注を参照。

五二

ラ八八八

宮廷人でない人たちでなければ、宮廷人という言葉は使わない。衒学者《げんがくしゃ》でなければ、衒学者、田舎者《いなかもの》でなければ、田舎者という言葉は使わない。だから、『田舎人への手紙』[1]にそういう題をつけたのは、印刷人であるということに、私は賭《か》けてもいい。

（1）自作『プロヴァンシアル』書簡のこと。

五三

ラ五七九

「倒れた馬車」か、「転覆させられた馬車」かは、故意かどうかによる。

――――

「こぼす」か「注ぐ」かは、故意かどうかによる。

――――

強制されてなった修道士に関するル・メートル氏[1]の弁論[2]。

（1）アントワーヌ・ル・メートル（一六〇八～五八）。神学者アルノーの甥に当たる弁護士で、ポール・ロワヤルに引退した。
（2）一六五七年刊行の『弁論、演説集』のなかの一篇「強制されて修道僧にされた息子のために」の冒頭に、「こぼす」の原語がさらに別の意味で用いられている。

雑。

五四 ラ五七二

話し方。
私はそれに専念しようと思ったのですが。

五五 ラ九〇七

鍵の開扉力《かいひ》。
鉤《かぎ》の牽引力《けんいん》。

五六 ラ五八三

察すること。「ご心痛、お察し申し上げます」

枢機卿《すうきけい》殿は、人から心中を察しられるのを好まなかった。「私は不安に満ちた精神を持っている」。「私は不安に満ちている」のほうがよい。

ラ五二八

五七

私は次のような挨拶《あいさつ》を聞くと、いやな気がする。「たいへんご苦労さまでした」「ご迷惑をおかけしはしないかと心配です」「あまり長くなりはしないかと心配です」こんなことを言う人は、まさにそのとおりだと思わせるか、私たちをいらだたせるか、どっちかである。

ラ七七二

五八

君は作法を知らないね。「どうぞお許しください」こんな言いわけさえしなければ、失礼なことがあったとは、気がつかなかっただろうに。

「恐れ入りますが」この場合、悪いのは彼らの言いわけだけなのである。

ラ六三七

五九

「反乱の炬火《たいまつ》を消去する」あまりけばけばしすぎる。

――「その天才の不安」大胆な言葉が二つで多すぎる。

第二章　神なき人間の惨めさ

六〇　ラ六

第一部。神なき人間の惨めさ。
第二部。神とともにある人間の至福。

――

換言すれば、
第一部。自然[1]が腐敗していること。自然そのものによって。
第二部。修理者が存在すること。聖書によって。

（1）原語の「ナテュール」は、このほか、「自然性」「本性」「天性」などとも訳されることがある。

六一　ラ六九四

順序。

私はこの論述を次のような順序で始めることも、あるいはできたであろう。すなわち、あらゆる境遇のむなしさを示すために、普通の生活のむなしさ、ついで懐疑論およびストア派の哲学的生活のむなしさを示すのである。しかし、この順序は守られないであろう。私は順序というものがどういうものであるか、そしてそれを理解している人がいかに少ないかということを、いささか心得ている。人間的な学問は一つとしてそれを守ることができない。聖トマス(1)はそれを守らなかった。数学は、それを守るが、その深みにおいて無益である。

(1) トマス・アクィナスのこと。

六二

ラ七八〇

第一部の序言。

自己認識の問題を論じた人たちについて話すこと。シャロンの区分について(1)。これはわれわれをうっとうしくさせ、退屈させる。モンテーニュの混乱について。彼は、直線的方法の欠陥をよくわきまえていたので、話題から話題へと飛んでは、それを避けていた。彼は垢抜《あかぬ》けした様子を求めていたのだ。

彼が自己を描こうとした愚かな企て。しかもそれは、ふとして自分の主義に反してやったことではない。そういうあやまちなら、だれにでも起こることである。ところが、彼は自分自身の主義として、しかも初めからの主なもくろみとしてそれを行なっているのである。なぜなら、偶然と弱さとのために、ばかなことを言うのは、よくある失敗であるが、それをもくろみとして言うのは、がまんできないことだからである。しかもこんなことを言うにいたっては……

（1）シャロンの『知恵』の第一巻は、自己認識を論じたものであるが、一六〇七年の改版以後、六十二章に細分されている。

六三

ラ六八〇

モンテーニュ。

モンテーニュの欠陥は大きい。みだらな言葉。グルネー嬢がなんと言おうと、①これは全く価値がない。軽信、「目のない人間②」。無知、「円と等面積の正方形を求めること③」「もっと大きな世界④」。自殺⑤や死についての彼の気持。彼は救いについての無関心をふきこむ、「恐れもなく悔いもなく⑥」。彼の著書は人を敬虔《けいけん》にさせるために書かれたものではないから、この義務はなかった。しかし、人をそれからそらさないという義務は、どんな場合にもあるのである。人生のある場合における彼の、少し手放しで、享楽的な気持は許すことができる。七三〇、三三一。⑦しかし、彼の死に対する全く異教的な気持は許すことができない。なぜなら、すくなくとも死ぬことだけはキリスト教的にしようと願わないのだったら、敬虔の心をすっかり断念しなければならないからである。ところが彼はその著書全体を通じて、だらしなくふんわりと死ぬことばかり考えている。

(1) モンテーニュの死後、『エセー』の増補版を刊行したマリー・ド・グルネーは、一六三五年版以降の序文で、この点についてモンテーニュの弁護を試みた。
(2) モンテーニュ『エセー』二の一二。
(3) 同二の一四。
(4) 同二の一二。
(5) 同二の三。
(6) 同三の二、四。
(7) この数字は、パスカル使用の『エセー』の関係ページを示していると推定される。七三〇については、パスカルが平生使用していた一六五二年版の同ページに相当箇所（三の九）が見当たるが、三三一には見当たらないため、書き違いではないかと言われている。

六四

ラ六八九

モンテーニュのなかで私が読みとるすべてのものは、彼のなかではなく、私自身のなかで見いだしているのである。

六五

モンテーニュ。　ラ六四九

モンテーニュにあるいいものは、なかなか手に入れにくいものである。彼にある悪いもの、といっても、品行の点を別にしての話であるが、それは、彼がどうでもいいことをくどくど言いすぎるし、また自分のことを話しすぎるということを彼に注意してやりさえすれば、すぐにでも改められたことだろう。

六六　ラ七二

人は自分自身を知らなければならない。それがたとえ真理を見いだすのに役立たないとしても、すくなくとも自分の生活を律するには役立つ。そして、これ以上正当なことはない。

六七　ラ二三

学問のむなしさ。

外的な事物についての学問は、苦しいときに、道徳についての私の無知を慰めてはくれないだろう。ところが徳性についての学問は、外的な学問についての私の無知をいつも慰めてくれるだろう。

六八

ラ七七八

人々は真人間（1）になることは教えられないで、それ以外のことをみな教え込まれる。そして人々は、それ以外のことについて何か知っていることについては、真人間であることについて得意がるほどには得意がらない。彼らが知っているといって得意がるのは、彼らが教えられたことのない、ただ一つのことについてだけである。

（1）原語は、すでにたびたび出てきたオネットム。

六九

ラ四一

あまり早く読んでも、あまりゆっくりでも、何もわからない。

六九の二

ラ七二三

二つの無限。中間。

あまり早く読んでも、あまりゆっくりでも、何もわからない。

七〇

ラ五一九

〔自然は……ない。
自然はわれわれをちょうどうまく真ん中においたので、われわれが秤《はかり》の一方を変えると、他方も変えることになる。ジュ・フゾン、ゾーア・トレケイ。(1) このことからして私は、われわれの頭のなかには、その一方にさわると、その反対のほうにもさわるように仕組まれた発条《ばね》があるのではないかと思わされる〕

(1) ジュ・フゾンは、フランスの方言で、ジュ（私）という単数の主語と、フゾン（為す）という複数の動詞が結びついている例であり、ゾーア・トレケイは、ギリシア語でゾーア（動物）という複数名詞が、トレケイ（走る）という単数形の動詞の主語になっている例なので、ちょうど逆の変則関係になっている。

ラ三八

七一

あまり多くの、またはあまり少ない酒。

――

彼に酒をやらないでみたまえ。彼は真理を見いだせなくなる。
あまり多くても同様。

七二

人間の不釣合《ふつりあい》。

〔自然的な認識がわれわれを導いていくところはここまでである。もしそれが真でないならば、人間のうちに真理は存在しない。また、もしそれが真ならば、人間はそこに卑下すべき大きな理由を見いだし、いずれにしても人間はへりくだらなければならない。

そして人間は、それを信じないでは存続できない以上、私のねがうところは、彼が自然のさらに大いなる探究にはいる前に、その自然を一度真剣に、またゆっくり観察し、また自分自身をも見つめることである。そして、彼がそこでどういう釣合になっているかを知って……〕

ラ一九九

そこで人間は、全自然をその高く満ちみちた威容のうちに仰視し、その視線を自分をとりまく低いものから遠ざけるがいい。そして宇宙を照らすための永遠の燈火のように置かれているあの輝かしい光に目を注ぎ、この天体の描く広大な軌道にくらべては、この地球も一点のように見え、さらにこの広大な軌道それ自体といえども、天空をめぐるもろもろの天体がとりまいている軌道にくらべては、ごく微細な一尖端《せんたん》にすぎないということに驚くがいい。しかし、もしわれわれの視線がそこで止まるならば、われわれの想像力がさらに遠く進むがいい。自然が与えるのに疲れるより先に、想像がそれを頭に入れるのに疲れてしまうであろう。すべてこの目に見える世界は、自然のゆったりしたふところのなかでは、目にもとまらぬほどの一つの線にすぎない。いかなる観念もそれに近づくことはない。われわれが、想像しうるかぎりの空間よりもさらに向こうへ、われわれの思いをいくらふくらませていったところでむだである。事物の現実にくらべては、原子を生みだすにすぎない。これは中心がどこにもあり、円周がどこにもない無限の球体である。すなわち、われわれの想像がその思考のなかに自分を見失ってしまうということこそ、神の万能について感知しうる最大のしるしである。

さて、人間は自分自身に立ち返り、存在しているものにくらべて、自分が何であるかを考えてみるがいい。そして自分を、この自然の辺鄙《へんぴ》な片隅に迷い込んでいるもののようにみなし、彼がいま住んでいるこの小さな暗い牢獄《ろうごく》、私は宇宙の意味で言っているのだが、そこから地球、もろもろの王国、もろもろの町、また自分自身をその正当な値において評価するのを学ぶがいい。

無限のなかにおいて、人間とはいったい何なのであろう。

しかし私は、人間に他の同じように驚くべき驚異を示そうと思うのであるが、それには彼がその知るかぎりのなかで最も微細なものを探求するがいい。一匹のだにが、その小さな身体のなかに、くらべようもないほどに更に小さな部分、すなわち関節のある足、その足のなかの血管、その血管のなかの血、その血のなかの液、その液のなかのしずく、そのしずくのなかの蒸気を彼に提出するがいい。そしてこれらのものをなおも分割していき、ついに彼がそれを考えることに力尽きてしまうがいい。こうして彼が到達できる最後の対象を、今われわれの論議の対象としよう。

彼はおそらく、これこそ自然のなかの最も小さなものであると考えるであろう。私はそのなかに新しい深淵《しんえん》を彼に見せようと思う。単に目に見える宇宙だけではなく、自然について考えられるかぎりの広大無辺なものを、この原子の縮図の枠内に描きだしてやろうと思うのである。彼はそのなかに無数の宇宙を見、そのおのおのがそれぞれの天空、遊星、地球を、目に見える世界と同じ割合で持っているのを見、その地球のなかにもろもろの動物、そしてついにはだにを見るがいい。そしてこれらのだにのなかに、最初のだにが提供したものを再び見いだすであろう。こうして、その次のもののなかにも、やはりこれと同様に果てしのない、また休みのないものを見いだし、これらの不可思議、すなわちその広がりにおいて驚嘆すべき他の不可思議と同様に、その小ささにおいて驚嘆すべきこれらの不可思議に、茫然《ぼうぜん》自失するがいい。なぜなら、われわれの身体は、つい先ほどまでは、宇宙のなかにあって知覚できないほどのものであり、その宇宙すら、全体のうちにあって知覚しがたいほどのものであったにもかかわらず、今やその身体が、人の到達できない虚無に対しては一個の巨人であり、一つの世界であり、いな、むしろ全体であるということについて、だれか感嘆しない者があるであろうか。

　このように考えてくる者は、自分自身について恐怖に襲われるであろう。そして自分が、自然の与えてくれた塊《かたまり》のなかに支えられて無限と虚無とのこの二つの深淵の中間にあるのを眺め、その不可思議を前にして恐れおののくであろう。そして彼の好奇心は今や驚嘆に変わり、これらのものを僭越《せんえつ》な心でもって探究するよりは、沈黙のうちにそれを打ち眺める気持になるだろうと信ずる。

なぜなら、そもそも自然のなかにおける人間というものは、いったい何なのだろう。無限に対しては虚無であり、虚無に対してはすべてであり、無とすべてとの中間である。両極端を理解することから無限に遠く離れており、事物の究極もその原理も彼に対して立ち入りがたい秘密のなかに固く隠されており、彼は自分がそこから引き出されてきた虚無をも、彼がそのなかへ吞《の》み込まれている無限をも等しく見ることができないのである。

それなら人間は、事物の原理をも究極をも知ることができないという永遠の絶望のなかにあって、ただ事物の外観を見る以外に、いったい何ができるのであろう。すべてのものは、虚無から出て無限にまで運ばれていく。だれがこの驚くべき歩みについていくというのだろう。これらの不可思議の創造主は、それを包含している。他の何びとにもそれはできない。

これらの無限をしっかり打ち眺めなかったために、人間は、あたかも自然に対して何らかの釣合を持っているかのように、向こう見ずにもその自然の探求へと立ち向かったのである。彼らがその対象と同じように無限なうぬぼれをもって、事物の原理を理解しようとし、そこからすべてを知るに至ろうとしたのは、奇怪なことである。なぜなら、このような意図は、自然と同様に、無限な能力、あるいはうぬぼれなしには、とうてい抱《いだ》きうるものでないことは、疑いないからである。

学識ある者は、自然は自分の姿とその創造主の姿とをあらゆるもののなかに刻み込んだので、それらのものは、ほとんどすべてその二重の無限性をそこから受けているということを理解する。すなわちわれわれは、すべての学問が、その探究の範囲において無限であることを認める。なぜなら、たとえば幾何学が展開すべき命題は、無限に無限であることをだれが疑うであろう。同様に、これらの学問は、その原理が多数で微細である点においても無限である。なぜなら最後のものとして提出された原理といえども、それ自身では立つことができず、他の原理によって支えられ、その原理もまたさらに他の原理を支えとしているのであるから、最後のものなど決してありえないということを、認めない者があろうか。しかしわれわれは理性に対して、最後のものと見えるものに対して、物質的なものについてするのと同じことをしている。すなわち、物質的なものについては、その性質上無限に分割できるにもかかわらず、われわれの感覚がそれ以上何ものも認められない点をさして不可分の点と呼んでいるのである。

学問のこの二つの無限のうち、大きい無限のほうは、ずっと感じられやすい。そのため、万物を知るとあえて自負するにいたった人は少ない。「私はすべてのことについて語ろうと思う」とデモクリトスは言った。(1)

しかし小さい無限のほうは、ずっと認めにくい。哲学者たちは、多くの場合、そこに到達すると自負しただけであって、みなそこでつまずいてしまった。そのために、これらのありふれた書名、『事物の原理について』『哲学の原理について』[2]といったたぐいのものが出現したのである。それらは、一見それほどではないが、実際は、〈すべての知りうべきことについて[3]〉という人目にあまるものと同じようにけばけばしいものである。

事物の周囲をつつむよりは、その中心へ達するほうがはるかに可能だと、われわれはおのずと考える。世界の目に見える広がりは、目に見えてわれわれを超越する。しかし、小さいものは、それを超越しているのがわれわれなのであるから、われわれはそれを所有するほうがはるかに可能であると考えている。しかしながら、虚無に達するためには、万有に達するのと少しも劣らない能力を必要とするのである。そのいずれに達するためにも、無限の能力が必要である。そして、もし事物の究極の原理を理解した人があるとするならば、その人は同様に無限を知ることにも到達しえたであろうと私には思えるのである。一は他に依存し、そして一は他に導く。これら両極端は、相遠ざかるあまりに相触れ、相合し、そして神のうちで再会する。しかもそれは、神のうちにおいてだけである。

それならば、われわれの限度をわきまえよう。われわれは、なにものかであって、すべてではない。われわれの持っている存在が虚無から生ずる第一原理の認識をわれわれから盗み去り、われわれの持っている存在の少なさが、無限を見ることをわれわれから隠すのである。

われわれの知性は、知的なものの次元において、われわれの身体が自然の広がりのなかで占めるのと同じ地位を占めている。

われわれは、あらゆる方面において限られているので、両極端の中間にあるというこの状態は、われわれのすべての能力において見いだされる。われわれの感覚は、極端なものは何も認めない。あまり大きい音は、われわれの耳を聞こえなくする。あまり強い光は、目をくらます。あまり遠くても、あまり近くても、見ることを妨げる。話があまり長くても、あまり短くても、それを不明瞭《ふめいりょう》にする。あまり真実なことは、われわれを困惑させる。私は、ゼロから四を引いてゼロが残るということを理解できない人たちがいるのを知っている。第一原理は、われわれにとってあまりに明白すぎる。あまりに多くの快楽は、不快にする。あまりに多くの協和音は、音楽では、気にさわる。あまりの恩恵は、われわれをいらだたせる。われわれは負債を余分に償えるようなものがほしいのである。〈恩恵は返却可能と見られるあいだは好ましいが、度をはるかに越えれば、感謝に代わって憎悪にて報いられる〉[4]われわれは極端な暑さも、極端な冷たさも感じない。過度の性質は、われわれの敵であって、感知できないものである。われわれはもはや、それを感じることなく、その害を受けるのである。あまりの若さも、あまりの老年も、精神を妨げる。多すぎる教育も、少なすぎる教育もまた同様である。すなわち、極端な事物は、われわれにとっては、あたかもそれが存在していないのと同じであり、われわれもそれらに対しては存在していない。それらのものがわれわれから逃げ去るか、われわれがそれらのものから逃げ去るかである。

これがわれわれの真の状態である。そのために、われわれは確実に知ることも、全然無知であることもできないのである。われわれは、広漠たる中間に漕《こ》ぎいでているのであって、常に定めなく漂い、一方の端から他方の端へと押しやられている。われわれが、どの極限に自分をつないで安定させようとしても、それは揺らめいて、われわれを離れてしまう。そしてもし、われわれがそれを追って行けば、われわれの把握《はあく》からのがれ、われわれから滑《すべ》りだし、永遠の遁走《とんそう》でもって逃げ去ってしまう。何ものもわれわれのためにとどまってはくれない。それはわれわれにとって自然な状態であるが、しかもわれわれの性向に最も反するものである。われわれはしっかりした足場と、無限に高くそびえ立つ塔を築くための究極の不動な基盤を見いだしたいとの願いに燃えている。ところが、われわれの基礎全体がきしみだし、大地は奈落《ならく》の底まで裂けるのである。

それゆえに、われわれは何の確かさも堅固さも求めるのをやめよう。われわれの理性は、常に外観の定めなさによって欺かれている。何ものも有限を、それを取り囲み、しかもそれから逃げ去る二つの無限のあいだに固定することができないのである。

このことがよくわかったら、人は自然が各人を置いたその状態で、じっとしているであろうと思う。

われわれの分として与えられたこの中間が、両極からは常に隔たっている以上、人が事物の知識を少しばかりよけい持ったとしたところで、何になるであろう。もし彼がそれを持っているとすれば、彼はそれを少しばかり上のところから取っただけのことである。彼は常に究極からは無限に遠ざかっているのではなかろうか。またわれわれの寿命は、それが十年よけい続いたとしたところで、永遠からは等しく無限に遠いのではなかろうか。

これらの無限を目の前におけば、有限なものはすべて相等しい。それで私には、なぜわれわれの思いを、他の有限でなく、ある一つの有限の上におくのであるか、その理由がわからない。われわれを有限なものとくらべることだけがわれわれを悩ますのである。

もし人間が、まず第一に自分を研究したならば、それ以外に出ることが、どんなに不可能かがわかるだろう。どういうふうにして一部分が全体を知りえようか。だがおそらく彼は、すくなくとも自分とのあいだに釣合を保っている部分だけでも知りたいと渇望するだろう。しかし世界の諸部分は、すべて互いにあのように関係し連絡しているので、他の部分を知らず、そしてまた全体を知らずに、一部分を知ることは不可能であると思う。

たとえば人間は、彼の知っているすべてのものと関係を持っている。彼は、彼をいれるための場所、存続するための時間、生きるための運動、彼を組成するための諸元素、彼を養うための熱と食料、呼吸するための空気を必要とする。彼は光を見、物体を感知する。要するに、すべてのものは彼に縁があるのである。それで、人間を知るためには、どういう理由で彼が生存するために空気を必要とするのかを知らなければならず、その空気を知るためには、どういう点でそれが人間の生命に対してこのような関係を持っているのかを知らなければならない、等々。

炎は、空気なしには存続しない。したがって、一を知るには、他を知らなければならない。

このようにすべての事物は、引きおこされ引きおこし、助けられ助け、間接し直接するのであり、そしてすべてのものは、最も遠く、最も異なるものをもつなぐ、自然で感知されないきずなによって支えあっているので、全体を知らないで各部分を知ることは、個別的に各部分を知らないで全体を知ることと同様に不可能であると、私は思う。

〔さらに、事物のそれ自体における、あるいは神における永遠性も、われわれの短い存続を驚かさずにはおかない。

自然の一定不変な不動性も、われわれのうちに起こる絶えまのない変化とくらべて、同じ結果を起こすにちがいない〕

事物を知ることについてのわれわれの無力に止《とど》めをさすものは、事物それ自体は単純であるのに、われわれは、霊魂と身体という、相反し、種類の異なる二つの本性から組成されていることである。なぜなら、われわれのうちにあって推理する部分が、精神的以外のものであるということは不可能である。またもし、われわれが単に身体的であると主張するならば、それはわれわれを事物の認識からいっそう遠ざけることになるであろう。なぜなら、物質がそれ自身を知るということほど不可解なことはないからである。物質がどうやってそれ自身を知るのかを、われわれは知ることができない。

このようにして、もしわれわれが単に物質的であるならば、われわれは全然なにも知ることができず、もしわれわれが精神と物質とによって組成されているならば、われわれは、精神的なものでも、物体的なものでも、すべて単純なものは、完全には知ることができないのである。

ここから、ほとんどすべての哲学者たちが、事物の観念を混同し、物体的なものを精神的に話し、精神的なものを物体的に話すようになるのである。なぜなら、彼らは大胆にも、物体は下方に向かうとか、その中心を渇望するとか、自身の破壊を避けるとか、真空を恐れるとか、意向や共感や反感を持つとか言うが、それらはすべて精神だけに属するものである。また、彼らは精神について話しながら、それをあたかもある場所にあるかのようにみなし、一つのところから他のところへの運動を付与したりするが、それらはすべて物体だけに属するものである。

われわれは、それらの事物の純粋な観念を受け入れるかわりに、それらをわれわれの性質でもって染めてしまい、われわれの眺めるすべての単一な事物を、われわれの複合的な存在でもって印するのである。

われわれがあらゆる事物を精神と物体とから合成するのを見て、この混合こそ、われわれにとってきわめて理解しやすいものであろう、とだれが思わないであろう。ところが、これこそ最も理解しにくいものなのである。人間は、自分自身にとって、自然のなかでの最も驚異に値する対象なのである。なぜなら、人間は、身体が何であるかを理解できず、なおさらのこと精神が何であるかを理解できない。まして、身体がどういうふうにして精神と結合されうるのかということは、何よりも理解できないのである。そこに、彼の困難の窮みがあり、しかもこれが、彼の固有の存在なのである。〈精神と身体との結合様式は、人間に理解しえぬところである。しかもこれがすなわち人間なのである⑤〉

最後に、われわれの弱さの証拠を完全にするために、私は次の二つの考察によって結ぼうと思う……

（1）モンテーニュ『エセー』二の一二による。
（2）デカルトの『哲学の原理』は、パスカルの青年時代の一六四四年に出版された。
（3）ピコ・デルラ・ミランドラが一四八六年、ローマで公表しようとした九百の提題の一つ。
（4）タキトゥス『年代記』四の一八。モンテーニュ『エセー』三の八による。
（5）アウグスティヌス『神の国』二一の一〇。モンテーニュ『エセー』二の一二による。

七三

ラ七六

〔しかし、この問題はおそらく理性の範囲を越えているであろう。それでは理性の考えだしたことを、その力に応じた事物について検討してみよう。もしも理性が自分自身の利害によって最も真剣に努力させられるはずのことが何かあるとすれば、それは自分の最高善の探究についてである。だから、これらの強力で慧眼《けいがん》な人々が最高善をどこにおいたか、また彼らがそれについて一致しているかどうかを調べてみよう。

ある人は、最高善は徳のうちにあると言い[1]、他の人はそれを快楽のうちにおき、他の人は自然に従うことのうちに、他の人は真理のうちにおく。〈事物の原因を知りうる者は幸福である〉[2]他の人は完全な無知に、他の人は無感覚のうちに、他の人々は外観に抵抗することに、他の人は何事にも驚嘆しないことにおく。〈何事にも驚かないことこそ、幸福を支えかつ保たしめうるほとんど唯一のものである〉そして健気《けなげ》な懐疑論者たちは彼らの平静《アタラクシア》、懐疑、絶えざる判断中止のうちにおき、そして他のもっと賢明な人々は、願い事の対象としてさえ最高善を見いだすことはできないとした。これでわれわれはもうさんざんである。

法律の後に移すこと。次の項目[3]。

このみごとな哲学が、あれほど長期の緊張した労苦によっても確実なものは何も獲得できなかったということを認めなければならないとしても、すくなくとも霊魂が自分自身を知るということはありえたのではなかろうか。この問題について世の先生がたに尋ねよう。彼らは霊魂の実体について何を考えたのであろう。

三九五。

彼らはその宿所を定めるのについては、もっと成功したであろうか。

三九五。

彼らはその起原、存続期間および出発について何を見いだしたであろう。

三九九。

それでは、霊魂でさえ、自分の弱い光にとっては尊《とうと》すぎる問題であろうか。それならば物質にまで下げるとしよう。そして霊魂が生かしてやっている自分の身体そのものや、自分が眺め、自分が意のままに動かしている他の物体が、何によってできているかを知っているかどうか調べてみよう。

三九三。

何も知らないものはないという、かの偉大な独断論者たちは、そのことについて、いったい何を知ったのであろう。

三九三。

〈これらの諸説のうち[4]〉

もしも理性が理性的であったならば、これだけでたしかに十分であろう。理性は、まだ何も確実なものは見いだしえなかったということを告白する程度だけには理性的である。しかし理性は、確実なものに到着することをあきらめない。それどころか、今までにかつてないほどにこの探究に熱心であり、自分のうちにこの征服に必要な力を持っていると確信している。

それであるから、理性に止めをささなければならない。すなわち、その力を結果において検討した後に、その力自身のうちにおいて観察しよう。理性が真理を把握するに足るなんらかの力と手がかりとを持っているかどうか見ることにしよう」

(1)これから先は、特に他の出所を掲げる一箇所以外は、すべてモンテーニュ『エセー』二の一二(「レーモン・スボンの弁護」)からの引用、またはその論旨の要約である。数字は一六五二年版のページである。

(2)モンテーニュ『エセー』三の一〇による。

(3)この一行は、原稿では、この次の行から三九九という数字のところまでの一節の左側欄外に、三行に分けて記されており、「次の項目」という前には長い横線が引かれて、その前と区別されている。ここで述べられている「法律」というのは、同じ紙の裏側に記されている断章二九四のことである。

(4)「そしてこれらのもろもろの意見の列挙の後において、〈これらの諸説のうちのいずれが真であるかは、神だけが知るであろう〉とキケロが言っている」(モンテーニュ『エセー』二の一二)。

七四

ラ四〇八

人間的学問と哲学との愚かさについての手紙。

この手紙を「気ばらし」の前に。

〈……うる者は幸福である[1]〉

〈何事にも驚かないことこそ幸福である[2]〉

モンテーニュのなかの二百八十種の最高善。[3]

(1) 断章七三、注(2)参照。

(2) 断章七三参照。

(3) モンテーニュ『エセー』二の一二による。モンテーニュは、ヴァルロの計算というものを、正しく二百八十八と記したのであるが、一五九五年版以来、パスカルの使用した版も含めて、長いあいだ二百八十と誤植されていたものである。

七四の二

ラ四七九

哲学者たちには二百八十の最高善。

七五

ラ九五八

第一部、第二篇、第一章、第四節。[1]

〔臆説《おくせつ》。さらに一段引き下げて、それをおかしなものにすることは、困難でないだろう。なぜなら、それ自体からはじめれば〕

生気のない物体が情念や恐れや嫌悪《けんお》を持ち、また、無感覚で、生命を持たず、生命の資格さえない物体がそれを感じるためには、すくなくとも感性的霊魂を前提とする情念を持ち、さらにまた、その嫌悪の対象が真空であるなどということほど不合理なことがあろうか。真空のなかにこれらのものを恐ろしがらせる何ものがあるのだろう。これ以上低級でおかしなことがあろうか。真それだけでなく、物体はそれ自身のなかに、真空を避けるための運動の原理を持っているというのである。物体は、腕や、足や、筋肉や、神経を持っているのだろうか。

（1）このままの形では発表されなかった『真空論』の章節を示す。

七六

ラ五五三

学問をあまり深く究《きわ》める人々に反対して書くこと。デカルト。

七七

ラ一〇〇一

私はデカルトを許せない。彼はその全哲学のなかで、できることなら神なしですませたいものだと、きっと思っただろう。しかし、彼は、世界を動きださせるために、神に一つ爪弾《つまはじ》きをさせないわけにいかなかった。それからさきは、もう神に用がないのだ。

七八　ラ八八七

無益で不確実なデカルト。

七九　ラ八四

〔デカルト。

大づかみにこう言うべきである。「これは形状と運動から成っている」と。なぜなら、それはほんとうだからである。だが、それがどういう形や運動であるかを言い、機械を構成してみせるのは、滑稽《こっけい》である。なぜなら、そういうことは、無益であり、不確実であり、苦しいからである。そして、たといそれがほんとうであったにしても、われわれは、あらゆる哲学(1)が一時間の労にも値するとは思わない」〕

(1) 当時「哲学」という語は、特に自然哲学、すなわち外的事物に関する学問をさす場合が少なくなかった。

八〇

ラ九八、九九

びっこの人が、われわれをいらいらさせないのに、びっこの精神を持った人が、われわれをいらいらさせるのは、どういうわけだろう。それは、びっこの人は、われわれがまっすぐ歩いていることを認めるが、びっこの精神の持ち主は、びっこをひいているのは、われわれのほうだと言うからである。そうでなければ、われわれは、同情こそすれ、腹を立てたりなどしないだろう。

エピクテトスは、もっと力をこめて問うている。「われわれは、人に頭が痛いでしょうと言われても怒らないのに、われわれが推理を誤っているとか、選択を誤っていると言われると怒るのは、なぜだろうか[1]」

——

その理由はこうである。われわれは、頭が痛くはないということや、びっこでないということは確信しているが、われわれが真なるものを選んでいるということについては、それと同じ程度の確信は持てない。したがって、そのことについての確信は、われわれがそれをわれわれの全力で見ているということ以外に根拠がないのであるから、他の人がその全力で正反対のことを見るならば、われわれは宙に迷わされ、困惑させられる。まして千人もの人たちがわれわれの選択をあざける場合は、なおさらのことである。なぜなら、こうなるとわれわれは、われわれの理性の光のほうを、かくも多くの人たちの光よりも優先しなければならないことになるが、それは大胆で困難なことであるからである。びっこに関する感覚については、このような矛盾が決してない。

（1）エピクテトス『語録』四の六。

八一　ラ六六一

精神は自然に信じ、意志は自然に愛する。したがって、両者とも真の対象がなければ、誤った対象に執着せざるをえない。

八二　ラ四四

想像力。

これは人間のなかのあの欺く部分のことである。あの誤りと偽りとの主《ぬし》であり、いつもずるいと決まっていないだけに、それだけいっそうずるいやつである。なぜなら、もしそれが嘘《うそ》のまちがいのない基準だったら、真理のまちがいのない基準となっただろうから。

ところが、それは、たいていの場合に偽りだというのだから、真にも偽にも同じ印《しるし》をおして、自分の正体を少しもあらわさない。私は愚かな人たちについて話しているのではない。最も賢い人たちについて話しているのである。こういう人たちのあいだでこそ、想像力は人々を説得する大きな権限を持っているのである。理性がいかにわめいてもむだで、理性には物事に値段をつけることはできない。

理性の敵であり、理性を制御したり支配したりするのが好きなこの尊大な能力は、自分があらゆることにおいてどれだけ有力であるかを示すために、人間のなかに第二の天性をつくり上げた。想像力には想像の上での幸福な者、不幸な者、じょうぶな者、病める者、富める者、貧しい者がある。それは理性を、信じさせ、疑わせ、否定させる。それは、感覚を停止させたり、感じさせたりする。それには想像の上での愚か者と賢者とがある。それが、自分を客としている人たちの心を、理性の場合とはすっかり違う、充実した完全な満足でいっぱいにするのを見ることほどに、われわれを癪《しゃく》にさわらせることはない。分別ある人たちなら、そんないい気になれるはずがないのに、想像による才人たちは、それとは全く違って得々としている。彼らは、偉そうに人々を見下す。彼らは、大胆に、自信をもって議論し、分別ある人たちのほうは、恐る恐る、自信を持たずに議論する。またその顔つきの快活さは、しばしば、聴く人たちの意見を彼らのほうに有利にする。想像による賢者は、同じ性質の判定者からこんなにひいきにされるのである。想像力は、愚かな人たちを賢者にすることはできないが、彼らを幸福にすることができる。それに反して、理性のほうは、その友人たちを惨めにするだけである。前者は彼らを栄光でおおい、後者は恥辱でおおう。

名声を授けるのは、いったいだれか。人物や作品や法律や大貴族に、尊敬と崇敬とを与えるのは、この想像する能力でなくて何であろうか。地上のあらゆる富も、その同意が得られなければ不十分なのである。

尊敬すべき老齢のゆえに全国民から敬われているこの法官は、純粋至高な理性によってみずからを律し、弱者の想像しかそこなわない空《むな》しい情状にこだわらず、物事をその本性に従って判断するに違いないと、諸君は言うかもしれない。この法官が説教を聴きに行くのを見なさい。彼はその堅固な理性を、熱烈な愛によっていっそう強め、すこぶる敬虔な熱誠をもってそこにつらなっている。模範的な尊敬をもって説教を聴こうと待ちかまえているのだ。そこへ説教者が現われる。彼が生まれつき嗄《しゃが》れ声で珍妙な顔つきをしていたとしよう。また理髪師が彼の顔を剃《そ》りそこない、おまけになにかの拍子で顔が汚れていたとしよう。この説教者がどんな大真理を語ろうとも、われわれの老法官の謹厳さが失われることは請けあいである。

世の最大の哲学者が、必要以上に幅の広い板の上に乗っていたとしても、もしもその下に絶壁があれば、彼の理性が彼の安全を納得させても、彼の想像のほうが勝つだろう。多くの人は、その考えをいだくだけでも、色を失ったり、冷や汗をかいたりすることであろう。

私は想像の結果を全部あげようとは思わない。猫や鼠を見かけたり、炭が押しつぶされたりすることなどが理性を脱線させるものだということを知らない人があろうか。声の調子は、最も賢い者をも欺き、演説や詩の力を変える。

愛情や憎悪《ぞうお》は、裁判の局面を転換させる。そして、あらかじめたんまり支払われた弁護士は、自分の弁護する訴訟事件を、いかにいっそう正しいと思うことだろう。彼の大胆な身ぶりが、その外観にだまされた裁判官に、どれだけその事件をよく見せることだろう。一陣の風が、しかもあらゆる方向にあやつる、おかしな理性。

こうしていくと、人間の行動のほとんどすべてをあげることになりそうだ。これらの行動は、ほとんど想像のゆさぶりだけで振り回されているからだ。なぜなら、理性のほうが譲歩しなければならなかったからであり、最も賢明な理性は、人間の想像力が、それぞれの場所で、向こう見ずに導入した諸原理を自分のものとして採用しているからである。

〔理性だけに従おうとする者は、普通の人たちの判断からすれば、証明ずみのばか者となろう。世間が好んでそうしているのだから、想像の上だけのものであることがわかっている幸福のために、終日、働かなければならない。そして、睡眠がわれわれの理性の疲れを癒してくれたならば、ただちに飛び起きて、煙のあとを追っかけまわり、この世間の主の感化を受けなければならないのだ。

——

ここに、誤謬《ごびゅう》の原理の一つがあるが、その一つだけではない。

人間がこれら二つの勢力を同盟させたのは、たといこの和平では想像力のほうがはるかに得をしているにせよ、当を得たことである。なぜなら、戦いとなれば、想像はもっと完璧《かんぺき》に得をするからである。理性が想像に全面的に勝つなどということは決してなく、その反対こそ普通なのである」

わが法官たちは、この秘法をよく心得ていた。彼らの赤い法服、彼らが毛皮猫族《シャ・フウレ》①のように身を包んでいる白貂《しろてん》の毛皮、彼らが裁判を行なう法廷、ゆりの花②、すべてこれらのおごそかな仕掛けは大いに必要であった。そして、もし医者たちに長衣や雌騾馬《めすらば》がなく、また博士たちに角帽やどこもかもだぶだぶの学服がなかったならば、こんな堂々たる体裁には弱い世間を欺くことなどとてもできなかったであろう。もし法官たちが真の正義を持ち、医者たちが真の医術を持っていたなら、角帽などに用はなかっただろう。それらの学問の威容は、それ自体で十分尊敬されるはずだっただろう。ところが、彼らには想像的な学問しかないので、彼らの相手方である想像力に訴えるような、つまらぬ道具立てをしなければならないのだ。そして、こうすることによって、彼らは、実際に尊敬を受けるのである。

ただ軍人だけは、そのような扮装はしない。なぜなら、実際に彼らの役割はもっと本質的なものであるからである。彼らは力によって立つが、他の人たちは見せかけによるのである。

そういうわけで、わが国王たちも、そのような扮装を求めなかった。彼らは、自分を国王らしく見せるために、異様な服装でもって化けることなどしなかった。そのかわり、親衛兵や槍兵を従えた。彼らのためにだけ腕や力を持っているこれらの武装部隊、先頭に進む喇叭手《らっぱしゅ》や鼓手たち、彼らをとりまく軍団、それらは、どんなにしっかりした人たちをも縮み上がらせる。彼らは服装を持たないが、ただ彼らは力を持っているのだ。壮麗な宮殿の中にいて、四万の親衛兵にとりまかれているトルコ皇帝を、ただの人間だと思うためには、よほど澄みきった理性を持つ必要があろう。

われわれは、長衣をまとい、法帽をかぶった弁護士を一目見ただけで、彼の能力について有利な見解をいだかずにはいられなくなる。

想像力はすべてを左右する。それは、美や正義、そしてこの世にとってすべてである幸福をつくりだす。

私はその題名しか知らないが、それだけでもたくさんの書物に匹敵する、『〈世の主である臆説について〉[3]』というイタリアの本を見たいものだと心から思っている。その書物を知らないのに、それに同意する。ただし、悪いところがあれば、それは別だが。

われわれを、必然的な誤謬へ導くために、特に与えられたかのように見えるこの欺瞞《ぎまん》的能力の作用は、だいたい以上のようである。誤謬の原理は、ほかにもまだたくさんある。

古い印象だけが、われわれをだますとはかぎらない。新しいものの魅力も、同じ力を持っている。幼時の誤った印象に従うと言うか、新しい印象を無鉄砲に追いかけると言うか、そのどっちかを言っては、互いに責め合っている人間どものあらゆる争論は、そこから起こるのである。だれがいったい中正を保っているのだろう。われこそと思う人は出てきて、それを証明するがいい。どんなに自然な原理でも、たとい幼時からのものであっても、それが、教育または感覚による誤った印象だということにされないようなものは、一つもない。

ある人は言う。「君は子供の時から、箱の中に何も見えなければ、それは空《から》だと信じていたので、真空というものを可能だと考えたのだ。だが、それは君の感覚の錯覚が、習慣によって強められたものにすぎないのだから、学問によってそれを訂正しなければならないのだ」他の人たちは言う。「真空というものは存在しないと学校で教えられたために、そういうまちがった印象を受ける前までは、あんなにはっきり真空を理解していた君の常識が、ゆがめられてしまったのだ。これは、君の最初の本性に訴えて訂正しなければならないのだ」では、どっちがだましたのだろう。感覚か、それとも教育か。

われわれに、病気という、いま一つの誤謬の原理がある。それは、われわれの判断と感覚とをそこなう。そして重い病がそれを目立って変質させるならば、軽いものでも、その程度に応じた影響を与えるということを私は疑わない。

われわれ自身の利害というものも、われわれの目を気持がいいほどくらます、すばらしい道具である。世界一公平無私な人でも、自分自身の訴訟事件の裁判官となることは許されない。そのような自愛に陥るまいとして、逆方向に世界一不正となった人々を、私は知っている。完全に正しい事件に敗訴する確実な方法は、その事件を、そういう彼らに、その近親者からよろしく頼ませることであった。真理と正義とは、実に微妙な二つの尖端であって、われわれの道具は、それにぴったり触れるには、磨滅しすぎている。それに届いたときには、尖端がつぶれて、すっかりそのまわりを、真よりもむしろ偽のほうを多く、押えてしまうのである。

〔こうして人間は、実にうまく作られているので、真についてはなんら正しい原理を持たず、偽についてはりっぱなのをたくさん持っている。それで今度は、どんなに……であるかを見よう。

しかし、人間の誤謬のいちばんおかしな原因は、感覚と理性とのあいだで行なわれる戦いである〕

（1）ラブレー『パンタグリュエル』五の一一で、裁判官を諷刺するため用いられたことば。
（2）フランス王朝の紋章。
（3）出所不明。

ラ四五

八三

欺瞞的諸勢力の章をここから始めること。[1]

人間は、恩恵なしには消しがたい、生来の誤謬に満ちた存在でしかない。何ものも彼に真理を示さない。すべてが彼を欺く。真理の二つの原理である理性と感覚とは、それぞれが誠実性を欠く上に、相互に欺き合っている。感覚は偽の外観でもって理性を欺く。感覚が理性に持ってくるこのまやかしは、それと同じものを今度は感覚が理性から受け取るのである。理性が仕返しするのだ。霊魂の情感が感覚を乱し、偽りの印象を与える。彼らは競って嘘をつき、だまし合っている。

しかし、偶発的で、そしてこれらの異質的な能力のあいだの不和から生じるこれらの誤謬のほかに……

（1）この表題は、断章全体の左側の欄外に記されている。

八四

ラ五五一

想像は、途方もない見積もりをして、小さな対象をわれわれの魂を満たすほどまでに拡大し、向こう見ずな思い上がりから、大きなものを自分の寸法にまで縮小するのである。ちょうど神について話すときのように。

八五

ラ五三一

自分の財産の貧弱なことを隠すといったような、われわれの心を最もつよく捉《とら》えているこの種のことがらは、多くの場合、ほとんどとるにたらないことである。それは、われわれの想像力が、山のように大きくした、全くの無である。想像力がもうひとまわりすれば、われわれにそのことを苦もなく発見させてくれる。

八六

ラ一九六

〔私の気分は、蛙《かえる》のようにがあがあ言う人や、息を吹きながら食べる人を、私に嫌悪させる。気分というものもなかなか重みのあるものである。そこから何を学ぶのだろう。その重みが自然だからといって、われわれがそれに従うというのだろうか。いな、われわれはむしろそれに抵抗するだろう〕

八七

ラ五〇六

〈五八三。①まことに、この人は、大いなる努力をして、大いなる徒言《むだごと》を言うであろう。テレンティウス。②
自分の作りごとに支配される人間以上に不幸なものが存在するかのごとく。プリニウス③〉

（1）モンテーニュ『エセー』一六五二年版のページを示す。
（2）モンテーニュ『エセー』三の一より引用。
（3）同二の一二より引用。

八八

ラ七七九

自分で塗りたくった顔をこわがる子供たち。彼らは子供である。しかし、どうやったら、子供のときあんなに弱かったものが、年をとってから大いに強くなれるだろう。人はただ思いつきの内容を変えるだけである。すべて進歩によって改善されるものは、同じく進歩によって滅びる。すべてひとたび弱かったものは、決して絶対に強くはなりえない。「彼は成長した、彼は変わった」と、人がいくら言っても、むだである。彼はやはり同じである。

八九

ラ四一九

習慣はわれわれの本性である。信仰に慣れる者はそれを信じ、もはや地獄を恐れずにはいられなくなり、ほかのものを信じない。

王は恐るべきものだと信ずることに慣れる者は……等々。

したがって、われわれの霊魂も、数、空間、運動を見ることに慣れたため、それを信じ、それだけしか信じないのであるということを、だれが疑うであろう。

九〇

ラ五〇六

〈しばしば見るものについては、たといそれがいかにして起こるか不明でも、驚嘆しない。かつて見たことのないものは、もしそれが起こると、奇々怪々と見なす。キケロ(1)〉

(1) モンテーニュ『エセー』二の三〇より引用。

九一

ラ六六〇

〈太陽の海綿(1)〉

われわれは、ある現象が常に同じように起こるのを見ると、そこから自然的必然性を結論する。たとえば、明日も日があるなどというごときである。しかし、自然はしばしばわれわれの予想を裏切り、自分自身の規則に従わない。

(1) ジャザンスキー教授が一九四二年に発表した新説によると、一六〇四年にイタリアで発見された硫化バリウムを含んだ、燐光を放つ石のことで、昼間日の光に当てておくと夜中に光を発するところから、「太陽の海綿（スポンギア・ソリス）」と呼ばれた。これは当時の物理学上の定説をいろいろな点でくつがえしたので、この断章の適例としてパスカルがあげたものであろう。

九二

われわれの自然的な原理というものは、われわれがそれに習慣づけられた原理でなくて何であろう。そして、子供たちにおいても、動物における獲物《えもの》追求のように、父親たちの習慣から受けついだものでなくて何であろう。

異なる習慣は、われわれに異なる自然的原理を与えるであろう。それは経験によって明らかである。そして、習慣によっては打ち消せない自然的原理があるかと思えば、自然によっても、そして第二の習慣によっても打ち消せない、自然に反する習慣もまた存在する。それは、人々の素質によることである。

ラ一二五

九三

父親たちは、子供たちの自然な愛が消えてしまいはしないかということを恐れる。では、消えることがあるようなこの自然性とは、いったい何だろう。

習慣は第二の自然性であって、第一の自然性を破壊する。しかし自然性とは何なのだろう。なぜ習慣は自然でないのだろう。私は、習慣が第二の自然性であるように、この自然性それ自身も、第一の習慣であるにすぎないのではないかということを大いに恐れる。

ラ一二六

九四

ラ六三〇

人間の本性は全く の自然である。〈全くの動物(1)〉

どんなものでも自然なものとされ、どんな自然なものでも、そうでなくされてしまう。

（1）旧約『創世記』七章と旧約外典『集会書』一三章に同じ字句があるが、いずれも「どの動物も」という意味に用いられている。

九四の二

ラ六六四

人間は、本来、〈全くの動物〉である。

九五

ラ六四六

直感(1)。

記憶や喜びは直感である。そして幾何学的の命題でさえ直感になる。なぜなら理性が直感を自然的なものにすることもあるし、自然的な直感が理性によって消されることもあるからである。

（1）原語の「サンティマン」は、「感情」「感じ」「気持」などとも訳されることがある。

九六

ラ七三六

人は自然の作用を証明するのに悪い理由を使い慣れていると、良い理由が発見されても、それを受け入れようとしない。このことについて引合いに出された例は、血液の循環に関するもので、結紮《けっさつ》で縛った下のほうで血管がふくらむのはなぜかということの説明についてである。(1)

（1）ハーヴェーは、一六二八年の著書で、彼の理論に対する当時の反論として、痛みや熱とならんで真空に対する嫌悪があげられたことを記している。

九七

ラ六三四

一生のうちでいちばん大事なことは、職業の選択である。ところが、偶然がそれを左右するのだ。

習慣が、石工、兵士、屋根屋をつくる。「あれはすばらしい屋根屋だ」と人が言う。そして、兵隊の話をしながら、「やつらは全くばか者だ」と言う。ところが、他の人たちは反対に、「偉大なものは戦争だけだ。軍人でないやつは、ろくでなしだ」と言う。人は、子供のときにこれこれの職業がほめられ、それ以外のものはすべて軽蔑《けいべつ》されるのをさんざん聞かされたために、それにひきずられて選択する。なぜなら、人は元来、徳を好み、愚をきらうものなので、それだからこそこれらの言葉がわれわれの心を動かすのだ。要するに、人がしくじるのは、適用に際してだけなのである。

習慣の力というものは実に偉大なものなので、自然がただ人間としてしか作らなかったものから、人々はあらゆる身分の人間を作り上げたのである。

なぜなら、ある地方はすっかり石工、他の地方はすっかり兵隊等々といったようなことがあるからである。もちろん自然はそんなに一様ではない。してみると、そうさせたのは習慣である。なぜなら習慣は自然を強制するからである。しかしまた、時として自然が習慣にうち勝ち、善悪を問わずあらゆる習慣に反して、人間をその本能のうちにひきとどめることもある。

ラ一九三

九八

誤りに導く先入観。

すべての人が手段についてだけ熟慮して、目的についてそうしないのは、嘆かわしいことである。各人は、それぞれの職務をどういうふうに果たそうかということを考えている。しかし、その職務、そして祖国の選択ということについては、運命がそれをわれわれにあてがってくれるのである。

あんなに多くのトルコ人、異端者、異教徒たちが、おのおのそれが最善だという先入観をふきこまれたという理由だけで、彼らの父祖の生き方を踏襲しているのは、かわいそうなことだ。また、まさにそのことが各人に、錠前屋《じょうまえ》、兵士などというそれぞれの職業を決めさせるのである。

そういうわけで、未開人たちにとっては、プロヴァンス州などは用がないのだ。(1)

（1）モンテーニュが『エセー』一の二二（現行版二三）で、「スコットランドの未開人たちにはトゥレーヌ州などは用がないのだ」（プロヴァンスもトゥレーヌもフランスのかつての州名）と記したように、どんなよい土地でも、知らぬ者には無縁だという意味であろう。

九九

ラ五三九

意志の行為と、その他のあらゆる行為とのあいだには、普遍的で本質的な違いがある。

意志は、信仰のおもな器官の一つである。といっても、意志が信仰を形づくるからではなく、事物はそれがどの面から眺められるかということによって、真ともなり、偽ともなるからなのである。意志が、ある一つの面のほうを、いま一つの面よりも好むと、その見たくないほうの面のさまざまの特質を精神が考慮しないように、精神をそこからそらしてしまう。そこで精神は、意志と一つになって進み、意志の好きなほうの面を眺めるために立ち止まる。このようにして精神は、そこで自分が見るところによって判断するのである。

一〇〇

ラ九七八

自己愛。

自己愛とこの人間の「自我」との本性は、自分だけを愛し、自分だけしか考えないことにある。だが、この自我は、どうしようというのか。彼には、自分が愛しているこの対象が欠陥と悲惨とに満ちているのを妨げるわけにいかない。彼は偉大であろうとするが、自分が小さいのを見る。幸福であろうとするが、自分が惨めなのを見る。完全であろうとして、不完全で満ちているのを見る。人々の愛と尊敬の対象でありたいが、自分の欠陥は、人々の嫌悪と侮蔑《ぶべつ》にしか値しないのを見る。彼が当面するこの困惑は、想像しうるかぎり最も不正で最も罪深い情念を、彼のうちに生じさせる。なぜなら、彼は、自分を責め、自分の欠陥を確認させるこの真理なるものに対して、極度の憎しみをいだくからである。彼はこの真理を絶滅できたらと思う。しかし、真理をそれ自体においては絶滅できないので、それを自分の意識と他人の意識とのなかで、できるだけ破壊する。言いかえれば、自分の欠陥を、自分に対しても他人に対しても、おおい隠すためにあらゆる配慮をし、その欠陥を、他人から指摘されることにも、人に見られることにも、堪えられないのである。

たしかに、欠陥に満ちていることは、悪いことである。しかし、欠陥に満ちていながら、それを認めようとしないのは、なおもっと悪いことである。なぜなら、それは、その上にさらに、故意のままやかしを加えることになるからである。われわれはほかの人たちがわれわれをだますことは望まない。われわれは、彼らがそれに値する以上にわれわれから尊敬されたいと願うのは、正しくないと思う。それならば、われわれが彼らをだまし、われわれがそれに値する以上に彼らから尊敬されたいと願うのも正しくないわけである。

したがって彼らが、現にわれわれが持っている欠点や悪徳ばかりを発見しても、彼らはわれわれに対して悪いことをしていないのは明らかである。なぜなら、それらの欠点や悪徳は彼らのせいではないからである。また、それらの欠点を知らずにいるという悪からわれわれを救い出す助けをしてくれているのであるから、彼らはむしろわれわれにいいことをしているのも、明らかである。彼らがそれらの欠点を知り、われわれを軽蔑するからといって腹を立てるべきではない。彼らが、われわれをあるがままの姿で知り、もしわれわれが軽蔑に値するなら、軽蔑するのは正しいことだからである。

以上のような気持こそ、公正と正義とに満ちている人から生ずべきものである。ところが、それとは正反対の構えが見られるわれわれの心について、いったい何と言ったらいいのだろう。なぜなら、われわれが真実と、それをわれわれに言ってくれる人たちとを憎み、彼らがわれわれに有利なように思い違いをしてくれるのを好み、そしてまた、われわれが現にそうであるのとは別のものとして彼らから評価されたいと願っているのは、ほんとうではなかろうか。

ここに私をぞっとさせる証拠がある。カトリック教は、自分の罪をだれにでも無差別にさらけ出すことを強《し》いはしない。この宗教は、他のすべての人々に隠したままでいることを許容するが、ただし、そこからただ一人だけを除外する。その一人に対しては、心の底をさらけ出し、自分をあるがままの姿で見せることを命令する。この宗教が、われわれについての誤認を正すべきことを、われわれに命ずるのは、ただ一人の人に対してだけである。しかもその人は、不可侵の秘密としての義務を負わせられているので、彼が持っているこの知識は、彼のなかにありながら、あたかもそこにないのと同じようにされているのである。これ以上愛に富んだ、これ以上やさしい方法を、いったい想像できるだろうか。それなのに、人間の腐敗ははなはだしいので、この定めさえ、なお厳格すぎると考える。そしてこのことが、ヨーロッパの大部分をして、教会に反逆させたおもな原因の一つである①。

人間の心は、なんと不正で不合理なことだろう。すべての人に対してなんらかの方法でそのようにしても正しかったであろうことを、一人の人にするようにさせられるからといって、それを悪く思うとは。なぜなら、すべての人たちをだましていることが、正しいとでもいうのだろうか。

真実に対するこの嫌忌《けんき》には、程度の差がある。しかし、それはすべての人のうちに、ある程度までは存在するということができる。なぜなら、それは自愛と切り離せないものであるからである。例のまちがったこまやかさもそうである。そのために、他人を叱《しか》らなければならない立場にある人々は、相手の気にさわらないように、多くの回り道をしたり、手心を加えたりしなければならなくなる。彼らは、われわれの欠点を小さくして、それを許しているように見せかけ、ほめことばと、愛情と尊敬のしるしとをそこに混ぜなければならない。こういうことをみなやっても、この薬は自己愛にとって苦いものであることに変わりはない。自己愛はそれをできるだけ少なく飲もうとし、しかもいつもまずいと思いながら、そして多くの場合、それをくれる人たちに対してひそかな恨みをいだきながら飲むのである。

そういうわけで、もし人がわれわれからよく思われたほうが得であるという場合には、その人は、われわれにとって不愉快だということがわかっているような世話をやくことを避けるという現象が生じる。その人は、われわれがそう扱ってもらいたいと思うとおりに扱ってくれる。われわれが真実を憎むので、それを隠してくれる。お世辞を言ってもらいたいので、お世辞を言ってくれる。だまされたいので、だましてくれる。

そのために、われわれの世の中での地位が、運よく上がるたびに、それだけわれわれを真実から遠ざける結果になるのである。なぜなら、その人の愛顧を得れば有益で、きらわれれば危険だというような人たちを傷つけることは、その度合に応じて、それだけ多く人々に恐れられるからである。一人の王侯が、ヨーロッパじゅうの笑い草になろうとも、知らぬは彼ばかりということになろう。私はそれを不思議と思わない。真実を言うことは、それを言われる相手方にとって有益なのであって、それを言う人たちにとっては不利である。なぜなら、自分たちが憎まれることになるからである。ところで、王侯たちとともに暮らす人々は、彼らが仕えている主君の利益よりも、自分の利益のほうをいっそう愛している。したがって、彼らは自分自身に損させてまで、主君に得をさせようなどとは、夢にも思わない。

このような不幸は、上流社会の人たちにおいて最もはなはだしいのはもちろんである。しかし、もっと下のほうでも、こうした不幸から免れているわけではない。なぜなら、人々からよく思われるということは、常に何か得になることがあるからである。このようにして、人生はまやかしの連続である。人は互いにだまし、互いにへつらうことしかしない。だれもわれわれのいるところでは、われわれについて、われわれがいないところで言っているようなことは言わない。人間同士の結合は、このだまし合いの上に築かれたものにすぎない。もし各人が、自分の友人が、自分のいないときに自分について言っていることを知ったならば、たといその友人がその際、真心で、冷静に話していたことだとしても、それでもなお続いていくような友情は少ないだろう。

したがって人間は、自分自身においても、他人に対しても、偽装と虚偽や偽善とであるにすぎない。彼は、人が彼にほんとうのことを言うのを欲しないし、他の人たちにほんとうのことを言うのも避ける。正義と理性とからこのようにかけ離れたこれらすべての性向は、人間の心のなかに生まれつき根ざしているのである。

（1）宗教改革のことをさす。

一〇一

もしもすべての人が、それぞれが、他の人たちについて言っていることを知ったとしたならば、この世に四人と友人はあるまいということを、私はあえて提言する。このことは、人が時に不謹慎な告げ口をするところから生ずる喧嘩《けんか》によっても、明らかである。〔私はさらに進んで言う。すべての人は……〕

ラ七九二

一〇二

他の悪徳によってのみ、われわれに結びついており、その幹を除けば、枝のように取り去られる悪徳もある。

ラ五三五

一〇三

アレクサンドロスの貞潔の模範は、彼の酒癖の模範が不節制な人間をたくさんつくったほどには、貞潔な人間を作らなかった。(1) 彼と同じように品行方正でないことは恥にならないが、彼以上にひどい悪徳でなければ許されるように見える。人はこれらの偉人の悪徳におちこんでいるとき

ラ七七〇

には、普通の人たちの悪徳のなかにすっかりおちこんでいるわけではないと考える。しかしながら、偉人たちだって悪徳においては普通の人間と同じなのだということに注意していない。人は、偉人たちが民衆に結びついているほうの端で、彼らに結びついているのである。なぜなら、彼らがいくら高くなっていても、どこかでは最低の人間たちと一つになっているのである。彼らは、われわれとの交わりからすっかり引き離れて、宙に浮いているのではない。否、否、彼らの丈《たけ》がわれわれより高いのは、彼らの頭がわれわれよりも高いところにあるからなのであって、彼らの足のほうは、われわれのと同じように低いところにあるのである。彼らはみな同じ水準にあって、同じ地上に立っている。そしてこの末端では、彼らもわれわれや、最低の者や、子供や、動物などと同じように低くなっているのである。

（1）モンテーニュ『エセー』二の一九、二の一などによる。

一〇四

ラ九三七

われわれの情念が、われわれに何ごとかをさせるときには、われわれは自分の義務を忘れてしまう。たとえば、ある本がおもしろいと、ほかのことをしなければならないときでも、それを読んでしまう。けれども、その義務を思い起こすためには、何か自分がきらいなことをしようと思い立つことである。そうすれば、ほかにしなければいけないことがあるという言いわけをすることになり、この方法で自分の義務を思い出すようになる。

一〇五

ラ五二九

あることについて人の判断を求めるときに、その説明の仕方でその人の判断を曇らさないようにするのは、なんとむずかしいことだろう。もし、「私は、これを美しいと思います」とか「私は、これを不明瞭だと思います」とか、そのほかそれに類したことを言えば、相手の想像をその判断へと引き込むか、あるいは反対のほうへ追いやることになる。何も言わないほうがましである。そうすれば、相手は彼のあるがままの状態、ということは、その時の彼のあるがままの状態に従い、そしてわれわれが作り出したのではない別の情況がもたらした状態に従って判断することになる。それでも、ともかくわれわれは、何も加えなかったことになるわけである。ただし、相手がその気分しだいで、こちらの沈黙にどういう含みや解釈を与えるか、あるいはまた、人相見がうまければ、顔の動きや様子とか声の調子とかから、この沈黙をどう推測するかによって、こうして黙っていることが影響を及ぼすとすれば別である。一つの判断を本来の座からはずさないようにするのは、こんなにむずかしいことなのである。というよりはむしろ、判断がしっかりした安定した座を持つということは、こんなにも少ないのである。

一〇六

ラ八〇五

各人の支配的な情念を知っていれば、その人に気に入られること請け合いである。ところが各人は、幸福について持っている観念そのもののなかに、自分自身の幸福に反するような、かってな考えを持っている。これは桁《けた》はずれに奇妙なことである。

一〇七

ラ五五二

〈灯火で地を照らした〉(1)天気と私の気分とは、関係が少ない。私は私の内部に私の霧や晴天を持っている。私の仕事の成否でさえも、たいして影響しない。ときどき私は、運に抗して努力する。そしてそれを制御する光栄が私に喜んでそれを制御させる。それと反対に、私はときどき好運のなかで、いやがってみる。

(1) モンテーニュ『エセー』二の一二に引用されている、ホメロスの詩句のラテン語訳。

一〇八

ラ七四二

人々が、その言っていることに利害関係を持っていないからといって、その人たちが嘘をついていないと、絶対的に結論するわけにはいかない。なぜなら、ただ嘘をつくために嘘をつく人もあるからである。

一〇九　　ラ六三八、六三九

健康のときには、もし病気になったらどういうふうにしてやっていけるのだろうと怪しむ。病気になったらなったで、喜んで薬を飲む。病気がそうさせるのだ。人はもう、健康が与えていたもろもろの情念や、気ばらしとか散歩とかの欲望を持たなくなる。そういうものは病気のときの必要とは両立しないものである。そのときには、自然が現状にふさわしい情念や欲望を与えてくれるのだ。われわれを悩ます心配というのは、自然ではなく、われわれが自分自身に与える心配だけなのである。なぜなら、その心配は、われわれの現に在《あ》る状態に、われわれの現にいない状態の情念を結合させるからである。

――

自然は、あらゆる状態においてわれわれをいつも不幸にするので、われわれの願望は、幸福な状態というものをわれわれに描いてくれる。なぜなら、その願望は、われわれの現に在る状態に、われわれの現にいない状態の快楽を結合させるからである。そして、われわれがその快楽に到達したあかつきには、それだからといって幸福になりはしないであろう。なぜなら、われわれはその新しい状態にふさわしい他の願望を持つだろうからである。

この一般的命題を、個別化する必要がある……

一一〇　ラ七三

今ある快楽が偽りであるという感じと、今ない快楽のむなしさに対する無知とが、定めなさの原因となる。

一一一　ラ五五

定めなさ。

人は、普通のオルガンをひくつもりで、人間に接する。それはほんとうにオルガンではあるが、奇妙で、変わりやすく、多様なオルガンである。〔そのパイプは順に並べられていない。普通のオルガンしかひけない人は、〕このオルガンでは和音を出せないだろう。……[1]がどこにあるかを知らなければならない。

（1）原稿で略されている。おそらくオルガンのペダルか、鍵盤のことであろうと推測されている。

一一二　ラ五四

定めなさ。

物事にはいろいろの性質があり、魂にはいろいろの性向がある。なぜなら、魂に現われてくるものでは単一なものはなく、また魂はどの対象に対しても単一なものとしては現われないからである。そこから、人は同一のことで、泣いたり笑ったりするということが起こるのである。

一一三

ラ一七

定めなく奇妙なこと。

自分の勤労だけによって暮らすことと、世界最強の国に君臨することとは、正反対なことである。それがトルコ皇帝という人物のなかで結合しているのである。(1)

(1) 古い伝説であって、すでに十六世紀のフランスにおいてすら、否定されたことがある。

一一四

ラ五五八

多様性というものは、あらゆる声の調子、あらゆる歩きぶり、咳《せき》のしかた、はなのかみかた、くしゃみのしかた……というふうに豊富である。人は、果物のなかから葡萄《ぶどう》を見分ける。そして更にあらゆる葡萄のなかからマスカットを、ついでコンドリュー(1)を、ついでデザルグ(2)を、そしてこの接《つ》ぎ木《き》を見分ける。それで全部だろうか。この接ぎ木に、かつて同じ二つの房《ふさ》ができたことがあろうか。そして同じ房に同じ二つの粒ができたことがあろうか。等々。

私は、同じものを、全く同じように判断することはできない。私は、自分の著作を、それを作りながら判断することはできない。私は、画家がやるように、そこから少し離れなければならない。しかし離れすぎてもいけない。では、いったいどのくらいだろう。当ててごらん。

(1) リヨンより下流のローヌ河畔の有名な葡萄の産地。
(2) パスカルの先輩である幾何学者のデザルグは、コンドリューに別荘を持っていた。

一一五

ラ六五

多様性。

神学は、一つの学問である。しかし同時に、いったい幾つの学問であろう。人間は一つの実体である。しかしもしそれを解剖すれば、いったいどうなるだろう。頭、心臓、胃、血管、おのおのの血管、血管のおのおのの部分、血液、血液のおのおのの液体。

都市や田舎《いなか》は、遠くからは一つの都市、一つの田舎である。しかし、近づくにつれて、それは家、木、瓦《かわら》、葉、草、蟻《あり》、蟻の足、と無限に進む。これらすべてのものが、田舎という名のもとに包括されているのである。

一一六

ラ一二九

職業。

思想。

すべては一つであり、すべては多様である。

人間の本性といっても、そのなかにいかに多くの本性があることだろう。いかに多くの天職があることだろう。そして人は、普通、どんな偶然から、ある職業がほめられるのを聞いてそれを選ぶことだろう。みごとにできた靴のかかと。

ラ三五

一一七

靴のかかと。

「おや、なんてみごとな出来ばえだろう」「なんて腕ききの職人だろう」「なんて大胆な兵士だろう」ここにわれわれの好みと、職業選択のみなもとがあるのだ。「あの人は、なんて飲みっぷりがいいんだろう」「あの人は、なんとよく酒を慎んでいることだろう」これが人々を、節酒家や酔っぱらいや、兵士や臆病《おくびょう》者、等々にさせるのである。

ラ七一五

一一八

他のすべての才能を規整する、おもな才能。

一一九

ラ六九八

自然は互いに模倣する。

自然は互いに模倣する。よい土地にまかれた種は、実を結ぶ。よい精神にまかれた原理は、実を結ぶ。

それぞれ本性がこうも異なるのに、数は空間を模倣する。

すべては同一の主によってなされ、導かれている。根、枝、果実。原理、結果。

一二〇

ラ五四一

〔自然は多様化し、そして模倣する。
人工は模倣し、そして多様化する〕

一二一

ラ六六三

自然は常に同じことを繰り返す。年、日、時。空間と同様。そして数は、互いに端と端とつながって続いている。こうして一種の無限と永遠とができる。しかし、これらすべてのもののどれかに無限や永遠のものがあるというわけではない。だが、それらの限られた存在が、無限に増加されていくのである。したがって、無限なのは、それらのものを増加させる数だけだと、私には思われる。

一二二

時は、苦しみや争いを癒す。なぜなら人は変わるからである。もはや同じ人間ではない。侮辱した人も、侮辱された人も、もはや彼ら自身ではないのである。それはちょうど、かつて怒らせた国民を、二世代たって再び見るようなものである。彼らは依然としてフランス人ではあるが、しかし同じフランス人ではない。　ラ八〇二

一二三

彼は、十年前に愛していたあの女性をもう愛していない。それはそうだろうと私は思う。彼女はもはや同じではないので、彼だって同じではない。あのとき彼は若かったし、彼女だって若かった。彼女はすっかり変わってしまった。あのときのままの彼女だったら、彼もまだ愛したかもしれない。　ラ六七三

一二四

われわれは事物を別の面から見るばかりではなく、別の目でもって見る。だからそれらの事物　ラ六七二

が同じように見えるわけがない。

一二五　ラ一二四

反対。

人間は、生来、信じやすくて、疑いぶかく、臆病で、向こう見ずである。

一二六　ラ七八

人間の描写。

従属、独立の願い、不足。

一二七　ラ二四

人間の状態。

定めなさ、嫌気《いやけ》、不安。

一二八　ラ七九

執着していた営みから離れることから起こる困ったこと。一人の男が、楽しく夫婦生活を送っている。ところが、気に入った女性が現われ、五日か六日楽しく遊ぶとする。こうなると、はじめの営みにもどっても、惨めなものである。これ以上ありふれたことはない。

一二九

われわれの本性は運動のうちにある。完全な静止は死である。

ラ六四一

一三〇

立ち騒ぎ。

もしも兵士かあるいは労働者などが自分の労苦についてぶつぶつ言ったら、彼らに何もさせないでおくがいい。

ラ四一五

一三一

倦怠《けんたい》。

人間にとって、完全な休息のうちにあり、情念もなく、仕事もなく、気ばらしもなく、集中することもなしでいるほど堪えがたいことはない。

するると、自己の虚無、孤独、不足、従属、無力、空虚が感じられてくる。

ラ六二二

たちまちにして、彼の魂の奥底から、倦怠、暗黒、悲哀、傷心、憤懣《ふんまん》、絶望がわき出るだろう。

一三二　ラ四九

私の思うには、カエサルは、世界征服をして楽しもうとするには、年を取りすぎていた。そんな楽しみは、アウグストゥスとかアレクサンドロスに向いていた。彼らは、止めることがむずかしい若者だったのである。だが、カエサルはもっと大人《おとな》のはずである。

一三三　ラ一三

個別的にはどれも笑わせない似ている二つの顔も、いっしょになると、その相似によって笑わせる。

一三四　ラ四〇

絵画とは、なんとむなしいものだろう。原物には感心しないのに、それに似ているといって感心されるとは。

一三五　ラ七七三

われわれを楽しませるのは、戦いであって、勝利ではない。
人は動物の闘いを見るのは好きだが、勝ったほうが負けたほうに食らいつくのは見たがらない。いったい、勝利による終わりでなくて何が見たかったのだろう。それなのに、終わりになるやいなや、うんざりしてしまう。賭事《かけごと》においてもそうだし、真理の探求においてもそうである。論争において、人が見るのを好むのは、意見がたたかわされるところなのであって、そうして見いだされた真理をうち眺めるのはまっぴらである。その真理を喜んで認めさせるためには、それが論争から生まれ出るところを見せなければならない。同様に、情念においても、相反する二つがぶつかり合うのを見るのは楽しいが、一方が支配者となると、それはもう暴力でしかない。われわれが追求するのは、決して事物なのではなく、事物の探求なのである。だから、演劇においても、何の恐れもない、めでたしめでたしの場面は一文にもならず、希望のない極度の悲惨も、野獣的な愛も、仮借《かしやく》するところのない厳しさもだめである。

ラ四三

一三六

わずかのことがわれわれを悲しませるので、わずかのことがわれわれを慰める。

ある。

一三七

個々の仕事を全部調べなくとも、それはみな気を紛らすということでまとめてしまえば十分で ラ四七八

一三八

人間は、屋根屋だろうが何だろうが、あらゆる職業に自然に向いている。向かないのは部屋の ラ八七九
中にじっとしていることだけ。

一三九

気を紛らすこと。(1) ラ一三六

人間のさまざまな立ち騒ぎ、宮廷や戦争で身をさらす危険や苦労、そこから生ずるかくも多くの争いや、情念や、大胆でしばしばよこしまな企て等々について、ときたま考えた時に、私がよく言ったことは、人間の不幸はすべてただ一つのこと、すなわち、部屋の中に静かにとどまっていられないことに由来するのだということである。生きるために十分な財産を持つ人なら、もし彼が自分の家に喜んでとどまっていられさえすれば、なにも海や、要塞《ようさい》の包囲戦に出かけて行きはしないだろう。軍職をあんなに高い金を払って買うのも、町にじっとしているのがたまらない

というだけのことからである。社交や賭事の気ばらしを求めるのも、自分の家に喜んでとどまっていられないというだけのことからである。等々。

ところが、もっと突っこんで考え、われわれのあらゆる不幸の原因を見つけただけでなく、その理由を発見しようとしたところ、私は、まさに有効な理由が一つあることを発見した。それは、弱く、死すべく、そして、われわれがもっと突っこんで考えるときには、われわれを慰めてくれるものは何もないほどに惨めな、われわれの状態の、本来の不幸のうちに存するものである。

どんな身分を想像したとしても、われわれのものとなしうるあらゆる利益を集めてみても、王位こそ、この世で最もすばらしい地位である。ところで、国王が彼の受けうるあらゆる満足にとりかこまれているところを想像してみるといい。もしも彼が気を紛らすことなしでおり、そして自分というものが何であるかをしみじみと考えるままにしておくならば、そのような活気のない幸福は、彼の支えとはならないだろう。彼は、起こりうる反乱や、ついには避けえない病や死など、彼を脅かす物思いに必然的におちいるだろう。したがって、もしも彼が、いわゆる気を紛らすことなしでいるならば、彼はたちまち不幸になる。賭事をしたり、気を紛らすことのできる彼の臣下のはしくれよりも、もっと不幸になってしまう。

ここから、賭事、女性たちとの話、戦争、栄職などがあんなに求められることになるのである。そういうものに実際に幸福があるというわけではなく、また真の幸福は、賭事でもうける金とか、狩りで追いかける兎《うさぎ》を得ることにあると思っているわけでもない。そんなものは、それをやろうと言われても欲しくないだろう。人が求めるのは、われわれがわれわれの不幸な状態について考えるままにさせるような、そんなのんびりした、おだやかなやり方ではないからである。また、戦争の危険でも、職務上の苦労でもない。そうではなく、われわれの不幸な状態から、われわれの思いをそらし、気を紛らさせてくれる騒ぎを求めているのである。

獲物をつかまえることよりも、狩りのほうが好まれる理由。(2)

ここから人間は、騒ぎや、動きを好むことになり、ここから牢獄は、あんなに恐るべき刑罰になり、ここから孤独の楽しさは、不可解なものになるのである。そして、王たちの身分が幸福である最大の理由は、要するにそこにあるのであって、それは人々が絶えず彼らの気を紛らし、彼らにあらゆる種類の楽しみを与えようと試みるところにあるのである。

国王は、彼の気を紛らし、彼が自分というものについて考えないようにすることばかりしか考えない人たちによって、とりまかれている。なぜなら、そういうことを考えれば、いくら王であっても、不幸であるからである。

以上が、人間が自分を幸福にするために考案できたすべてである。そして、この点について哲学者ぶり、買ったのでは欲しくもない兎を追いかけて一日じゅうを過ごす世間の人たちを、不合理だと考える者は、われわれの本性を、ほとんど知らないのである。この兎は、そういうものからわれわれを遠のかせる、死や悲惨を見ることからわれわれを守ってくれないが、狩りは死や悲惨を見ることからわれわれを守ってくれる。それだから、多くの苦労を重ねた上で得ようとした休息を、ただちに求めるようにと言う、ピュロスに対する忠告は、大きな困難にぶつかった。[3]

〔ある人に向かって、静かに暮らすようにと言うことは、彼が幸福に暮らすようにと言うことである。それは、彼がじっくりと考えても、悩みの種が見いだされないように全く幸福な状態を持つようにとすすめることである。したがってそれは、人間の本性をわきまえない者の言うことである。

だから、自分の状態を自然のまま感じている人たちは、じっとしていることを何より避け、騒ぎを求めるためには何でもやろうとするのである。とはいえ、彼らにも、真の幸福は、……ことを知らせる本能が欠けているというわけではない……〕

むなしさ。こういうことを他人に示す喜び。[4]

〔だから、彼らを責めるにもその責め方がまちがっているのである。彼らのあやまちは、彼らが激動を求めるということにあるのではない。それを気を紛らすこととして求めてさえいるならば。ところが、悪いのは、彼らの探求しているものの所有が彼らをほんとうに幸福にするはずであるかのように、それを求めていることである。この点で、彼らの探求がむなしいものであると非難するのは正しい。したがって、これらすべてについて、責めるほうも、責められるほうも、人間の真の本性を理解していないのである」それで、彼らに対して、彼らがこんなに熱心にさがし求めているものも、彼らを満足させることはできないだろうと言って非難した場合に、もしも彼らが、（よく考えれば、そう答えるべきであるように）彼らがここでさがし求めているのは、自分自身について考えることから彼らを遠ざけるような強烈で激しい仕事なのであって、それだからこそ、彼らを魅了し、熱烈に引きよせるような魅惑的な対象を見立てているのであると答えたならば、彼らの敵方は、返す言葉に窮したであろう。ところが、彼らはそうは答えないのである。なぜなら、彼らは自分自身を知っていないからである。彼らは、自分らがさがし求めているのは、狩りだけなのであって、獲物をとらえることではないということをわきまえないのである。

ダンス。どこへ足を置くのか、よく考えなければならない。⑤

貴族は、狩りを偉大な快楽、王者の快楽であると本気で思っているが、彼の猟犬係はそんな考えを持ってはいない。⑥

彼らは、もしもあの職を得たら、それから先は喜んで休息することだろうと思いこんでいる。そして、彼らの欲望の飽くことのない本性を感知していない。彼らは、本気で安息を求めているものと信じている。ところが実際には、騒ぎしか求めていないのである。

彼らには、気ばらしと仕事とを外に求めさす、一つのひそかな本能があり、それは彼らの絶えざる惨めさの意識から生じるものである。彼らにはまた、われわれの最初の本性の偉大さのなごりであるいま一つのひそかな本能があり、それが彼らに対して、幸福は事実安息のうちにしかないのであって、激動のなかにはないということを知らせているのである。そして、これらの相反する二つの本能から、彼らのうちに一つの漠然とした企てが形成される。それは、彼らの魂の奥底にあって、彼らの目には隠されているが、立ち騒ぐことによって安息へと向かうように彼らをしむけるものである。そして、もしも彼らが当面するいくつかの困難を乗り越え、それによって安息への門を開くことができたあかつきには、現在彼らにはない満足が、彼らのところにくるだろうと思いこませるのである。

このようにして一生が流れていく。人は、いくつかの障害と戦うことによって安息を求める。そして、もしそれらを乗り越えると、安息は、それが生みだす倦怠のために堪えがたくなるので、そこから出て、激動を請い求めなければならなくなる。なぜなら、人は今ある悲惨のことを考えるか、われわれを脅かしている悲惨のことを考えるかのどちらかであるからである。そして、かりにあらゆる方面に対して十分保護されているように見えたところで、倦怠が自分かってに、それが自然に根を張っている心の底から出てきて、その毒で精神を満たさないではおかないであろう。

このように、人間というものは、倦怠の理由が何もない時でさえ、自分の気質の本来の状態によって倦怠に陥ってしまうほど、不幸な者である。しかも、倦怠に陥るべき無数の本質的原因に満ちているのに、玉突きとか彼の打つ球とかいったつまらないものでも、十分気を紛らすことのできるほどむなしいものである。

だが、いったい何が目的でこんなことをするのだと、君は言うだろう。それは、翌日友人たちのあいだで、自分はだれそれよりも上手《じょうず》にプレーしたと自慢したいためなのだ。同じように、他の人たちは、それまでだれも解けなかった代数の問題を解いたということを学者たちに示したいために書斎の中で汗を流す。そしてまた、あんなにたくさんの他の人たちが、あとで彼らが占領した要塞について自慢したいために極度の危険に身をさらす。それも私に言わせれば、同じように愚かなことである。そして最後に、他の人たちは、これらのこと全部を指摘するために身を粉にするのである。これも、そうすることによってもっと賢くなるためではなく、ただ単にこれらのことを知っているぞということを示すためである。この人たちこそ、この連中のなかで最も愚かな者である。なぜなら、彼らは愚かであることを知りながらそうなっているのに反して、前の人たちについては、もしもそのことを知っていたなら、もはや愚か者とはなっていないだろうということが考えられるからである。

ある男は、毎日わずかの賭事をして、退屈しないで日を過ごしている。賭事をやらないという条件つきで、毎朝、彼が一日にもうけられる分だけの金を彼にやってみたまえ。そうすれば、君は彼を不幸にすることになる。彼が追求しているのは、賭事の楽しみなのであって、もうけではないと、人はおそらく言うだろう。それなら、彼にただで賭事をやらしてみたまえ。そうすれば彼は熱中しなくなり、そんなものは退屈してしまうだろう。したがって、彼が追求しているものは、単なる楽しみだけではないのである。活気のない、熱のはいらない楽しみなどは彼を退屈させるだろう。熱中することが必要で、また賭事をやらないという条件つきで人がくれても欲しくないものを、それをもうければ幸福になると思いこんで、自分をだます必要があるのである。それは、情念の対象をみずから作るためであり、それから、あたかも子供たちが自分で塗りたくった顔をこわがるように、みずから作った目的物に対して自分の欲望や、怒りや、恐れをかきたてるためである。

数ヵ月前、一人息子《ひとりむすこ》を失い、訴訟や争いごとで打ちひしがれ、つい今朝《けさ》がたもあんなにくよくよしていたあの男が、今ではもうそんなことは考えていないのは、どうしたわけだろう。驚くことはない。猟犬どもが六時間も前からあんなに猛烈に追いかけている猪《いのしし》が、どこを通るだろうということを見るのですっかりいっぱいになっているのだ。それだけのことでいいのだ。人間というものは、どんなに悲しみで満ちていても、もし人が彼を何か気を紛らすことへの引き込みに成功してくれさえすれば、そのあいだだけは幸福になれるものなのである。また、どんなに幸福だとしても、もし彼が気を紛らされ、倦怠が広がるのを妨げる何かの情念や、楽しみによっていっぱいになっていなければ、やがて悲しくなり、不幸になるだろう。気ばらしなしには、喜びはなく、気を紛らすことがあれば、悲しみはない。地位の高い人たちの幸福を成り立たせているのもそれである。すなわち、彼らは気を紛らさせてくれる多くの人々を持ち、その状態にいつづけていることができるからである。

この点に注意したまえ。財務長官、大法官、高等法院長になるということは、朝から多数の人々が方々からやってきて、一日のうち一時間でも、自分というものについて考える余裕を残してはくれないような地位にあることでなくて何であろう。そして彼らが寵《ちょう》を失って、田舎の家にもどるならば、たといそこで財産や用をたしてくれる召使にこと欠かなくとも、惨めで、見捨てられた者となるのに変わりはないであろう。なぜなら、彼らが自分というものについて考えるのをだれも妨げてくれないからである。

〔気を紛らすことは、世間の人々には、それがないと惨めになるほど、必要なものである。あるときには、何か彼らに事故が起こるし、あるときには、彼らに起こりうるであろうもろもろの事故について考える。あるいはまた、彼らがそういうことを考えず、何の悲しみの種もないときに、倦怠が、自分かってに、それが自然に根を張っている心の底から出てきて、その毒で精神を満たさないではおかないであろう〕

（1）原語の「ディヴェルティスマン」は、「気ばらし」「気をそらすこと」「娯楽」などとも訳されることがある。

(2) この一行は欄外に記されたもの。
(3) モンテーニュ『エセー』一の四二の終わりに記されている、紀元前三世紀のギリシア西北のエピロスの王ピュロスのイタリア遠征計画に対する臣下の忠言をさす。
(4) この一行も欄外。
(5) 同前。
(6) 同前。

一四〇

ラ五二二

〔妻と一人息子との死であんなに悲嘆にくれ、重大な争いごとで悩まされているあの男が、悲しいことは少しもなく、すべての辛い心配な思いから免れているようにいま見えるのは、いったいどうしたわけなのだろう。そんなことに驚くことはない。今、彼は球を打ちこまれたところなのだ。彼はそれを相手に打ち返さなければならない。屋根(1)から落ちてくるのを受けて一点かせがなければならないのだ。この別の用件を取りさばかなければならないのに、どうして自分の用件など考えられようか。この偉大な魂を占有し、彼の精神からすべて他の考えを取り除くのにふさわしい一つの心づかいがここにあるのだ。宇宙を知り、すべてのことを判断し、一国全体を治めるために生まれてきたこの男は、いまや兎を捕える心づかいで忙しく、それでいっぱいになっている。それに、もしも彼がこんなことに身を落とさず、いつも緊張していようとしたならば、彼はそれだけばかになるだけのことである。なぜなら彼は人間性の上に出ようとすることになろうから。ところが、つまるところ、彼は一個の人間にすぎない。すなわち、わずかのことも多くのこともできるし、すべてのこともできれば、何もできないのである。彼は、天使でもなければ、獣《けだもの》でもない、人間なのである〕

（1）ジュー・ド・ポーム（断章二二）の客席の屋根のこと。

一四一

ラ三九

人々は、球や兎を追うので忙しい。それは王者の楽しみでさえあるのだ。

一四二

ラ一三七

気を紛らすこと。

王位というものは、それだけで十分偉大なものであって、それの位についている人にとっては、自分が何であるかを一見しただけでも、幸福になれるようなものではあるまいか。国王にとっては、普通の人たちのように、自分が何であるかを考えることから、気をそらす必要があるだろうか。一人の人間を幸福にするには、彼の目を家庭内の不幸からそらせて、彼の考えを、上手に踊るための心くばりで全部いっぱいにすればいいということはよくわかる。しかし、国王にとっても同様なのだろうか。国王でも、こうしたむなしい遊びに熱心になったほうが自分の偉大さを眺めることに熱心になるより幸福なのであろうか。彼の精神にとって自分の偉大さ以上にもっと満足すべき対象を与えうるというのだろうか。彼をとりまく荘厳な栄光の眺めを静かに楽しませるかわりに、彼のステップを歌曲のリズムに合わせたり、棒を上手に置いたりすることを考えることで心を占めさせたりすることは、いったい彼の喜びをそこなわないのだろうか。ひとつこの点をためしてみるがいい。それには、国王をひとりぽっちにさせ、感覚的な満足は何も与えず、精神を用いることも何もなく、連れもなしに、自分というものについてしみじみと考えさせるがよい。すると、気を紛らすことのない国王は、悲惨に満ちた人間であるということがわかるだろう。それだからこそ、人は注意深くこれを避けるのである。王たちのそばには、国務が終われば、すぐ気を紛らすことが続くようにと心がけている多数の人間がひかえていて、暇さえあれば娯楽や遊戯を供しようと構えており、少しの空虚もないようにしているのである。すなわち、いくら国王であっても、自分というものについて考えれば、惨めになることはわかっている。それで国王がひとりになって、自分というものについて考える状態にならないようにと、細心の注意を払っている人たちが、王者たちをとりまいているのである。

ことわっておくが、以上のことは、キリスト者としてのキリスト教の国王について話しているのではなく、ただの国王として話しているのである。

気を紛らすこと。

一四三

ラ一三九

人々は、子供のころから、自分の名誉や、財産や、友人たちや、さらにまた友人たちの名誉や財産についてまでの配慮を背負わされる。人は、彼らの上に、仕事とか、諸言語や諸芸の習得とかを、おしつぶしそうになるまで積み上げる。そして、人は彼らに、彼らの健康や名誉や財産や、また彼らの友人たちのそれらのものまで良い状態になければ、幸福になりえず、ただ一つ欠けても不幸になるだろうと教え込む。こうして、早朝からあくせくさせられるような職務や仕事を彼らにあてがうのである。――「彼らを幸福にするためとしては、なんと奇妙な方法だろう。むしろ彼らを不幸にするために、これ以上の方法があるだろうか」と君は言うだろう。――なんだって。いったい何ができるのだって。それなら、彼らからこうした心づかいを全部取り除いてやればいいさ。なぜって言えば、そうすれば、彼らは自分を見つめ、自分が何であり、どこから来て、どこへ行くのかを考えることになろう。そういうわけで、いくら彼らを忙しくさせても、気をそらさせても、しすぎることはないのだ。それだからこそ、人は、彼らをこれだけ仕事で仕込んだ上でも、まだ何か暇の時があれば、その時間を、気を紛らすことや賭事に使い、いつも何かに全心を打ちこんでいるようにと、彼らにすすめるのである。

人間の心というものは、なんとうつろで、汚物に満ちていることだろう。

一四四

ラ六八七

私は長いあいだ、抽象的な諸学問の研究に従事してきた。そして、それらについて、通じ合うことが少ないために、私はこの研究に嫌気がさした。私が人間の研究を始めた時には、これらの抽象的な学問が人間には適していないこと、またそれに深入りした私のほうが、それを知らない他の人たちよりも、よけいに自分の境遇から迷いだしていることを悟った。私は、他の人たちが抽象的な諸学問を少ししか知らないことを許した。しかし、私は、人間の研究についてなら、すくなくともたくさんの仲間は見いだせるだろう、またこれこそ人間に適した真の研究なのだと思った。私はまちがっていた。人間を研究する人は、幾何学を研究する人よりももっと少ないのだった。人間を研究することを知らないからこそ、人々は他のことを求めているのである。だが、それもまた、人間が知るべき学問ではなかったのではなかろうか。そして、人間にとっては、自分を知らないでいるほうが、幸福になるためにはいいというのだろうか。

一四五

ラ五二三

〔ただ一つの考えがわれわれの心を占め、一度に二つのことを考えることはできない。これは、われわれにとって結構なことである。ただし、現世的にであって、神においてではない」

一四六

ラ六二〇

人間は明らかに考えるために作られている。それが彼のすべての尊厳、彼のすべての価値である。そして彼のすべての義務は、正しく考えることである。ところで、考えの順序は、自分から、また自分の創造主と自分の目的から始めることである。

ところが、世間は何を考えているのだろう。決してそういうことではない。そうではなく、踊ること、リュートをひくこと、歌うこと、詩をつくること、環取《わと》り遊び(1)をすること等々、戦うこと、王になることを考えている。王であること、そして人間であることが何であるかは考えずに。

(1) 馬を走らせ、槍の先で環を取る遊び。

一四七

ラ八〇六

われわれは、自分のなか、自分自身の存在のうちでわれわれが持っている生活では満足しない。われわれは、他人の観念のなかで仮想の生活をしようとし、そのために外見を整えることに努力する。われわれは絶えず、われわれのこの仮想の存在を美化し、保存することのために働き、ほんとうの存在のほうをおろそかにする。そして、もしわれわれに、落ち着きや、雅量や、忠実さがあれば、それをわれわれの別の存在に結びつけるために、急いでそれを知らせる。それを別のほうに加えるためには、われわれから離すことだってしかねないのである。勇敢であるとの評判をとるためには、進んで臆病者にだってなるだろう。別のほうと両方ともなければ満足できず、しばしば、別のほうのために本物のほうと取り換えさえするというのは、われわれ自身の存在が虚無であることの大きなしるしである。なぜなら、自分の名誉を保つために死のうとしない者は、恥知らずということになるだろうから。

一四八　ラ一二〇

われわれは、全地から、そしてわれわれがいなくなってから後に来るであろう人たちからさえ知られたいと願うほど思い上がった者であり、またわれわれをとりまく五、六人からの尊敬で喜ばせられ、満足させられるほどむなしいものである。

一四九　ラ三一

われわれが通りすぎる町々。人はそこで尊敬されることなど気にかけない。しかし、そこにしばらく滞在するとなると、気にかける。それにはどのくらいの時が必要なのだろう。われわれのむなしい、取るに足りない存続期間に釣《つ》り合《あ》ったひととき。

一五〇

ラ六二七

虚栄はかくも深く人間の心に錨《いかり》をおろしているので、兵士も、従卒も、料理人も、人足も、それぞれ自慢し、自分に感心してくれる人たちを得ようとする。そして哲学者たちでさえ、それをほしがるのである。また、それに反対して書いている人たちも、それを上手に書いたという誉れがほしいのである。彼らの書いたものを読む人たちは、それを読んだという誉れがほしいのだ。そして、これを書いている私だって、おそらくその欲望を持ち、これを読む人たちも、おそらく……

一五一

ラ六三

誉れ。

感嘆は、幼時からすべて台なしにする。おや、なんて上手に言えたんでしょう。おや、なんてよくやったんでしょう。なんておりこうなんでしょう。等々。

ポール・ロワヤルの子供たち[1]は、そういう妬《ねた》みとか誉れという刺激を与えられないので、なげやりに陥ってしまう。

（1）ポール・ロワヤル修道院の中にあった「小さい学校」の生徒たち。

一五二

ラ七七

高慢。

好奇心は、虚栄にすぎない。たいていの場合、人が知ろうとするのは、それを話すためでしかない。さもなければ、人は航海などしないだろう。それについて決して何も話さず、ただ見る楽しみだけのためで、それを人に伝える希望がないのだったら。

一五三

ラ六二八

いっしょにいる人たちから尊敬されたいという願い。

――高慢は、われわれの悲惨や誤謬などのまんなかで、いとも自然なとらえ方でわれわれをおさえている。われわれは、人の語り草になりさえすれば、喜んで生命までをも捨てる。

――むなしいこと。賭事、狩り、訪問、演劇、名声の偽りの永続。

一五四

ラ五一

〔そちらが優勢なのに。私は武器を持っていないのだ〕[1]

（1）同じ紙片に続いて記されている断章二九三の冒頭の一部。ブランシュヴィック版では、「武器(armes)」を「友人(amis)」と誤読したため、「あなたにとって有利になりますが、私には友人がありません」という意味に解し、次の断章に関連のあるものとして、ここに分類された。

一五五

ラ六〇六

真の友というものは、最も身分の高い貴族たちにとっても、彼らのことをよく言ってくれ、彼らがいないところでさえ彼らを支持してくれる、実にありがたいものなので、それを得るためには、あらゆる努力をしなければならないほどのものである。しかし、それにはよく選ばなければいけない。なぜなら、ばかな連中のためにあらゆる努力をしても、たといその連中が彼らについていかによく言ってくれたところで、無益だろうからである。おまけに、そういう連中は権威がないので、もし自分らのほうが弱いと見てとった場合には、彼らについていいことも言わないだろう。そして、皆といっしょになって彼らの悪口を言うことになろう。

一五六

ラ二九

〈武器なしの生活などありえないと考える、荒々しい国民〉(1) 彼らは、平和より死のほうを好む。他のものは、戦争よりも死を好む。

生命に対する愛はあんなに強く自然に見えるのに、どんな意見でも、生命よりも望ましく思われることがありうるのだ。

(1) ティトゥス・リヴィウスの句で、モンテーニュ『エセー』一の四〇（現行版では一の一四）よりの引用。その前に、武器の携行を禁じられた、スペインのある町々の住民が、多数自殺した話が述べられている。

一五七

ラ一一三

矛盾。われわれの存在を軽んずること、つまらぬもののために死ぬこと、われわれの存在に対する嫌悪。

一五八

ラ三七

職業。

栄誉の魅力というものは、それをどんなものと結びつけても、たとえ死とであっても、人がそれを好むほどに大きいものである。

一五九

ラ六四三

隠れた美しい行為は、最も値うちのあるものである。それらのいくつかを、一八四ページ[1]にあるように歴史のなかに見ると、それは大いに私を喜ばしてくれる。しかし、とどのつまり、それらのものは完全に隠されたわけではない、なぜならそれが知られてしまったのだから。それを隠すために、できるだけのことをしたとはいえ、わずかのことからにせよ、外に表われたということが、すべてを台なしにしてしまう。なぜなら、そこで最も美しいことは、隠そうと思った点なのだったから。

(1) パスカル常用のモンテーニュ『エセー』一六五二年版の一八四ページには、同書一の四一の大半が掲げられており、自分の名誉をそこなうのを顧みず、他人のためを思った史上の四つの美談が紹介されている。

一六〇

ラ七九五

くしゃみは、房事と同様、霊魂の全機能を吸収する。しかし、人はそこから人間の偉大さを否定する同様の結果を引き出しはしない。なぜなら、くしゃみは、意に反して出るものだからである。自分からくしゃみをすることもあるが、しかしそれは意に反してするので、くしゃみそれ自体のためではなく、別の目的のためである。したがって、それは人間の弱さとこの行為に隷属していることとのしるしではない。

人間にとって、苦痛に負けることは恥ずかしくないが、快楽に負けることは恥ずかしい。それは、苦痛は外からわれわれにやってくるが、快楽はわれわれが求めるものであるという理由からではない。なぜなら人は、そういう卑しさなしに、苦痛を求めることも、それにわざと負けることもできるからである。理性にとって、苦痛の圧力に負けるのは輝かしいが、快楽の圧力に負けるのは恥ずかしいというのは、いったいどうしたわけなのだろう。それは、苦痛がわれわれを誘惑し、われわれをひきつけるのではなく、われわれ自身が意志の力でそれを選び、それにわれわれを支配させようと欲するからなのである。したがって、われわれがそのことについては、主人であって、この場合には、人間が自分自身に負けるのである。ところが、快楽の場合には、人間が快楽に負けるのである。ところで、支配と主権だけが誉れとなり、隷属だけが恥となるのである。

一六一

ラ一六

むなしさ。

この世のむなしさというこんなに明白なことがあまりにも少ししか知られていないので、権勢を求めるのはばかげていると言うのが、奇妙で意外なことに聞こえるほどである。これは驚いたことだ。

一六二

ラ四一三

人間のむなしさを十分知ろうと思うなら、恋愛の原因と結果とをよく眺めてみるだけでいい。原因は、「私にはわからない何か」[1]（コルネイユ）であり、その結果は恐るべきものである。この「私にはわからない何か」、人が認めることができないほどわずかなものが、全地を、王侯たちを、もろもろの軍隊を、全世界を揺り動かすのだ。

クレオパトラの鼻。それがもっと低かったなら、地球の表情はすっかり変わっていただろう。

（1）コルネイユ『メデ』二幕六場。同『ロドギュヌ』一幕五場。

一六三

ラ四六

むなしさ。

恋愛の原因と結果。クレオパトラ。

一六三の二

ラ一九七

〔恋愛の原因と結果とをよく眺めてみること以上に、人間どものむなしさをよく示すものはない。なぜなら、全世界はそれによって変わるからだ。クレオパトラの鼻〕

一六四

ラ三六

この世のむなしさを悟らない人は、その人自身がまさにむなしいのだ。それで、騒ぎと、気を紛らすことと、将来を考えることのなかにうずまっている青年たちみなを除いて、それを悟らない人があろうか。

だが、彼らの気を紛らしているものを取り除いてみたまえ。彼らは退屈のあまり消耗してしまうだろう。そこで彼らは、自分の虚無を、それとは知らずに感じるだろう。なぜなら、自分というものを眺めるほかなく、そこから気を紛らすことができなくなるやいなや、堪えがたい悲しみに陥るということこそ、まさに不幸であるということだからである。

一六五

ラ八八九

〈あらゆるもののうちに、安息を求めた〉①

もしわれわれの状態がほんとうに幸福なものだったなら、われわれを幸福にするために、われわれの状態について考えることから気を紛らす必要はなかっただろう。

(1) 旧約外典『集会書』二四の一一。

一六五の二

ラ七〇

もしわれわれの状態がほんとうに幸福なものだったなら、それについて考えることから、われわれの気を紛らす必要はなかっただろう。

一六六

ラ一三八

気を紛らすこと。

死というものは、それについて考えないで、それをうけるほうが、その危険なしにそれを考えるよりも、容易である。

一六七

ラ一〇

人生の惨めさが、すべてこれらのことを生じさせた。それを見た彼らは、気を紛らすことを取り上げた。

一六八

ラ一三三

気を紛らすこと。

人間は、死と不幸と無知とを癒すことができなかったので、幸福になるために、それらのことについて考えないことにした。

一六九　ラ一三四

これらの惨めなことにもかかわらず、人間は幸福であろうと願い、幸福であることしか願わず、またそう願わずにはいられない。

だが、それにはどうやったらいいのだろう。それをうまくやるには、自分が死なないようにならなければならない。しかしそれはできないので、そういうことを考えないことにした。

一七〇　ラ一三二

気を紛らすこと。

もし人間が幸福であったら、聖者や神のように、気を紛らすことが少なければ少ないほど、それだけ幸福であろう。――そうだ。だが気ばらしで喜ばしてもらえることは、幸福ではないだろうか。――いや、ちがう。なぜなら、気を紛らすことは、ほかから、外部からくる。したがってそれは、従属しているものであって、その結果として、無数の事故によって乱されがちであり、それが苦しみを避けがたいものにするからである。

一七一

ラ四一四

惨めさ。

われわれの惨めなことを慰めてくれるただ一つのものは、気を紛らすことである。しかしこれこそ、われわれの惨めさの最大なものである。なぜなら、われわれが自分自身について考えるのを妨げ、われわれを知らず知らずのうちに滅びに至らせるものは、まさにそれだからである。それがなかったら、われわれは倦怠に陥り、この倦怠から脱出するためにもっとしっかりした方法を求めるように促されたことであろう。ところが、気を紛らすことは、われわれを楽しませ、知らず知らずのうちに、われわれを死に至らせるのである。

一七二

ラ四七

われわれは決して、現在の時に安住していない。われわれは未来を、それがくるのがおそすぎるかのように、その流れを早めるかのように、前から待ちわびている。あるいはまた、過去を、それが早く行きすぎるので、とどめようとして、呼び返している。これは実に無分別なことであって、われわれは、自分のものでない前後の時のなかをさまよい、われわれのものであるただ一つの時について少しも考えないのである。これはまた実にむなしいことであって、われわれは何ものでもない前後の時のことを考え、存在するただ一つの時を考えないで逃がしているのである。というわけは、現在というものは、普通、われわれを傷つけるからである。それがわれわれを悲しませるので、われわれは、それをわれわれの目から隠すのである。そして、もしそれが楽しいものなら、われわれはそれが逃げるのを見て残念がる。われわれは、現在を未来によって支えようと努め、われわれが到達するかどうかについては何の保証もない時のために、われわれの力の及ばない物事を按配《あんばい》しようと思うのである。

おのおの自分の考えを検討してみるがいい。そうすれば、自分の考えがすべて過去と未来とによって占められているのを見いだすであろう。われわれは、現在についてはほとんど考えない。そして、もし考えたにしても、それは未来を処理するための光をそこから得ようとするためだけである。現在は決してわれわれの目的ではない。過去と現在とは、われわれの手段であり、ただ未来だけがわれわれの目的である。このようにしてわれわれは、決して現在生きているのではなく、将来生きることを希望しているのである。そして、われわれは幸福になる準備ばかりいつまでもしているので、現に幸福になることなどできなくなるのも、いたしかたがないわけである。

一七三

ラ五六一

彼らは、日食や月食を不幸の前兆だと言う。それは、不幸は普通にあることだからである。したがって、悪いことはあまりにしばしば起こるので、彼らもしばしば言い当てることになるのである。それに反して、日食や月食が幸福の前兆だと言ったとしたら、彼らはしばしば嘘をつくことになろう。彼らは、めったに見られない天体の特定な相互関係にしか、幸福をさずけなかった。それで言い当てそこなう率が減ったわけである。

一七四

ラ四〇三

惨めさ。

ソロモン(1)とヨブ(2)は、人間の惨めさを最もよく知り、最もよく語った人である。前者は、最も幸福な人。後者は最も不幸な人。前者は体験によって快楽のむなしさを知り、後者は苦難の現実を知ったのである。

(1) ダビデの子。イスラエル国王であるが、ここでは旧約聖書『伝道の書』の著者として扱われている。
(2)『ヨブ記』の主人公。

一七四の二

ラ六六九

惨めさ。

ヨブとソロモン。

一七五

ラ七〇九

われわれは自分自身のことを実にわずかしか知らないので、多くの人は、健康なのに、近く死にはしないかと考えている。また、多くの人は、死が近いのに、健康だと思っている。間近にせまっている熱や、まさにできかかっている腫物《しゅもつ》に気がつかないで。

一七六

ラ七五〇

クロムウェルは、全キリスト教国を荒らそうとしていた。王家は失墜し、彼の一家はいつまでも強力であるかのようであった。もし小さな砂粒が、彼の輸尿管にはいらなかったとしたならば。ローマ教皇庁すらも彼の下で震えることになりそうであった。ところが、あの小さな結石がそこにできたばかりに、彼は死に、彼の家は没落し、すべてが平和になり、国王は復位した。(1)

(1)　チャールズ二世の復位は一六六〇年五月なので、この断章は、パスカルの晩年のものである。クロムウェルの死因は尿砂でなく熱病であった由であるが、当時の噂《うわさ》によったのであろう。

一七七

ラ六二

〔三人の主人〕

英国王とポーランド王とスウェーデン女王(1)との愛顧を受けていた者は、引退する所や、安住の地にこと欠くようになると思ったことがあるだろうか。

(1) 英国王チャールズ一世は、一六四九年に斬首され、スウェーデン女王クリスティナは一六五四年に譲位し、ポーランド王カジミェシュは一六五六年スウェーデン軍によって追放された。ただし、カジミェシュ王は同じ年に復位したので、この断章の記されたのは、その年の復位前のことと推定される。

一七八

ラ三二〇

マクロビウス。(1) ヘロデによって殺された幼児(2)について。

(1) 四世紀末のラテン語の著作家。

(2)『マタイ福音書』二章参照。

一七九

ラ七五三

ヘロデが殺させた二歳以下の幼児のうちに、彼自身の男の子がいたと聞いたとき、アウグストゥスは、ヘロデの子であるよりも、ヘロデの豚であるほうがましだと言った。マクロビウス、二巻、『サツルナリア』四章。

一八〇　ラ七〇五

地位の高い者にも低い者にも、同じ事故、同じ悩み、同じ情欲[1]がある。ただ、一方は車輪の上のほうにあり、他方は中軸の近くにいる。だから後者は、同じ運動によっても揺り動かされ方が少ない。

（1）原語の「パシオン」は、「情念」とも「情熱」とも訳されることがある。

一八一　ラ五六

われわれは、実に不幸で、一つのことを喜ぶにしても、それがまずくいった場合には、腹を立てるという条件つきでなければ喜べないのである。まずくいくことは、無数のことによってそうされうるし、常時そうされていることである。それと反対のまずいことで腹を立てることなしに、よいことを喜ぶ秘訣《ひけつ》を見つけた人は、急所を見つけたのである。それは永久運動のようなものだ[1]。

（1）永久運動と同じに、実現不可能という意味であろう。

一八二

ラ六四〇

困難な事件のときでも、いつも都合のよい希望を持ち、風向きがよくなったときに喜ぶ人たちは、逆に風向きが悪くなったときに、それ相応に悲しまないと、その事件が失敗に終わるのを喜んでいるのではないかと疑われる。自分たちがこの事件に関心を持っていると見せかけるため、希望の口実を見つけてしめたと思い、偽りの喜びで、事件が失敗するのを見るうれしさを、おおい隠しているのである。

一八三

ラ一六六

われわれは絶壁が見えないようにするために、何か目をさえぎるものを前方においた後、安心して絶壁のほうへ走っているのである。

第三章　賭《かけ》の必要性について

一八四

神をさがし求めるようにしむけるための手紙。

ついで哲学者たち、懐疑論者や独断論者たちのところで、それを求めさせる。だが哲学者たちは、彼らのもとで探求する者を悩ますことだろう。　ラ四

一八五

すべてのことを円滑に処理なさる神の導きは、宗教を、精神のなかへは理性によって、心情[1]のなかには恩恵によってお入れになる。ところが、それを精神と心情とのなかへ、力とおどかしとによって入れようとするのは、そこへ宗教を入れるのではなく、恐怖を入れるものである。〈宗教よりもむしろ恐怖を[2]〉　ラ一七二

（1）原語の「クール」は、「心」「心臓」などとも訳されることがある。

（2） 出所不明。

一八六

ラ五九一

〈恐れさせられ、教えられなければ、圧制的な支配と見られるおそれがあるので〉アウグスティヌス『書簡』四八または四九。(1)

（1） 一五二八年バーゼル刊行のアウグスティヌス著作集の巻数をさすものであろうと推測されている。四巻。コンセンティウスへの『〈嘘《うそ》を排する書〉』

一八七

ラ一二

順序。

人々は宗教を軽蔑《けいべつ》している。それを憎み、それが真実であるのを恐れている。これをなおすためには、まず宗教が理性に反するものでないことを示さなければならない。尊《とうと》ぶべきものとして、それに対する尊敬の念を起こさせなければならない。

次に、それを愛すべきものとなし、善《よ》い人たちにそれが真実であることを願わせ、そのあとで、それが真実であることを示すのである。

敬うべきというのは、それが人間をよく知っているからである。

愛すべきというのは、それが真の幸福を約束するからである。

一八八

どんな対話や議論の場合でも、それで憤慨する人たちに向かって、「何が気に入らないのですか」と言えるようでなければいけない。

ラ六六九

一八九

不信者に同情することから始める。彼らはその境遇によってすでに十分不幸なのだ。彼らをののしるのは、それが彼らの役に立つときに限るべきである。だが、それはかえって彼らを害することになる。

ラ一六二

一九〇

さがし求めている無神論者に同情すること。なぜなら、彼らはすでに十分不幸ではなかろうか。それを得意としている者に対しては難詰すること。

ラ一五六

一九一

ラ九三二

そこで、むこうは相手をあざけるだろうか。

あざけってもいいはずなのは、どっちなのだ。それなのに、こっちは、相手をあざけらず、むしろ相手に同情している。

一九二

ラ八五三

ミトン(1)に対して、神が彼をおとがめになったときに、そのままじっとしていることをとがめること。

(1) パスカルの社交界での友人で、徹底した懐疑家であった。

一九三

ラ八一〇

〈小事を軽蔑し、大事を信じない人々は、どうなることであろう(1)〉

(1) 出所不明。ラテン語ではあるが、パスカル自身のものかもしれない。数学論文の途中で、そのほうが書きやすいからと断わって、フランス語からラテン語に変わった例もある。

一九四

ラ四二七

……宗教を攻撃する前に、すくなくとも自分たちの攻撃する宗教がどんなものであるかを、彼らに知ってもらいたい。もしもこの宗教が、神について明らかな観念を持ち、しかもその観念をあらわに、おおい隠すものもなく持っているということを誇っているのだとするなら、世の中に神の観念をそんなに明白に示すものなど何も見当たらないと言えば、この宗教を攻撃することになっただろう。ところが、反対にこの宗教は、人々は暗黒のなかにあって神から遠く離れており、神は彼らの認識から隠れ、〈隠れている神〉(1)というのが、聖書のなかで神が自分に与えている名でさえあると言っているのである。要するに、この宗教は次の二つのこと、すなわち神は真心をもって神を求めている人たちに対しては、自分を知らせるための明らかなしるしを教会の中に設けられたということと、しかしそれらのしるしは、神を全心で求めている人たちにしか認められないようにおおい隠されているということとの二つを、等しく確立しようと努めているのである。そうだとすれば、真理を求めることを怠っていると公言しながら、何ものも真理を彼らに示してくれないと叫んだところで、何の足しになろう。なぜなら、彼らが現在そのなかにおり、それを教会に対する反論としてあげているところのこの暗黒は、教会の支持することの一方に触れないで他の一方を確立することにしかならず、教会の教理を破壊するどころか、かえってそれを確立することになるからである。

宗教を攻撃するためには、全力をつくしてあらゆるところで求め、それを学ぶ道として教会がすすめるところにおいてさえ求めても、何の満足も得られなかったということを叫ばなければならない。もし彼らがこのように言うのだったなら、教会の主張の一つを実際に攻撃することになるだろう。しかし私はここで、いやしくも道理をわきまえた人間でそのように言いうる人はないということを示したいと思う。また私は、今までにそんなことを言いえた人は一人もないということさえあえて断言する。このような精神状態にある人たちが、どういうふうに行動するかは、よくわかっていることである。彼らは、聖書のなかのどれかの篇を読むのに数時間を費やし、信仰の真理についてだれか聖職者に質問でもすれば、それでもって、学ぶためにたいへんな努力をしたと思うのである。それからさきは、いろいろな書物や人々のあいだで求めたが、だめだったと得意がるのである。だが私は、実際のところ、彼らに対して、私がすでにたびたび言っていること、すなわち、この種の怠慢は、そのままにしておけないものであるということを言ってやりたい。これは、このような取扱いを受けてもかまわない、だれか他人の些細《ささい》な利害に関するような問題ではなく、われわれ自身の問題であり、われわれの全部に関する問題なのである。

霊魂の不死ということは、われわれにとって実に重要であり、実に深刻な関係を持つことがらであり、あらゆる感情をなくしてしまわないかぎり、そのことがどうなっているかについて無関心ではいられないはずである。永遠の幸福を希望できるか否かによって、われわれのすべての行動と思想とは、全く異なった道をとらなければならないのであるから、われわれの究極の目的とならなければならないこの一点を目ざして定めないかぎりは、ただの一歩も良識と分別とをもって踏みだすことはできないのである。

それゆえ、われわれの第一の関心、第一の義務は、この問題を明らかにすることであり、われわれのすべての行動はそれにかかっているのである。したがって、私はこの問題について確信を与えられていない人たちのうちで、これを学ぼうとして全力をつくしている人々と、そんな心配はしないで、何も考えないで暮らしている人々とのあいだに、非常な差別をつけるのである。

この問題についての疑いのなかで、まじめにうめき苦しみ、それを最悪の不幸とみなし、そこからのがれ出るためには何ものも惜しまず、その探求を自分のおもな、そして最も真剣な仕事としている人々に対しては、私はひたすら同情するだけである。

しかし、この人生の究極の目的について考えずに暮らしている人々、自分たちを納得させる光を自力で見いだせないというだけの理由で、その光を他に求めるのを怠り、この説が物事を軽々しく信じやすい民衆の単純さのために受け入れられているものの一つにすぎないのかどうか、あるいはまた、それ自身はわかりにくいとはいえ、実は堅固な揺るがしがたい基礎を持つものの一つであるのかどうかを徹底的に検討することを怠っている人々に対しては、私は全くちがった見かたをするのである。

彼ら自身に、彼らの永遠に、彼らのすべてにかかわる問題に対するこの怠慢は、私に同情心を起こさせるよりは、むしろ私をいらいらさせる。私を呆《あき》れさせ、恐れさせる。それは私にとっては、一個の怪物である。私がこのことを言うのは、霊的な信仰の敬虔《けいけん》な熱心さから言っているのではない。それどころか、それとは反対に、人間的利害の原則、自愛の見地からいっても、そういう感情をいだくはずだという意味で私は言っているのである。そのためには、最も無知な人々でも見ていることを見さえすればいいのである。

この世に真の堅固な満足はなく、われわれのあらゆる楽しみはむなしいものにすぎず、われわれの不幸は無限であり、そしてついに、われわれを一刻一刻脅《おびや》かしている死が、わずかの歳月の後に、われわれを永遠に、あるいは無とされ、あるいは不幸となるという、恐ろしい必然のなかへ誤りなく置くのであるということは、そんなに気高い心を持たなくとも理解できるはずである。

これ以上現実であり、これ以上恐ろしいことはない。したいほうだい強がりをするがいい。これがこの世で最も美しい生涯を待ちもうけている結末である。このことについて一つよく考えてもらいたい。そして、この世においては来世を望むこと以外に幸福はなく、人はそれに近づくにしたがってのみ幸福であり、そしてその永遠について完全な確信を持っている人々にとってはもはや何の不幸も存在しないのと同じに、それについて何の光も持っていない人々にとっては何の幸福も存在しないということが、はたして疑う余地のあることであるかどうかを言ってもらいたい。

この問題について疑いのなかにあるということは、たしかに大きな不幸である。しかし、この疑いのなかにいる場合に、すくなくとも必ず果たさなければならない義務は、求めるということである。したがって、疑いながらも、求めないという人は、全く不幸であると同時に全く不正である。しかも、その人がそれで安心し、満足し、それを公言し、さらにそれを得意がり、こうした状態をこそ自分の喜びと誇りとの種としているというのだったら、私はこんな度はずれた手合いを形容することばを持ち合わせていない。

いったいどこからこんな気持を持ってこられるのだろう。どうすることもできない悲惨を待つよりほかはないということが、どんな喜びの種となるのだろう。見分けのつかない闇《やみ》のなかに自分を見いだすということが、どんな誇りの種となるのだろう。いったいどうしたわけで、次のような考え方が、道理をわきまえている人間の心のなかに起こりうるのだろう。

「私は、だれがいったい私をこの世に置いたのか、この世が何であるか、私自身が何であるかを知らない。私は、すべてのことについて、恐ろしい無知のなかにいる。私は、私の身体、私の感覚、私の魂、そして私のうちのまさにこの部分、すなわち私のいま言っていることを考え、すべてのことと自分自身とについて反省し、しかも他のものについてと同様に自分自身をも知らないところのこの部分、これらのものが何であるかを知らない。私は、私を閉じこめている宇宙の恐ろしい空間を見る。そして自分がこの広大な広がりのなかの一隅《いちぐう》につながれているのを見るが、なぜほかのところでなく、このところに置かれているか、また私が生きるべく与えられたこのわずかな時が、なぜ私よりも前にあった永遠のすべてと私よりも後にくる永遠のすべてのなかのほかの点でなく、この点に割り当てられたのであるかということを知らない。私はあらゆる方面に無限しか見ない。それらの無限は、私を一つの原子か、一瞬たてば再び帰ることのない影のように閉じこめているのである。私の知っていることのすべては、私がやがて死ななければならないということであり、しかもこのどうしても避けることのできない死こそ、私の最も知らないことなのである。

私は、私がどこから来たのか知らないと同様に、どこへ行くのかも知らない。ただ私の知っていることは、この世を出たとたん、虚無のなかか、怒れる神の手中に、未来永劫《えいごう》陥るということで、この二つの状態のうち、はたしてそのいずれを永遠に受けなければならないのかということも知らないのである。これが私の現状である。弱さと不確実さとに満ち満ちている。そして以上すべてのことから私は、私の一生のすべての日々を、私に何が起こるはずなのかということを考えないで過ごすべきであると結論する。ことによると、私の疑いについて、何か光を見いだすことができるかもしれない。しかし私はそのために骨を折りたくはない。またその光を求めるために一歩も踏み出したくはない。そして、あとは、こういう心配でもって、自分で自分を悩ましている人たちを軽蔑であしらいながら、私は何の予測も何の恐れもなく、このような大事件をためしてみようと思う。そして、私の未来の永遠の状態について不確かのまま、ふんわりと死に身をゆだねようと思うのである」（彼らがどんな確実さを持っていたとしても、それは誇りの種というよりはむしろ絶望の種である）②

だれがいったい、こんな調子で論ずる男を友だちに持ちたいと思うだろうか。だれがいったい、よりにもよって、こんな男を自分の問題を打ち明ける相手として選ぶだろうか。だれがいったい、苦しみの時に彼に助けを求めるだろうか。いったいぜんたい、こんな男には、実生活で何をさせたらよいというのだろう。

実際、こんなに無分別な連中を敵に持つということは、宗教にとって光栄である。彼らの反対は、宗教にとって少しも危険はなく、かえって反対に、その真理の確立に役立つのである。なぜなら、キリスト教の信仰は、次の二つの事柄を確立することにほとんど尽きるからである。すなわち、人間の本性の腐敗とイエス・キリストのあがないの二つである。ところで、彼らは、その品性の清らかさによって、あがないの真理を示すには役立たないとしても、すくなくとも、こんなにまでひねくれた気持によって、本性の腐敗を示すにはりっぱに役立っているということを、私は主張する。

人間にとって、自分の状態ほど重要なことはない。彼にとって永遠ほど恐ろしいものはない。

それであるから、自分の存在を失うことや、永遠の悲惨の危険に対して無関心な人々がいるということは、自然ではない。彼らは、他のすべての物事に対して、全くちがう態度をとる。どんなつまらないことまでも恐れて、それを予測し、予感する。ある地位を失うとか、自分の名誉を傷つけられたと想像するとかして、憤怒や絶望のうちに多くの日夜を過ごすその人が、やがて死によってすべてを失うということを知りながら、何の不安も何の動揺をも感じないのである。同じ心のなかに、同時に、最も小さなことに対するこの感受性と、最も大きなことに対するこの無感覚とを見るということは、奇怪なことである。これは不可解な魔法であり、超自然的な催眠であって、その原因となる全能の力をさし示しているものである。

ただの一人でも、そのなかにいられるとは思えないような、こんな状態にいるのを誇りとするなどということは、たしかに人間性のなかに異様な転倒がなければならない。しかし実際の経験で、このような人たちをあまりにもたくさん見せつけられているので、もしもわれわれが、このようなまねをする連中の大部分は、自分を偽っているのであって、実際はそうではないのだということを知っていなかったならば、ただ驚くよりほかはなかっただろう。彼らは、世間での気のきいた作法というものは、こうしたのぼせ上がった態度をとることにあると聞かされたのである。このことを彼らは、軛《くびき》を振り落としたと呼び、それをまねしようと試みているのである。しかし、こんなことで尊敬を得ようとすることが、どんな思い違いかということを彼らにわからせるのは、そんなに困難なことではない。それは尊敬を得る方法ではない。私はあえて言うが、それは世間の人たちのあいだでさえそうではないのである。世間の人たちだって物事を健全に判断し、世間で成功するただ一つの道は、正直で、忠実で、公正で、友人には有益に尽くすことができるというふうに見せかけることにあると心得ている。なぜなら、人々は、自分らにとって有益でありうるものだけを、自然に好むからである。ところで、ある男から、彼がいまや軛を振り落とし、彼の行動を見守る神の存在することを信ぜず、自分を自分の行動の唯一の主人であると見なし、その行動の責任を自分に対してだけしか負わないつもりだということを聞かされたところで、われわれにとって何の益するところがあろう。いったい彼は、そんなことで、われわれが、その時以来、彼に多大の信頼をおき、われわれの生涯のあらゆる必要に応じて、彼から慰めと助言と助けとを期待するようにさせられたとでも思っているのだろうか。いったい彼らは、われわれの魂は、ただわずかばかりの風と煙とにすぎないと思うとわれわれに告げて、それでわれわれを大いに喜ばしたとでも思っているのだろうか。しかもそれを、誇らしげな、満足げな口調で言うとは。いったいこれは愉快げに言うべきことなのだろうか。むしろ反対に、世の中で最も悲しむべきこととして言うべきことではなかろうか。

もしも彼らがこのことをまじめに考えたなら、このような態度が、あまりにもまちがっており、あまりにも良識にもとり、あまりにも誠実さに反し、彼らの求めている垢《あか》抜《ぬ》けした様子なるもの(3)

からも、あらゆる点であまりにも遠いので、多少なりとも彼らに従おうと思いかけていた者たちをさえ、堕落させるよりはむしろ矯正《きょうせい》する結果になりそうだということを悟るであろう。実際、彼らに宗教を疑うことについて、その気持と理由とを説明させるならば、彼らは、あまりにも薄弱で低級なことを君たちに言うにちがいないので、君たちをむしろその反対のことを信ずるようにさせてしまうだろう。このことは、ある日ある人が、彼らにいかにも適切に言ってのけてやったことなのである。「もしも君らが、そんな調子で論じつづけるならば、君らは私を回心させてしまうだろう」と。そして彼の言ったことは正しかった。なぜなら、だれだって、こんな軽蔑すべき連中を仲間としなければならない気持をいだいている自分を見て、恐ろしいと思わないではいられないからである。

したがって、これらの気持を、たんに装っているにすぎない人たちにとっては、自分たちの本性を圧迫して、人間のなかで最も生意気な者になろうとするのは、非常に不幸なことであろう。もしも彼らが、その心の底で、それ以上の光を持たないことを情けなく思っているならば、そのことを隠してはいけない。それを公言することは決して恥ずかしいことではないのである。それを公言しないことこそ恥なのである。神なき人間の不幸がどんなものであるかを知らないことほど、人間の精神の極端な弱さをあらわすものはない。永遠の約束が真実であることを望まないことほど、心構えがまちがっていることを示すものはない。神に対して強がりをするほど卑怯《ひきょう》なことはない。このような不敬虔な態度は、それがほんとうにできるように悪く生まれついている連中にまかせておけばたくさんである。そしてもしもキリスト者になれないのだったら、せめて普通のまともな人間となってもらいたい。そして、道理をわきまえたと呼びうるのは、ただ二つの種類の人しかなく、それは、神を知っているために心を尽くして神に仕えている人々と、神を知らないために心を尽くして神を求めている人々とである、ということを認めてもらいたい。④

しかしながら、神を知りもせず、求めもしないで暮らしている連中について言えば、自分たちを自分自身の配慮にも値しないと判断しているので、まして他人の配慮に値しないのである。そして彼らをその愚かさのうちに見捨ててしまうほどまでに軽蔑しないためには、彼らが軽蔑している宗教の愛の全部を必要とするほどである。しかし、この宗教はわれわれに、彼らでもこの世にあるあいだは、彼らに光を与えうるところの恩恵を受ける可能性を持つ者であると見なすことを命じ、そしてわずかのあいだに、彼らが現在われわれがそうであるよりももっと信仰に満たされ、反対にわれわれが、彼らが現在陥っている盲目状態に陥ることもありうるということを信じさせるのである。したがって、われわれとしては、もしもわれわれが彼らのような状態にあった場合に、彼らからしてもらいたいと思うことを、いま彼らにしてやらなければならないのである。そして彼らに対して、自分自身を哀れに思い、光を見いだせないものかと、数歩でもいいから踏みだしてみるように促してやらなければならないのである。彼らが、ほかのことにはあんなに無益に使っている時間のいくらかを、この本を読むためにさいてもらいたい。たとえ彼らがどんな反感をいだいていようとも、何かに出会わすかもしれない。どっちみち、たいして損はしないだろうと思う。しかし、完全な誠実さと、真理に出会いたいとの真の欲求とをもってこの本に接する人たちに対しては、私は、その人たちが満足を得、かくも神聖な宗教の証拠によって納得させられるようになることを希望する。その証拠を、私はここに集め、だいたい次のような順序に従った……

（1）『イザヤ書』四五の一五。
（2）（　）内の文章は、こういう点では、原稿どおりにすることが多い第一写本では、「一歩も踏み出したくはない」というところから、このところまでの数行の左側の欄外に記されている。
（3）原語はオネットテ。「オネットム」（断章三〇）のあり方。
（4）原語はオネットムの複数形（断章三〇の注参照）。

一九四の二（1）

ラ四三二

（一）

〔どちらにも同情しなければならない。しかし、一方に対するのは、愛情から生まれる同情、他方に対するのは、軽蔑から生まれる同情である〕

（二）

〔私がこれをするのは、こり固まった信心からではなく、人間の心のでき具合によってであり、信仰と超脱との熱心からではなく、純粋に人間的な原理および利害と自愛心との働きによってである。というわけは、次のことが確実であるということは、われわれの心を動かさないではおかないほど、われわれに関係の深いことだからである。すなわち、一生のあらゆる不幸の後に、われわれを刻々脅かしている死が、わずかな歳月ののちに、……恐ろしい必然のなかへ誤りなく……〕

（三）

〔神の認識なしには幸福はなく、神に近づくにつれて幸福になり、究極的な幸福は神を確実に知ることにあり、神から遠ざかるにつれて不幸になり、究極的な不幸は、反対のことの確実さであるということは疑う余地がない。

――

それゆえに、疑うということは不幸である。しかし疑いのなかにいる場合に、必ず果たさなければならない義務は、求めるということである。したがって、疑いながらも求めないという人は、不幸であると同時に不正である。しかも、その人が、それで愉快にしていて、思い上がっているのだったら、私はこんな度はずれた手合いを形容することばを持ち合わせていない〕

（四）

〔救いのない悲惨を待つよりほかないということが、何の喜びの種なのだろう。すべて慰めてくれるものについては絶望のほかはないということが、何の慰めになるのだろう〕

（五）

しかし、宗教の栄光に最も反しているように見えるこれらの人々でさえも、その点で他の人たちにとって無益ではないだろう。

われわれは、そのことを、何か超自然的なものが存在するということの第一の論拠にするだろう。なぜなら、この種の盲目状態は、自然なことではないからである。そして、彼らの愚かさは、こんなに彼らを自分自身の幸福に反するものとしてしまったが、その愚かさは、他の人たちに、このように嘆かわしい実例と、同情に値する愚かさとに対して嫌悪《けんお》の情を起こさせ、その人たちをそれから守ってやることに役立つであろう。

（六）

彼らは、自分に関することについては、すべて無感覚でいられるほど、しっかりしているのだろうか。これを、財産や名誉を失うことについてためしてみよう。おやおや。これは不思議だ……

（七）

ところで、そのことが心のなかで喜びの種となっているほどに、人間というものは、たしかに本性をゆがめられているのである。

（八）

〔この種の人々は、アカデメイア派②や、追従者《ついしょうしゃ》で、それは、私の知るかぎり最もいやな性格である〕

（九）

垢抜けした様子のほうが、ほかの人たちに対して親切でない結果になり、よい信仰のほうがほかの人たちに対して親切となる結果になる。

（一〇）

〔そり返ってこんなことを言うのを、喜んだり、得意がる種にしているとは。「だからわれわれは、楽しむことにしよう。何の恐れもなく、心配もなく生きようではないか。死は不確かなのだから、それを待つことにしよう。そして、われわれがいったいどうなるのかは、その時になればわかるだろう……」私にはこういう結論の出し方がわからない〕

（一一）

〔これはいったい喜んで言うべきことなのだろうか。これはむしろ悲しげに言うべきことなのだ〕

（一二）

〔これは少しも垢抜けた様子ではない〕

（一三）

〔君らは、私を回心させてしまうだろう〕

（一四）

〔そのことで怒りもせず、愛しもしないということは、はなはだしい精神の弱さと、はなはだしい意志の邪悪を示しているのである〕

（一五）

〔弱さと断末魔の苦しみのなかで、全能で永遠なる神に立ち向かうということが、死にかかっている人間にとっての勇気なのだろうか〕

（一六）

〔以上のことは彼らに言うことはもう何もないことを示している。かれらを軽蔑するからではなくて、彼らに常識がないからなのである。神が彼らに触れるのでなければだめである〕

（一七）

〔彼らを軽蔑しないためには、彼らが軽蔑している宗教のうちに、まさにいなければならない〕

（一八）

〔私が、そんな状態にあったとして、だれかが私の愚かさを憐《あわ》れに思い、むりやりに私をそこから親切にも引き出してくれたとしたら、どんなに私は幸福だろうか〕

（一九）

一つのところで奇跡が行なわれ、一つの民族の上に神の摂理があらわれたというだけで十分ではないのか。

（1）内部の（　）内の数字は、ブランシュヴィック版の番号を示す。
（2）『パンセⅡ』所収の小品集の中の『ド・サシ氏との対話』の注を参照。

一九四の三

ラ四三二

（一）

私は彼らに尋ねてみたいところなのだが、彼らは、彼らの攻撃している信仰のこの基礎、すなわち人間の本性は腐敗のうちにあるということを、自分自身で立証しているのが、実状ではなかろうか。

（二）

これだけが重要なのに、人はこれだけをおろそかにしている。

(三) この知らせが偽りであることを確信させられた人が、できることといえば、それだけである。しかもそれで彼は、喜ぶどころか、がっかりしているはずである。

(四) そのことについて、それは理性のしるしだなどと言ってはいけない。

(五) 三つの状態。[1]

(1) 断章二五七参照。

一九五

ラ四二八

キリスト教の証拠にはいるまえに、人々が、自分にとってこんなに重要で、こんなに切実な一つの問題について、真理を求めることに無関心のまま暮らしているのが、どんなに正しくないかを、示す必要があると思う。

彼らのあらゆる迷いのうち、これこそ疑いなく、彼らの愚かさと盲目とを彼らに最もよく納得させるものであり、常識的に一目見るだけでも、自然的な感情に訴えるだけでも、最も容易に彼らを説き伏せることができるのである。なぜなら、この世で生きる時間は一瞬にすぎず、死の状態は、その性質がどんなものであるにせよ、永遠であるということは疑う余地がないからである。したがって、この永遠の状態がどうであるかによって、われわれのすべての行動と思想とは、全く異なった道をとらなければならないのであるから、われわれの究極の目的とならなければならないこの一点の真理によってわれわれの歩みを律しないかぎり、ただの一歩も良識と分別とをもって踏みだすことはできないのである。

これ以上明白なことはない。それだから、理性の原理に照らしても、人々の行動は、別の道をとらなければ、全く道理に反しているのである。そこで、次のような人たち、すなわち、人生のこの究極の目的について何も考えないで暮らし、反省も不安もなく自分たちの好みと楽しみとの導くままになり、しかも、自分たちの考えをそこからそらすことによって永遠をなくすことができるかのように、現在のつかのまを幸福に過ごすことだけしか考えていない人たちのことを、判断してもらいたい。

しかし、この永遠は存在している。そして、この永遠を必ず展開させようとして彼らを刻々脅かしている死は、やがて彼らを、永遠に、あるいは無とされ、あるいは不幸となるという、恐ろしい必然のなかへ誤りなく置くのである。しかも、それらの永遠のうちのいずれが彼らのために永劫に用意されているのかも知らないのだ。

これは、恐るべき結果をともなう疑いである。彼らは、永遠の悲惨という危険にさらされているのである。それなのに彼らは、この問題がそれで苦労する値うちがないものであるかのように、この説が、民衆のあまりにも軽々しい信じやすさのために受け入れられているものの一つにすぎないか、あるいはまた、それ自身はわかりにくいのであるが、隠れているとはいえ、きわめて堅固な基礎を持っているものの一つであるかを検討するのを怠っているのである。それだから彼らは、そのことのうちに真理があるのか誤りがあるのか、その証拠のうちに強さがあるのか弱さがあるのかを知らないのである。彼らは、その証拠が目の前にあるのに、それを調べることを拒む。そして、このような無知のなかにあって、彼らは、もしその不幸が存在する場合には、そこに落ち込むのにおあつらえむきの道を選んで、死ぬときにそれをためしてみようと待っているのである。しかも、そんな状態にしごく満足して、それを公言し、さらにそれを得意としているのである。この問題の重大さをまじめに考えるとき、こんなむちゃな行動に対して、戦慄《せんりつ》しないでいられようか。

このような無知のなかで安んじているということは、奇々怪々のことである。それで、そういう生活を送っている人々に対してそのことを示して、それがどんなにむちゃで愚かであるかを感じさせ、彼らが自分たちの狂態を目撃することによって、参ってしまうようにしなければならない。なぜなら、自分が何であるかについてのこのような無知のなかにあって、そのことの解明をさがし求めようともしないで暮らすことを選ぶときには、人々は次のように論じるからである。

彼らは言う、「私は知らない……」

一九五の二　ラ四三二

われわれの想像力は、現在の時について絶えず思いめぐらしているので、それを非常に拡大し、永遠については思いめぐらさないので、それを著しく縮小する。その結果、永遠を無に、無を永遠にしてしまうのである。これらすべてのことは、われわれのなかに実に生き生きと根をおろしているので、われわれのいっさいの理性も、われわれをそれらのすべてのことから守ってはくれないのである。そしてまた……

一九六　ラ七三一

それらの人たちは、心無しである。

彼らを友とはしないだろう。

一九七　ラ三八三

大事なことを軽んずるまでに無感覚であり、しかも、われわれにとっていちばん大事な点で無感覚になる。

一九八

小さなことに対する人間の感じやすさと、大きなことに対する人間の無感覚とは、奇怪な転倒のしるしである。

ラ六三二

一九九

ここに幾人かの人が鎖につながれているのを想像しよう。みな死刑を宣告されている。そのなかの何人かが毎日他の人たちの目の前で殺されていく。残った者は、自分たちの運命もその仲間たちと同じであることを悟り、悲しみと絶望とのうちに互いに顔を見合わせながら、自分の番がくるのを待っている。これが人間の状態を描いた図なのである。

ラ四三四

二〇〇

一人の男が牢屋《ろうや》にいる。自分の判決が下ったのかどうかを知らない。それを知るまでにあと一時間しかない。もし判決が下されたことを知っていさえすれば、それを取り消させるためには、その一時間さえあれば足りるという場合に、その男が、その一時間を、判決が下されたかどうか

ラ一六三

を尋ねるためでなく、ピケ遊び[1]をするのに使ったとしたら、それは自然に反することである。それだから、人間が、……のは、[2]自然を越えたことである。これは神の手による重圧である。それだから、神を求める人たちの熱心ばかりでなく、神を求めない人たちの盲目もまた、神を証明するのである。

（1）トランプ遊びの一種。

（2）……のところは、原文では「等々」となっており、前に記したところで当然わかることとして、略したものであろう。すなわち人間が、宗教による救いを求めずに、気を紛らして日を送っていることをさしているのであろう。

二〇一

ラ四四一

一方の人たちの反論も、他方の人たちのそれも、彼ら自身に対してだけ有効で、宗教に対しては有効でない。すべて不信者の言うことは……

二〇二

ラ五九六

自分に信仰がないのを悩んでいる人たちがいるので、神が彼らに光を与えていないのだということがわかる。

しかし、そのほかの人たちについては、彼らを盲目にする神が存在するということがわかる。

二〇三　ラ三八六

〈つまらぬものの魅力[1]〉情念にじゃまされないために、一週間の生命しかないもののように行動しよう。

（1）旧約外典『ソロモンの知恵』四の一二。

二〇四　ラ一五九

もし一週間の生涯なら、ささげるべきであるならば、百年でもささげるべきである。

二〇四の二　ラ二九三

もし一週間なら、ささげるべきであるならば、全生涯をささげるべきである。

二〇五　ラ六八

私の一生の短い期間が、その前と後との永遠のなかに〈一日で過ぎて行く客の思い出[1]〉のように呑《の》み込まれ、私の占めているところばかりか、私の見るかぎりのところでも小さなこの空間が、私の知らない、そして私を知らない無限に広い空間のなかに沈められているのを考えめぐらすと、私があそこでなくてここにいることに恐れと驚きとを感じる。なぜなら、あそこでなくてここ、あの時でなくて現在の時に、なぜいなくてはならないのかという理由は全くないからである。だれが私をこの点に置いたのだろう。だれの命令とだれの処置とによって、この所とこの時とが私にあてがわれたのだろう。

（1）旧約外典『ソロモンの知恵』五の一五。

二〇六

この無限の空間、その永遠の沈黙が、私には恐ろしい。

ラ二〇一

二〇七

いかに多くの国々が、われわれを知らずにいることだろう。

ラ四二

二〇八

なぜ私の知識、私の身長は限られているのだろうか。なぜ私の寿命は千年でなくて百年に限られているのだろうか。どんな理由で、自然は私にこのような長さのものとして与えてくれたのだ

ラ一九四

ろう。なぜあの数でなくこの数なのだろう。無限の数のうちでは、どんなものでも他のものよりもいっそう引きつけるなどということはないのだから、他のものでなく一つのものが選ばれる理由はないはずである。

二〇九

ラ三六一

おまえは、おまえの主人から愛され、おだてられているからといって、それだけ奴隷でなくなるとでも思っているのか。おまえは全くおめでたいよ。おまえの主人は、おまえをおだてているけれど、いまにおまえをなぐるだろう。

二一〇

ラ一六五

最後の幕は血で汚《けが》される。劇の他の場面がどんなに美しくても同じだ。ついには人々が頭の上に土を投げかけ、それで永久におしまいである。

二一一

ラ一五一

われわれが、われわれと同じ仲間といっしょにいることで安んじているのは、おかしなことである。彼らは、われわれと同じに惨めであり、われわれと同じに無力なのである。彼らはわれわれを助けてはくれないだろう。死ぬときはひとりなのだ。

したがって、人はひとりであるかのようにしてやっていかなければならないのである。それだったら、りっぱな家を建てたりなどするだろうか。ためらわずに真理を求めることだろう。そして、もしそれを拒むとしたら、真理の探求よりも、人々の評判のほうを重んじていることを示している。

二一二

ラ七五七

流転。

持っているものがみな流れ去ってしまうのを感じるのは、恐ろしいことだ。

二一三

ラ一五二

われわれと、地獄または天国とのあいだには、この世で最ももろいものである生命が、介在しているだけである。

二一四

ラ六二五

不正。

思い上がりが惨めさと結びついているなどとは、この上ない不正である。

ラ七一六

二一五

危険の最中ではなく、危険の外にあるときに死を恐れること。なぜなら人間でなければならないから。

ラ九八四

二一六

不意の死だけが恐るべきものである。だから、大貴族の家には聴罪師が住んでいる。

ラ八二三

二一七

自分の家の権利証書を見つけた相続人がここにいる。彼は、「もしかすると、にせものかもしれない」と言いながら、それを調べないで放っておくだろうか。

ラ一六四

二一八

牢獄《ろうごく》。

私は、人がコペルニクスの意見を深く窮めなくてもいいと思うが、しかしこれは……始まり。

――魂が死すべきものであるか、死なないものであるかを知るのは、全生涯にかかわることである。

二一九

ラ六一二

魂が死すべきものであるか、死なないものであるかということが、道徳に完全な差異を与えるはずであるのは疑う余地がない。それなのに哲学者たちは、彼らの道徳をそれとは独立して導いた。

――彼らは、ひとときを過ごすことを考えているのだ。

――キリスト教に向かわせるために、プラトン。

二二〇

ラ四〇九

霊魂の不死を論じなかった哲学者たちのあやまり。
モンテーニュのなかにある、彼らの両刀論法のあやまり。(1)

（1）モンテーニュ『エセー』二の一二。魂が死すべきものなら、苦しみはないし、不死ならばだんだんよくなっていくだろうとの哲学者たちの両刀論法を取り上げて、モンテーニュは、悪くなっていく場合を抜かしていると批判している。

二二二

ラ一六一

無神論者たちは、完全に明白なことを言うべきである。ところで、魂が物質的であるということは、完全に明白ではない。

二二三

ラ八八二

無神論者。

どんな理由で、彼らは、人は復活できないと言うのか。生まれることと、復活することと、かつてなかったものが存在することと、かつて存在したものが再び存在することと、どちらがいっそう困難なのか。存在しはじめることのほうが、再び存在することよりも困難なのかどうか。習慣が一方をわれわれにとって容易にし、習慣のないことが、他方を不可能にする。

なんと通俗的な判断の仕方よ。

――

なぜ処女には子を生めないのか。雌鶏《めんどり》は雄鶏《おんどり》なしでも卵をこしらえるではないか。何がその卵を外から他の卵と区別するのだろう。また雌鶏が雄鶏と同じようにそこに種子を作ることができないと、だれがわれわれに言ったのだろう。

二二三

彼らは、復活に反対し、処女降誕に反対して何を言うことがあるのだろう。一人の人間、あるいは一個の動物を生むことと、それを再生させることと、どちらがいっそう困難だろうか。彼らがもしある種の動物を見たことがないならば、その種の動物が互いに交わることなしに生まれるかどうかを、彼らはいったい言いあてられるだろうか。

ラ二二七

二二四

聖餐《せいさん》を信じないとか、その他このような愚かさを、私はどんなに憎むことか。
福音が真実であり、イエス・キリストが神であるならば、そこに何の困難があろう。

ラ一六八

二二五

無神論は精神の力のしるしである。しかしある程度までだけである。

ラ一五七

二二六

ラ一五〇

理性に従っていると公言する不信者たちは、理性において異常に強いはずである。それでは、彼らはいったいなんと言っているのだろう。

「われわれは、獣《けだもの》も人間も、トルコ人もキリスト者も、同じように死んだり生きたりしているのを見るではないか。彼らもわれわれと同じように、彼らの儀式、彼らの預言者、彼らの博士、彼らの聖者、彼らの修道士を持っている」

これは聖書に反するのであろうか。聖書はこれらすべてのことを言っているのではないか。もし君たちが真理を知るということに、たいして関心がないならば、そのへんで君たちを休ませてしまってもいいところである。しかし、もし君たちが全心から真理を知りたいのだったら、それだけでは十分細部にわたって検討したことにならない。哲学の問題としてならそれで十分だったろうが、ここではすべての運命がかかっているのである。それなのに、この種の軽い考えの後に、人々は楽しみを求めるのだろう、等々。

この宗教に直接当たって、このわかりにくいところを説明していないかどうかを、調べてみるといい。この宗教はそのことを、われわれに教えてくれるかもしれない。

二二七

ラ二、三

順序。

対話による。

「いったいどうしたらいいんだろう。どこもかしこも、はっきり見えないものばかりだ。自分は無神論者だと思えばいいのか。神だと思えばいいのか」

――

「万物は変わり、相ついで行く」

「君はまちがっている。……があるのだ」

二二八

ラ二四四

無神論者たちの反論。

「だが、われわれには何の光もないのだ」

二二九

ラ四二九

これこそ私が見ているものであり、私を悩ましているものである。私はあらゆる方を眺めるが、どこにもわからないものしか見えない。自然は私に、疑いと不安の種でないものは何もくれない。もし私が自然のなかに、神のしるしとなるものを何も見ないのだったら、私は否定のほうへと心を定めたことであろう。もしいたるところに創造主のしるしを見るのだったら、信仰に安住したことであろう。ところが、否定するにはあまりに多くのものと、確信するにはあまりに少ないものとを見て、私はあわれむべき状態にある。そのなかで私は、もし神が自然をささえているのだったら、自然が何の曖昧《あいまい》さなしにはっきりと神を示してくれるように、またもし自然の与える神のしるしが偽りのものならば、それをすっかりどけてくれるように、そして私がどちら側について行ったらいいかがわかるように、自然がすべてを語ってくれるか、何も語らないでくれるように、百度も願ったのである。ところが私は、自分が何であり、何をなすべきかを知らないので、自分の状態をも自分の義務をも知っていないのである。私の心は、真の善に従うために、それがどこにあるかを知ろうとして、すべてをあげてそれに向かっている。永遠を得るためには、何ものも私にとって高価すぎることはない。

信仰のなかで、あんなに怠慢に暮らしているように見える人たち、私だったらすっかり違った使い方をするであろうと思う賜物《たまもの》を、あんなに悪用している人たちを、私はうらやましいと思う。

二三〇

ラ八〇九

神があるということは不可解であり、神がないということも不可解である。魂が身体とともにあるということも、われわれが魂を持たないということも。世界が創造されたということも、世

界が創造されないということも、等々。原罪があるということも、原罪がないということも。(1)

（1）ここにあげられた四組の二律背反では、「神がある」を始めとして、それぞれ第一の定立のほうは理性または論理にとっての不可解であり、「神がない」を始めとするそれぞれ第二の反定立のほうは事実上の不可解である。カントのアンティノミーの場合と異なり、パスカルの場合は、断章四三〇でも明らかにされるように、理性上の不可解は、事実上の不可解の前に譲らなければならないのである。

二三一

ラ四二〇

神が無限であり、しかも部分を持たないということは不可能だと思うのか。――そうだ。――それなら、無限であり、しかも不可分のものを一つ君に見せてあげよう。それは、無限の速度であらゆるところを運動している一つの点である。

なぜならそれは、あらゆる場所において一つであり、おのおのの場所において全体であるからである。

君にとって以前は不可能と思われていた、この自然の事実が、君の知らない事実がまだほかにもありうるということを、君に知らせるといい。君が今までに習ったことから、君にはもう知るべきことが何も残っていないのだなどという結論を、引き出してはいけない。自分には知るべきことが無限に残っているという結論を、引き出さなければいけないのだ。

二三二　ラ六八二

無限な運動、すべてを満たす一点、静止している運動量。量のない無限、不可分で無限。

二三三　ラ四一八

無限。無。

――われわれの魂は、身体のうちに投げこまれ、そこで数、時、空間三次元を見いだす。魂はその上で推理し、それを自然、必然と呼び、他のものを信じることができない。

――一を無限の上に足しても、少しも無限を増加させない。一ピエ(1)を無限の長さに足しても同様である。有限は無限の前では消えうせ、純粋な無となる。われわれの精神も神の前では同様で、われわれの正義も神の正義の前では同様である。

われわれの正義と神の正義とのあいだの不釣合《ふつりあい》は、一と無限とのあいだの不釣合ほどには、はなはだしくない。

神の正義は、そのあわれみと同じように、並みはずれて大きくなければならない。ところが、神に見捨てられたものに対する正義は、神に選ばれたものに対するあわれみのように並みはずれて大きくはない。またそれほど人々のつまずきにはならないはずである。

――

われわれは無限が存在することを知っているが、その性質を知らない。たとえば、われわれは数が有限であるというのは誤りであることを知っている。したがって数には無限がある。しかしわれわれは、その無限が何であるかを知らない。それが偶数であるのは誤りで、奇数であるのも誤りである。なぜなら、それに一を足しても、その性質に変わりはないからである。しかもそれは数であり、いかなる数も偶数か奇数である。もっともこれはすべて有限な数について了解されていることなのであるが。

このようにして、人は、神が何であるかを知らないでも、神があるということは知ることができる。

――

実体的真理というものは、いったい存在しないのだろうか。真理そのものではないが、真ではあるものが、こんなにたくさん見えるのに。(2)

――

さて、われわれは有限なものの存在と性質とを知っている。なぜなら、われわれもそれと同じに有限で広がりを持っているからである。
われわれは無限の存在を知っているが、その性質は知らない。なぜなら、それはわれわれと同じに広がりを持っているが、われわれのように限界を持たないからである。
しかしわれわれは、神の存在も性質も知らない。なぜなら、神には広がりも限界もないからである。

――

しかし信仰によって、われわれは神の存在を知り、天国の至福においてその性質を知るであろう。
ところで、私がすでに示したように、人はあるものの性質を知らないでも、その存在を知ることができるのである。

――

今は、自然の光にしたがって話そう。
もし神があるとすれば、神は無限に不可解である。なぜなら、神には部分も限界もないので、われわれと何の関係も持たないからである。したがって、われわれは、神が何であるかも、神が存在するかどうかも知ることができない。そうだとすれば、だれがいったいこの問題の解決をあえて企てようとするであろうか。それは神と何の関係も持たないわれわれではない。

それならば、キリスト者が自分たちの信仰を理由づけることができないからといって、だれにそれを責めることができよう。彼らは、自分たちでは理由づけることができないという宗教を公然と信じている。彼らは、それを世に説くにあたって、それを愚かなもの、〈愚かさ〉[3]と宣言しているのである。それなのに、君は、彼らがそれを証明しないからといって、不平を言うのか。もしも彼らがそれを証明したとするならば、彼らはことばを守らなかったことになるだろう。証明を欠いていればこそ、彼らは分別を欠かないのである。――よろしい。しかし、そのことは、宗教をそういうものとして提供する人たちを許してやり、それを理由なしに提出するという非難から彼らを免れさせてやるかもしれないが、それを受ける人たちを許すことにはならない。――それではこの点を検討して、「神はあるか、またはないか」と言うことにしよう。だがわれわれはどちら側に傾いたらいいのだろう。理性はここでは何も決定できない。そこには、われわれを隔てる無限の渾沌《こんとん》がある。この無限の距離の果てで賭が行なわれ、表が出るか裏が出るのだ。君はどちらに賭けるのだ。理性によっては、君はどちら側にもできない。理性によっては、二つのうちのどちらを退けることもできない。

したがって、一つの選択をした人たちをまちがっているといって責めてはいけない。なぜなら君は、そのことについて何も知らないからなのだ。――いや、その選択を責めはしないが、選択をしたということを責めるだろう。なぜなら、表を選ぶ者も、裏を選ぶ者も、誤りの程度は同じとしても、両者とも誤っていることに変わりはない。正しいのは賭けないことなのだ。

——そうか。だが賭けなければならないのだ。それは任意的なものではない。君はもう船に乗り込んでしまっているのだ。では君はどちらを取るかね。さあ考えてみよう。選ばなければならないのだから、どちらのほうが君にとって利益が少ないかを考えてみよう。君には、失うかもしれないものが二つある。真と幸福とである。また賭けるものは二つ、君の理性と君の意志、すなわち君の知識と君の至福とである。そして君の本性が避けようとするものは二つ、誤りと悲惨とである。君の理性は、どうしても選ばなければならない以上、どちらのほうを選んでも傷つけられはしない。これで一つの点がかたづいた。ところで君の至福は。神があるというほうを表にとって、損得を計ってみよう。次の二つの場合を見積もってみよう。もし君が勝てば、君は全部もうける。もし君が負けても、何も損しない。それだから、ためらわずに、神があると賭けたまえ。——これは、すばらしい。そうだ、賭けなければいけない。だが僕は多く賭けすぎていはすまいか。——そこを考えてみよう。勝つにも負けるにも、同じだけの運があるのだから、もし君が一つの生命の代わりに二つの生命をもうけるだけだとしても、それでもなお賭けてもさしつかえない。ところがもし、三つの生命がもうけられるのだったら、賭けなければいけない（なぜなら、君はどうしても賭けなければならないのだから）。そして、賭けることを余儀なくされている場合に、損得の運が同等であるという勝負で、三つの生命をもうけるために君の生命を賭けなかったとしたら、君は分別がないことになろう。ところが、ここには、永遠の生命と幸福とがあるのだ。それならば、仮に無数の運のうちでただ一つだけが君のものだとしても、君が二つの生命を得るために一つの生命を賭けてもまだ理由があることにはなろう。[4] そして、賭けることを余儀なくされている場合に、無数の運のうちで一つが君のものだという勝負で、もしも無限に幸福な無限の生命がもうけられるのであるならば、君が三に対して一つの生命を賭けることを拒むのは、無分別ということになろう。[5] ところが、ここでは、無限に幸福な無限の生命がもうけられるのであり、勝つ運が一つであるのに対して負ける運は有限の数であり、君の賭けるものも有限なものである。これでは、確率計算など全部いらなくなる。どこでも無限のあるところ、そして勝つ運一つに対して負ける運が無限でない場合には、ぐずぐずしないで、すべてを出すべきだ。したがって、賭けることを余儀なくされている場合には、無に等しいものを失うのと同じような可能性でもって起こりうる無限の利益のために、あえて生命を賭けないで、出し惜しみをするなど、理性を捨てないかぎり、とてもできないことである。

　なぜなら、もうけられるかどうかは不確実なのに、賭の危険を冒すことは確実であると言ったところで、また、人が危険に身をさらす確実さと、もうけるものの不確実さとのあいだにある無限の距離が、確実に危険にさらすところの有限な幸福を不確実な無限と同等なものにすると言ったところで、なんにもならない。それはそういうことにはならないのである。賭をする者は、だれでも、不確実なもうけのために、確かなものを賭けるのである。と言っても、有限なものを不確実にもうけるために、有限なものを確実に賭けることは、理性にもとってはいないのである。人が身をさらすことのこの確実さと、もうけの不確実さとのあいだに、無限の距離があるわけではないのである。それは誤りである。ほんとうの話は、もうける確実さというものと、損する確実さというものとのあいだにこそ無限があるのである。ところで、もうけることの不確実さは、もうける運と損する運とのあいだの比率に応じて、賭けるものの確実さと釣り合うのである。したがって、双方の運が等しければ、賭は対等に行なわれるのである。その場合、賭けるものの確実さは、もうけることの不確実さと等しいことになる。両者のあいだに無限の距離があるなどとは、とんでもないことである。それだから、勝ち負けの運が同等で、無限をもうけるために有限をかけるというわれわれの主張は、無限の力を持ってくるのである。

これには証明力がある。もし人間がなんらかの真理をつかむことができるとするならば、これがまさにそれである。

——僕はそれを認め、それに同意する。だが、それにしても、勝負の内幕を見通す方面がないものだろうか。——あるとも。聖書とかその他のものがある。——それはそうだ。だが、僕の手は縛られ、口はふさがれている。賭をしろと強制され、自由の身ではない。僕は放してもらえない。しかも、僕は信じられないようにできている。君はいったい僕にどうしろというのだ。

――まったくだ。だが、理性が君を信じるほうへつれてきているのに、君にそれができないのだから、君には信ずる力がないのだということを、せめて悟らなくてはいけない。したがって、神の証拠を増すことによってではなく、君の情欲を減らすことによって、自分を納得させるように努めたまえ。君は信仰に達したいと思いながら、その道を知らない。君は不信仰から癒されたいとのぞんで、その薬を求めている。以前には、君と同じように縛られていたのが、今では持物すべてを賭けている人たちから学びたまえ。彼らは、君がたどりたいと思っている道を知っており、君が癒されたいと思う病から癒されたのである。彼らが、まずやり始めた仕方にならうといい。それは、すでに信じているかのようにすべてを行なうことなのだ。聖水を受け、ミサを唱えてもらうなどのことをするのだ。そうすれば、君はおのずから信じるようにされるし、愚かにされるだろう。――だが、僕のおそれているのは、まさにそれなのだ。――それはまたどうしてか。君に何か損するものがあるというのか。だが、これが信仰への道であることを君に納得させるのに役立つことは、君の大きな障害になっている情欲をこれが減らしてくれるということである。

この議論の終わり。

ところで、この方に賭けることによって、君にどういう悪いことが起こるというのだろう。君は忠実で、正直で、謙虚で、感謝を知り、親切で、友情にあつく、まじめで、誠実な人間になるだろう。事実、君は有害な快楽や、栄誉や、逸楽とは縁がなくなるだろう。しかし、君はほかのものを得ることになるのではなかろうか。

私は言っておくが、君はこの世にいるあいだに得をするだろう。そして君がこの道で一歩を踏みだすごとに、もうけの確実さと賭けたものが無に等しいこととをあまりにもよく悟るあまり、ついには、君は確実であって無限なものに賭けたのであって、そのために君は何も手放しはしなかったのだということを知るだろう。

——ああ、この議論は、僕を夢中にさせ、有頂天にさせる、等々。——もしこの議論が君の気に入り、君に有力なものと見えるとしたら、次のことを知ってもらいたい。すなわち、これを記した人間は、自分の全存在をささげているあの無限で不可分の存在に向かって、君自身の幸福と彼の栄光とのために、君の存在を彼に従わせるようにと祈る目的で、これの前と後とにひざまずいたということである。そして、この謙虚さに、力が結び合わされるようにと祈ったのである。

（1）当時の長さの単位（〇・三二四八メートル）。
（2）この二行は、「一を無限の上に足しても……」から、この直前のところまでの部分の、左側の欄外に縦に記されている。
（3）『コリント人への第一の手紙』一の二一。
（4）前に出てきた、一対一の運で、一つの生命の代わりに二つの生命をもうける場合には、確率計算の結果は、両者同等であるため、「それでもなお賭けてもさしつかえない」としたのである。この場合も、それに準じて、運のほうが無限対一なのに対し、もうける生命の長さが、一対無限の比率になり、確率計算の結果がまた同等になるため、「まだ理由があることにはなろう」としているのである。

（5）これも、前に出てきた「三つの生命をもうけるために君の生命を賭けなかったとしたら」というところと並行させているのである。ただし、無限を前にして、三つの生命ということは、無限を三倍しても無限なので、理解しがたいため、さまざまの説明が試みられている。量的に無限な生命の場合を一対二としたところなので、今度は量的にも質的にも無限な、いわば無限の二乗の場合を一対三として表わしたのであろうという解釈が、多く行なわれている。

二三四

ラ五七七

もしも確実なことのためにしか何事もしてはいけないとしたら、宗教のために何もしてはいけないことになろう。なぜなら、それは確実ではないからである。だが人は、どんなに多くのことを不確実なことのためにすることだろう。航海とか、戦争とか。だから私は言う、何事も確実でない以上、全く何もするべきではないだろうと。また、われわれが明日の日を見るということよりも、宗教のほうにもっと多くの確実さがあるのだと。

なぜなら、われわれが明日の日を見るだろうということは確実ではないが、われわれがそれを見ないだろうということは確実に可能であるからである。人は宗教について同じように言うことはできない。宗教が実在するということは確実ではない。しかし宗教が実在しないということは、確実に可能であると、だれがあえて言いうるであろう。

——

ところで人が明日のため、そして不確実なことのために働くとき、人は理にかなって行動しているのである。なぜなら、証明済みの確率決定の規則[1]によって、人は不確実なもののために働かなければならないからである。

——

聖アウグスティヌスは、人が海の上や、戦争などで、不確実なもののために働くのを見た。しかし彼は、人はそうしなければならないのだということを証明する確率決定の規則を見なかった。モンテーニュは、人がびっこの精神に対して腹を立てることと、習慣にはあらゆることが可能であるのを見た。だが、彼はこういう現象の理由を見なかった。

これらの人たちはみな、現象を見たけれど、原因を見なかった。彼らは、原因を発見した人たちに対しては、目しか持たない人たちが、精神を持っている人たちに対するのと同じ関係にある。なぜなら、現象は、いわば感覚に訴えるようなものであるが、原因は精神にだけしか見えないのである。もちろんそれらの現象は精神によって見られるものではあるが、その精神は、原因を見る精神に対しては、感覚が精神に対するのと同じ関係にあるのである。

（1）賭が中止された場合、それまでの経過に応じて、どのように賭金の分け前を定めたらよいかという
パスカル自身の研究に基づく計算法をさしている。

ラ二〇六

二三五

〈彼らは事実を見たが、原因を見なかった[1]〉

（1）アウグスティヌス『ペラギウス反論』四の六〇。

ラ一五八

二三六

確率計算からいって、君は真理を探究することに苦労しなければいけない。なぜなら、もし君が真の本原を拝しないで死んだら、君は滅びてしまうからだ。――「でも、もし私が神を拝することを神が欲したのだったら、その欲したしるしが私のために残されているはずだ」と君は言う。――だからこそ、神はそれを残したのだ。だが君は、それらのしるしをなおざりにしている。だからさがしたまえ。さがす値うちが十分ある。

ラ一五四

二三七

確率計算。

次のいろいろの仮定のどれに従うかによって、この世でそれぞれ違った生き方をしなければならない。
一、この世にいつまでもいられる場合。
五、(1) この世に長くはいないことは確かで、一時間いられるかどうかも不確かである場合。
この最後の仮定こそ、われわれの場合である。

(1) パスカルは、はじめ、一と五とのあいだに、他の三つの仮定を記したのであるが、後になってそれが適切でないと判断して消し去り、「まちがっている」という一語を書き込んだ。その際、冒頭の「いろいろ」という語を改めたり、五を二に変えるのを忘れたのであろう。

二三八

ラ一五三

確率計算によれば十年ということだから、君が僕に約束してくれるものは、確実な苦痛を別としても、喜ばれようと努力して失敗する自愛の十年間以外の何があるというのだ。

二三九

ラ七四八

異論。自分の救いを望む人たちは、その点では幸福である。だが、それとひきかえに、地獄に対する恐れがある。――回答。地獄を恐れる理由をいっそう多く持っているのはだれだろう。地獄があるかどうか知らず、もしあった場合には、そこに落ちるにきまっている人か。それとも、地獄があるということをある程度納得していて、もしあった場合には、救われる希望を持っている人か。

二四〇

ラ八一六

「もし私に信仰があったなら、まもなく快楽を捨てたことでしょう」と彼らは言う。だが私は、君に言う。「もし君が快楽を捨てたならば、まもなく信仰を得たことでしょう」と。ところで、始めるのは、君のほうなのだ。もし私にできることなら、君に信仰を与えたことだろうが、私にはそれができない。したがって君の言うことがほんとうかどうか試してみるわけにはいかないのだ。だが、君には快楽を捨てることなら十分できるのだし、私の言うのがほんとうかどうかを試せるわけなのだ。

二四一

ラ三八七

順序。

私には、キリスト教をほんとうだと信じることによってまちがうよりも、まちがった上で、キリスト教がほんとうであることを発見するほうが、ずっと恐ろしいだろう。

第四章　信仰の手段について

二四二

ラ七八一

第二部序言。

この問題を論じた人たちについて話すこと。

これらの人たちが、神についていかに大胆に語ろうとするかに私は感心する。

不信者に議論を向けながら、彼らの第一章は、自然界の被造物によって神を証明しようとするのである。もしも彼らの議論を信者に向けているのであったら、私は彼らの企てに驚かないだろう。なぜなら、心のうちに生きた信仰を持つ人たちは、存在するものは、すべて彼らのあがめる神の御業《みわざ》にほかならないということを、ただちに見てとるのは確かだからである。だが、心のなかでそのような光が消えてしまったので、それを再びともしてやろうとわれわれがもくろんでいる人たち、すなわち、信仰と恩恵とを失い、自然のなかに見えるあらゆるもののあいだに、この知識へと自分らを導いてくれるものがないかと、自分自身の光のすべてを用いてさがし求めたにもかかわらず、闇《やみ》と暗黒としか見いだせない人たち、そういう人たちに向かって、彼らを取り巻くもののなかで最も小さなものを見るだけでも、神があらわに見えるだろうと言ったり、この重大な問題の証拠のすべてとして、月や遊星の運行を与えたり、こんな議論でその証明を完了したと自認するのは、われわれの宗教の証拠が実に薄弱であると思わせる根拠を与えることになるのである。彼らに軽蔑《けいべつ》の心を起こさせるのに、これ以上適したものはないことを、私は理性と経験とによって知っている。神に関することがらをもっとよく知っている聖書は、このようには語っていない。その反対に、聖書は、神は隠れた神であり、そして自然性の腐敗以来、神は人間を盲目のうちに放置し、人間がそこから脱出できるのは、イエス・キリストによってのみであり、この人をほかにしては、神とのすべての交わりは取り去られていると述べている。〈父を知るものは、子と、子があらわそうとして選んだもののほかにない①〉

これこそ聖書が、神を求める者はこれを見いだすだろうと実に多くの箇所②で言っているときに、われわれに示していることなのである。それは、真昼の日のような光を求めることについて話しているのではない。真昼に日を求める者や、海に水を求める者はこれを見いだすだろうなどとは誰も言ってはいない。だからこそ、自然のなかにおける神の明らかさというものは、そのようなものであってはならないのである。聖書は他の箇所でこうも言っている。〈まことにあなたは隠れている神である③〉

（1）『マタイ福音書』一一の二七。
（2）旧約『箴言』八の一七、『エレミヤ書』二九の一三、新約『マタイ福音書』七の七、『ルカ福音書』一一の一〇、その他。
（3）『イザヤ書』四五の一五。

二四三

ラ四六三

聖書の正典の著者が、決して自然を用いて神を証明しようとしなかったのは感嘆すべきことである。彼らはみな、神を信じさせるようにしむけているのである。ダビデ、ソロモン、その他の人々は、「真空というものは存在しない、ゆえに神は存在する」(1)とは決して言わなかった。彼らは、その後に出て、みなこのような論法を用いた最も賢い人たちより、もっと賢かったにちがいない。これは大いに注目すべきことだ。

（1）パスカルが読んだことのあるグロティウスの『キリスト教の真理について』一の七にも、これに近い論法がある。

二四四

ラ三

なんだって。君自身は、空や鳥が神を証明するとは言わないのか。――そうだ。――そして君の宗教もそう言わないのか。――そうだ。なぜなら、それは、神がそうした光を与えたもう若干の人たちにとっては、ある意味で真ではあるが、それにもかかわらず、大多数の人たちにとっては、偽りであるからだ。

二四五　ラ八〇八

信仰に三つの手段がある。理性と習慣と霊感とである。ただひとり理性を持つキリスト教は、霊感なしに信じるものを、自分の真の子として受け入れない。これはしかし理性と習慣とを排除する意味ではなく、その反対である。だが、精神をその証拠に向かって開き、習慣によってそこに確立し、しかも真の有益な結果をもたらしうる唯一のものである霊感に、へりくだることを通じて身を捧《ささ》げなければならないのである。〈キリストの十字架がむなしくならないために[1]〉

（1）『コリント人への第一の手紙』一の一七。

二四六　ラ一一

順序。神を求めるべきであるという手紙の後に、障害を除くことという手紙をこしらえる。それは「機械[1]」についての論であり、機械を整え、理性によって求めることについての論である。

（1）断章二五二に「自動機械」という語を用いて詳しい説明がある。なお次の二つの断章でも言及されている。

二四七

ラ五

順序。

求めるように仕向けるための友人への激励の手紙。――すると彼は答えるだろう。「求めたところで、私にとって何の役に立つだろう。何も現われてこない」そこで彼に答える。「絶望してはいけない」――すると彼は、なんらかの光が見いだせたらしあわせだろうが、この宗教そのものによると、たとえそう叫んだ(1)ところで、何の役にも立たないだろうというのであるから、いっそ求めないことにしたいと答えるかもしれない。――そこで、それに対して彼に答える。「機械」

(1) 従来の版は、「叫んだ」を「信じた」としているが、自筆原稿と内容と他の用例(たとえば一三七~一三八ページ)との三者から判断して、この読み方をとった。

二四八

ラ七

証拠の効用を示す手紙。機械によって。

信仰は証拠とは違う。後者は人間的であるが前者は神の賜物《たまもの》である。〈義人は信仰によって生きる(1)〉すなわち神自身が人の心にお入れになるその信仰によってであって、証拠はしばしばそれの道具となる。〈信仰は聞くによる〉[2]だが、この信仰は心のなかにあって、〈私は知る〉[3]とは言わせないで、〈私は信じる〉[4]と言わせるのである。

（1）『ローマ人への手紙』一の一七。
（2）同一〇の一七。
（3）（4）この二つのラテン語の動詞は、一六五六年の「聖荊の奇蹟」の直後にパスカルが作らせた印形に、〈私はだれを信じたかを知っている（SCIO CUI CREDIDI）」という形で組み合わされている。

二四九

形式的なものに希望を託すのは迷信である。だが、それに従おうとしないのは高慢である。

ラ三六四

二五〇

神から与えられるためには、外的なものが内的なものに結びつけられなければならない。ということは、ひざまずいたり、口に出して祈るなどのことをするのである。それは、神に従おうとしなかった思い上がった人間が、今は被造物に従わせられるためである。そういう外的なものに助けを期待するのは迷信であるが、それを内的なものに結びつけようとしないのは高慢である。

ラ九四四

二五一

ラ二一九

他の宗教、たとえば異教などは、いっそう民衆的である。なぜならそれらの宗教は外的なもののなかに存するからである。だが、それは知識人には向かない。純粋に知的な宗教は、知識人にはいっそう釣《つ》り合《あ》っているだろうが、民衆には役立たないだろう。ひとりキリスト教だけは、外的なものと内的なものとが混ぜ合わされているので、すべての人に釣り合っている。キリスト教は、民衆を内的なものへと引き上げ、高慢な者を外的なものへと引き下げる。そして、それらの二つがそろわなければ完全でない。なぜなら、民衆は文字の精神を理解しなければならず、知識人は精神を文字に従わさせなければならないからである。

二五二

ラ八二一

なぜなら、われわれは自分を誤解してはいけないからである。われわれは精神であるのと同程度に自動機械である。そしてそこから、説得が行なわれるための道具は、たんに論証だけではないということが起こるのである。証明されているものは、なんと少ないことだろう。証拠は精神しか納得させない。習慣がわれわれの最も有力で最も信じられている証拠となる。習慣は自動機械を傾けさせ、自動機械は精神を知らず知らずのうちに引きずっていく。明日はくるだろう、またわれわれは死ぬだろうということを、いったいだれが証明したであろう。それなのに、それ以上よく信じられていることがあるだろうか。したがって、習慣がわれわれにそのことを納得させたのである。かくも多くのキリスト者をつくるのは習慣である。トルコ人たち、異教徒たち、いろいろな職業、兵士たち等々をつくるのも習慣である。（キリスト者には、異教徒の場合よりも、洗礼において受けた信仰というものが、それだけ多く与えられている）(1) さらにまた、精神がひとたび真理がどこにあるかを見た場合にも、なん時《どき》でもわれわれからのがれ去ろうとするその信仰にわれわれを浸し、われわれをその信仰で染めあげるために、この習慣の助けを借りなければならないのである。なぜなら、証拠をいつも目の前におくのは、大仕事すぎるからである。われわれはもっと容易な信仰、すなわち、慣習による信仰を獲得しなければならないのであって、それはわれわれを、無理強《むりじ》いなしに、技巧なしに、論議なしに物事を信じるようにさせ、われわれの全能力をそれに傾けさせ、そのようにしてわれわれの魂が自然にそこに落ち込むようにするのである。人が確信の力だけで信じていて、自動機械はその反対のことを信じるように傾けさせられているときは、十分ではない。だから、われわれの二つの部分を信じさせなければならない。精神は、一生に一度見れば十分であるはずの理由によって信じさせ、自動機械は、習慣によって、そして反対に傾かせないようにして信じさせなければならない。〈神よ、私の心を傾かせてください(2)〉

理性というものは、ゆっくりと行動する。常に目の前になければならない、あまりにも多い原理に対して、あまりにも多く目をくばらなければならないので、なん時でもうとうとしたり、その原理が全部目の前にないために迷い子《まいご》になったりするものである。直感はそのようには行動しない。直感は一瞬間で行動し、すぐに行動の用意ができている。だから、われわれの信仰を直感のうちにおかなければならない。さもなければ、いつもぐらぐらしているだろう。

(1) ( ) 内は欄外に記されたもの。
(2) 『詩篇』一一九(ヴルガータ訳一一八)の三六。

二五三

二つの行き過ぎ。
理性を排除すること、理性しか認めないこと。

ラ一八三

二五四

あまり従順すぎるということで人々を責めなければならない場合も、珍しくない。それは、不信仰と同様に、自然な悪徳で、同じように危険である。
迷信。

ラ一八七

二五五

ラ一八一

信仰は迷信とは違う。

――信仰を迷信になるまで固執することは、それを破壊することである。

――異端者たちは、われわれがこの迷信的服従におちいっているといって非難する。これでは、彼らがわれわれを非難しているとおりのことをすることになる。

――聖体が目に見えて認められないという理由で、それを信じない不信仰。

――諸命題を信じる迷信、(1) 等々。

――信仰、等々。

(1) ヤンセンの著書に、異端とされる五箇条の命題がないのに、それを命令によって信じること。

二五六

ラ一七九

真のキリスト者は少ない。信仰についてさえそうだと私は言う。信じている人々はたくさんあるが、迷信によってである。信じない人たちもたくさんあるが、不信心によってである。両者の中間にあるものは少ない。

両者のなかに私は、真に敬虔《けいけん》な生活を送っている人たちや、心情の直感によって信じているすべての人たちは含めていない。

二五七

ラ一六〇

三種類の人々があるだけである。一は、神を見いだしたので、これに仕えている人々。他は、神を見いだしていないので、これを求めることに従事している人々。いま一つは、神を見いだしてもいず、求めもしないで暮らしている人々。最初の人々は、理にかなっており幸福である。最後の人々は、愚かであり不幸である。中間の人々は、不幸であり理にかなっている。

二五八

ラ七五五

〈各人は自分のために神を作る(1)〉

嫌悪《けんお》。

（1）旧約外典『ソロモンの知恵』一五の八、一六にもとづくものと推測されている。

二五九

ラ八一五

普通の人たちは、考えたくないことを考えないでいることができるものだ。「メシアについての章句のことを考えるな」と、ユダヤ人はその息子《むすこ》に言っていた。われわれの同類もしばしばこのようにする。こうして偽りの宗教が保たれる。そして真の宗教でさえも、多くの人たちに対してはそのようにして保たれる。

だが、このように考えるのをみずからやめることができず、禁じられれば禁じられるほど考える人たちがいる。これらの人たちは、偽りの宗教を捨て去るが、もし堅固な論議を見いださなければ、真の宗教さえ捨ててしまう。

二六〇

ラ五〇四、五〇五

彼らは多数のなかに隠れ、自分らの助けとして数をもとめる。

喧騒《けんそう》。

権威。

あることを人から聞いたということが、君の信じる基準になってよいどころか、それをいまだかつて聞いたことがないかのような状態に自分を置いた上でなければ、何も信じてはいけない。

君自身への君の同意、そして他人のではなく、君の理性の変わらぬ声、それが君を信じさせなければいけないのだ。

信ずるということは、それほど重大なことなのだ。

百の矛盾がほんとうとされてしまうところだ。

もしも、古いことが信じることの基準だとするならば、古代の人たちは基準がなかったことになるのだろうか。

もしも一般の同意だとするならば、もし人々がいなくなってしまったらどうだろう。

偽りの謙遜《けんそん》、高慢。

違反するものの罰、誤謬《ごびゅう》。(1)

幕をあげよ。

君が、そんなことをしてもむだだよ。いずれにしても、信じるか、否定するか、疑うかのどれかをしなければならないのだ。

われわれには、いったい基準がないのだろうか。

動物についてなら、われわれは彼らがやるべきことをよくやっていると判断する。人間について判断するための基準はないのだろうか。

否定することと、信じることと、正しく疑うこととは、人間にとって、馬にとっての走ることと同じである。

（1）この一行は左の欄外に記されている。

二六一

ラ一七六

真理を愛さない人たちは、それに異論があるとか否定するものが多いとかいうことを口実にする。だから、彼らの誤りは彼らが真理または愛を好まないところからくるのであって、したがってそれは言いわけにはならない。

二六二

ラ九〇八

迷信と邪欲。

小心、悪い欲。

悪い恐れ。

恐れ。神を信ずるから起こる恐れではなく、神があるかないかを疑うから起こる恐れ。よい恐れは信仰から起こる。偽りの恐れは疑いから起こる。よい恐れは、希望に結ばれている。なぜなら、それは信仰から生まれ、信じている神に希望をおくからである。悪い恐れは、絶望に結ばれている。なぜなら、信じなかった神を恐れるからである。一は神を失うことを恐れ、他は神を見いだすことを恐れる。

二六三

ラ五七四

「奇跡が一つあれば、私の信仰は堅くされるだろうに」と、人は言う。

人がそう言うのは、奇跡を見ないときである。遠くから見ると、われわれの視野を限っているように見える諸論拠も、そこへ到達すると、もっと先のほうが見えはじめるようになる。何ものも精神の回転の早さを止めてはくれない。何も例外のない規則とか、何も欠ける面がないほどに一般的な真理などというものは存在しないと、人は言う。その真理が絶対に普遍的でさえなければ、その例外を現在の問題に適用する口実をわれわれに与え、「これは常にほんとうではない。したがって、それがほんとうでない場合もある」と言わせるに十分である。残るところは、現在の場合がそれに当たるということを、示すことだけである。そして、そのために何かうまい骨合《こつあい》を見つけられないとしたら、よほどの不器用か、運が悪いことになろう。

二六四

ラ九四一

人は毎日食べたり眠ったりすることには退屈しない。なぜなら、空腹はまた生まれるし、眠気もそうだからだ。さもなければ、退屈するだろう。だから、精神的なものに対する飢えがなければ、人は退屈する。正義への飢え。第八の至福。(1)

（1）『マタイ福音書』五章のキリストの山上の垂訓の冒頭をさす。第八の至福は、「義のために迫害されてきた人たち」をさしているが、第四は、「義に飢えかわいている人たちは、さいわいである」となっている。

二六五

ラ一八五

信仰はなるほど感覚の言わないことを言うが、しかし感覚の見るところと反対のことを言うのではない。それは感覚よりも上にあるのであって、反対ではない。

二六六

ラ七八二

望遠鏡は、昔の哲学者たちにとっては存在しなかった、いかに多くの存在を発見してくれたことだろう。人は、聖書が星の数の多いことを記《しる》しているのを公然と非難し、「星は千二十二しかないのだ。(1)われわれはちゃんと知っている」と言っていた。

地上には草がある。われわれにはそれが見える。——月からは、それが見えないだろう。——そして、それらの草の上には繊毛があり、それらの繊毛のなかには小さい動物がいる。だが、そのさきは、もう何もない。——なんていい気な人だろう。——合成物は諸元素からなるが、諸元素はそうではない。——なんていい気な人だろう。ここに微妙な一線がある。——見えないものが存在するなどと言うべきではないではないか。——だから、ほかの人たちと同じように言わなければならないのだが、だからといって彼らと同じように考える必要はないのだ。

(1)『創世記』一五の五、『エレミヤ書』三三の二二などでは、星の数は数えきれないとなっているのに対し、西洋古代の天文学を代表するプトレマイオスの目録では千二十二となっていた。

二六七

ラ一八八

理性の最後の歩みは、理性を超えるものが無限にあるということを認めることにある。それを知るところまで行かなければ、理性は弱いものでしかない。

——

自然的な事物が理性を超えているならば、超自然的な事物については、なんと言ったらいいのだろう。

二六八　ラ一七〇

服従。

疑わなければならないところで疑い、断定しなければならないところで断定し、従わなければならないところで従わなければならない。そのようにしない者は、理性の力を理解していないのである。これらの三つの原理に反するものがあって、証明が何であるかをよく知らないために、すべてのことを証明できるものとして断定したり、どこで従わなければならないかを知らないために、すべてのことを疑ったり、どこで判断しなければならないかを知らないために、すべてのことについて従ったりする。

二六九　ラ一六七

理性の服従と行使、そこに真のキリスト教がある。

二七〇　ラ一七四

聖アウグスティヌス。[1] 理性というものは、自分が従わなければならない場合があるということを自分で判断しないかぎり、決して従わないであろう。

だから、理性が自分が従わなければならないと判断したときに従うのは、正しいことである。

(1) アウグスティヌス『書簡』一二二の五。

二七一

ラ八二

知恵はわれわれを幼年に向かわせる。〈幼子《おさなご》のようにならなければ(1)〉

(1)『マタイ福音書』一八の三。

二七二

ラ一八二

このような理性の否認ほど、理性にふさわしいことはない。

二七三

ラ一七三

もしすべてを理性に従わせるならば、われわれの宗教には神秘的、超自然的なものが何もなくなるだろう。

もし理性の原理に反するならば、われわれの宗教は不条理で、笑うべきものとなろう。

二七四

ラ五三〇

われわれのあらゆる推理は直感に譲ることに帰着する。

だが、気分は直感に似ていて、しかも反対のものである。そこで人はこれらの対立するものを見わけることができない。ある人は、「私の直感は気分だ」と言い、他の人は自分の気分は直感だと言う。そこに基準が必要となる。理性がみずから申し出てくるが、理性はあらゆる方向へ曲げられやすいものである。

したがって、基準は何もないことになる。

二七五　ラ九七五

人々はしばしば自分たちの空想を心情ととり違える。そして回心しようと考えるやいなや、回心したと信じてしまう。

二七六　ラ九八三

ロアネーズの殿[1]は、よく言っていた。「理由はあとからやってくるのだが、はじめは理由がわからないのに、あることが私の気に入ったり、気にさわったりする。それなのに、それが私の気にさわるのは、あとになってしかわからないその理由のためなのだ」だが、私の思うには、あとになってわかるその理由のためなのではなく、気にさわるからこそ、その理由が見つかるのだ。

（1）パスカルの親友であった大貴族。

二七七　ラ四二三

心情は、理性の知らない、それ自身の理性を持っている。人はそのことを数多くのことによって知っている。

私は言う。心情が自然に普遍的存在を愛するのも、自然に自分自身を愛するのも、自分からそれに打ちこむからなのである。そして、自分の選ぶままに、一方か他方かに対してかたくなになるのである。君は、一方をしりぞけ、他方を保った。君が自分自身を愛するのは、いったい理性によるのだろうか。

二七八　ラ四二四

神を感じるのは、心情であって、理性ではない。信仰とはこのようなものである。理性にではなく、心情に感じられる神。

二七九　ラ五八八

信仰は神よりの賜物である。われわれがそれを推理の賜物であると言っているなどとは思わないでほしい。他の諸宗教は、彼らの信仰についてそうは言わない。それらの宗教は、信仰に達するためにただ推理しか提供していないのであるが、それなのに、推理は信仰へ導いてくれないのである。

二八〇

神を知ることから愛することまで、なんと遠いのだろう。

ラ三七七

二八一

心情、

本能、

諸原理。

ラ一五五

二八二

われわれが真理を知るのは、推理によるだけでなく、また心情によってである。われわれが第一原理を知るのは、後者によるのである。それに少しも関与しない理性が、それらの原理と戦おうとしてもむだである。このことを唯一の目的としている懐疑論者たちは、無益に労しているの

ラ一一〇

である。われわれは夢を見ているのではないということを知っている。それを理性によって証明することについてわれわれがどんなに無能力であろうとも、この無能力は、ただわれわれの理性の弱さを結論するだけであって、彼らの言い張るように、われわれのすべての認識の不確実を結論するものではない。なぜなら、空間、時間、運動、数が存在するというような第一原理の認識は、推理がわれわれに与えるどんな認識にも劣らず堅固なものだからである。そして、これらの心情と本能とによる認識の上にこそ理性は、よりかからなければならないのであり、理性のすべての論議はその基礎の上に立てられなければならないのである。心情は空間に三次元あり、数は無限であるということを直感する。そして理性は、その次に、一方が他の二倍になるような二つの平方数は存在しないということを論証する。原理は直感され、命題は結論される。そして、違った方法ではあるが、すべて確実に行なわれるのである。それで、理性が心情に向かって、その第一原理を承認したいから、それを証明してほしいと要求するのは、心情が理性に対して、その証明するすべての命題を受け入れたいから、それを直感させてほしいと要求するのと同じように無益であり、滑稽《こっけい》である。

だから、この無能力は、すべてを判断しようとする理性をへりくだらせるのに役立つだけであって、まるでわれわれを教えることができるのは理性だけであるかのように考えて、われわれの確実さとわたりあうことには役立たないのである。むしろ反対に、理性などの必要は少しもなく、すべてのことを本能と直感とによって知ることができたら、どんなによかっただろう。だが自然はわれわれに、この賜物を拒んだ。それに反して、このような認識はほんのわずかしか与えてくれなかった。他のすべての認識は推理によらなければ獲得できないのである。

それだから、神から心情の直感によって宗教を与えられた者は、非常に幸福であり、また正当に納得させられているのである。だが、宗教を持たない人たちに対しては、われわれは推理によってしか与えることができない。それも、神が彼らに心情の直感によってお与えになるのを待っているあいだのことなのであって、このことがなければ信仰は、人間的なものであるのにとどまり、魂の救いのためには無益である。

二八三

秩序。聖書には秩序がないという反論に対して。

ラ二九八

心情にはそれ自身の秩序がある。精神にはそれ自身の秩序があり、それは原理と証明とによるが、心情にはそれとは別なものがある。人は愛の諸原因を秩序立てて説明することによって、愛されるべきであるということを証明しはしない。そうしたら滑稽であろう。

イエス・キリストや聖パウロは、愛の秩序を持っている。精神のそれではない。なぜなら、彼らは熱を与えようとしたのであって、教えようとしたのではないからだ。

聖アウグスティヌスも同様である。その秩序は、目的を常に示すために、それと関係のある個々の点について枝葉の議論を行なうことに主として存するのである。

二八四

ラ三八〇

単純な人たちが理屈なしに信じるのを見て驚いてはいけない。神は彼らに、神への愛と、彼ら自身への嫌悪を与え、彼らの心を信じるように傾かせておられるのだ。もし神が心を傾かせてくださらなければ、人は決して有益な信頼と信仰とをもって信じはしないだろう。そして神が心を傾かせてくださりさえすれば、すぐに信じるだろう。これはダビデがよく知っていたことである。〈神よ、私の心を……に傾かせてください[1]〉

（1）『詩篇』一一九（ヴルガータ訳一一八）の三六。

二八五

ラ八九五

この宗教は、あらゆる種類の精神の人に釣り合っている。ある人たちは、それが確立していることにだけ心を止める。ところがこの宗教は、それが確立したという点だけでも、その真理性を証明するのに十分なようにできているのである。他の人たちは、使徒たちのところまでさかのぼる。最も学識のある人たちは、世の初めにまでさかのぼる。天使たちは、この宗教を、もっとよく、もっと遠くから見ている。

二八六

ラ三八一

旧新約聖書を読まないで信じている人たちがあるというのは、彼らが全く清らかな心構えを持っていて、われわれの宗教について聞くことがそれにぴったりするからである。彼らは、唯一神が彼らをつくったのであると感じ、神だけしか愛そうと思わず、自分自身だけしか憎もうと思わない。彼らは、そのための力が自分にはないことを感じ、自分が神にまで達することはできず、もし神のほうが彼らのところまで来てくださるのでなければ、神との交わりは全く不可能であることを感じる。ところで、われわれの宗教において彼らが耳にすることは、神だけを愛し、自分自身だけを憎まなければいけないということと、しかし、みなが腐敗し、神に近づけなくなってしまったので、われわれと一つになるために神のほうが人間になられたということである。あのような心構えで、自分たちの義務と無能力とをあのように知っている人たちを納得させるには、これ以上のことを必要としないのである。

二八七

ラ三八二

預言と証拠とを知らずにキリスト者になっている人たちを見かけるが、彼らでも、それらのことについて、それを知っている人たちと同じようによく判断する。彼らは、他の人たちが精神によって判断するところを、心情によって判断するのである。神が彼らを信じるように傾けられたのであって、したがって彼らは、きわめて効果的に納得しているのである。

証拠なしに信じているこれらのキリスト者の一人が、自分についても同じことを言うにちがいない不信者を説得するに足るものを持たないだろうということは、私もそれを認めるのにやぶさかでない。しかし、この信者が自分では証明できなくとも、神から真に霊感を受けたものであるということは、この宗教の証拠を知っている人たちが、難なく証明してくれるであろう。

なぜなら、神はその預言で（それは疑いもなく預言であるのだが）[1]、イエス・キリストの世には、神の霊をすべての国民の上にそそぎ、教会の、息子、娘、子供たちが預言するであろうと言われているので、これらの人たちの上にこそ神の霊があるのであって、他の人たちの上にはないのは、疑いのないことだからである。

（1）ここの（）およびその中の文は原稿にあるもの。

二八八

ラ三九四

神がみずからを隠されたことを嘆くかわりに、これほどまでに、みずからを現わされたことを神に感謝しなければいけない。そしてまた、神が、かくも聖なる神を知るに値しない高慢な知者たちに、自分を現わされなかったことを感謝しなければいけない。

二種類の人が神を知っている。謙虚な心を持ち、高くとも低くとも、どの程度の精神を持とうと、へりくだることを愛する人々。あるいは、どんな反対に出会っても、真理を見るに足るだけの精神を持っている人々。

二八九

ラ四八二

証拠。

一、かくも自然に反するのに、自力でかくも強固に、静かに確立したキリスト教の成立によって。

二、キリスト者の魂の聖潔、高尚、謙虚。

三、聖書の不思議。

四、特にイエス・キリスト。

五、特に使徒たち。

六、特にモーセと預言者たち。

七、ユダヤ民族。

八、もろもろの預言。
九、永続性。他のどの宗教にも永遠性がない。
一〇、すべてのことを説明する教義。
一一、この律法の聖《きよ》きこと。
一二、世界の動きによって。
これだけのことがある以上、生命とは何であり、この宗教が何であるかを深く考えたならば、この宗教に従いたいという気持が、われわれの心のなかに起こってきた場合に、その気持を拒んではならないということは疑う余地のないことである。そしてまた、この宗教に従っている人たちをあざける理由は、少しもないということは確かである。

二九〇

ラ四〇二

宗教の証拠。
道徳。教理。奇跡。預言。表徴。

第五章　正義と現象[1]の理由

(1) 原語の「エフェ」は、「結果」「現実」などとも訳されることがある。

二九一

「不正について」の手紙のなかで言及しえよう。
長子が全部を相続するというふざけた話。「友よ、君は山のこちら側で生まれた。だから君の長兄が全部を相続するのが正しいのだ」
「なぜあなたは私を殺すのか」

ラ九

二九二

彼は川の向こうに住んでいる。

ラ二〇

二九三

ラ五一

「なぜ私を殺すのだ。〔そちらが優勢なのに。私には武器がないのだ〕」――「なんですって。君は水の向こう側に住んでいるのではないか。友よ、もし君がこちら側に住んでいたとしたら、僕は人殺しになるだろうし、君をこんなふうに殺すのは正しくないだろう。だが、君は、向こう側に住んでいる以上、僕は勇士であり、これが正しいことなのだ」

二九四

ラ六〇

彼は、その統治しようとする世界の機構を何の上に基礎づけようとするのか。各個人の気まぐれの上であろうか。なんという混乱。正義の上にであろうか。彼はそれを知らない。確かに、もしもそれを知っていたのだったなら、人間のあいだで最も一般的なこの格率、すなわち、各人は自国の風習に従うべし、などというのを確立しなかったであろう。(1) 真の公平の輝きがすべての国民を服従させたであろうし、立法者たちも、この不変の正義のかわりに、ペルシア人たちやドイツ人たちの思いつきや気まぐれを模範としてとりはしなかっただろう。人々は、世界のあらゆる国とあらゆる時代とを通じて、不変の正義が樹立されているのを見たことだろう。ところが、そのかわりに、われわれが見る正義や不正などで、地帯が変わるにつれてその性質が変わらないようなものは、何もない。緯度の三度のちがいが、すべての法律をくつがえし、子午線一つが真理を決定する。数年の領有のうちに、基本的な法律が変わる。法にもいろいろの時期があり、土星が獅子座《しし》にはいった時期が、われわれにとって、これこれの犯罪の起原を画しているのである。川一筋で仕切られる滑稽《こっけい》な正義よ。ピレネー山脈のこちら側での真理が、あちら側では誤謬《ごびゅう》である。

彼らは、正義はこれらの習慣のなかにはないのであって、すべての国で認められている自然法のなかにあると言う。もしも人間の法律をまきちらした向こう見ずな偶然が、ただの一つでも普遍的なものに出会っていたとしたら、彼らはそれを頑強に主張したであろうことは確かである。ところが、滑稽なことには、人間の気まぐれが、あまりにもうまく多様化したので、そんな法律は一つもない。

盗み、不倫、子殺し、父殺し、すべては徳行のうちに地位を占めたことがある。ある男が、水の向こう側に住んでおり、彼の主君が私の主君と争っているという理由で、私は彼とは少しも争ってはいないのに、彼に私を殺す権利があるということほど滑稽なことがあろうか。

自然法というものは疑いなく存在する。しかし、このみごとな腐敗した理性は、すべてを腐敗させてしまった。〈何ものも、もはやわれわれのものではない。われわれのものと呼ぶものは、人工的なものである[2]〉〈元老院の決議と人民投票とによって、罪が犯される[3]〉〈われわれは、昔は悪徳によって苦しんだが、今は法律によって苦しんでいる[4]〉

このような混乱から、ある人は、正義の本質は立法者の権威であると言い、他の人は、君主の便宜であると言い、また他の人は、現在の習慣であると言うことが生じる。そしてこの最後のものが最も確かである。理性だけに従えば、それ自身正しいというようなものは何もない。すべてのものは時とともに動揺する。習慣は、それが受け入れられているという、ただそれだけの理由で、公平のすべてを形成する。これがその権威の神秘的基礎である。それをその原理にまでさかのぼらす者は、それを消滅させてしまう。誤りを正すというたぐいの法律ほど、誤りだらけのものはない。法律が正しいという理由で、法律に服従する者は、彼の想像の正義に服従するのであって、法律の本質に服従しているのではない。それは全く自分自身のなかにこもっているものである。それは法律であり、それ以上のものではない。その動機を吟味しようと欲する者は、それがあまりにも弱くて軽いものなので、もしも彼が人間の想像の驚異を打ち眺める習慣を持っていなかったら、それが一世紀のあいだに、こんなにもたいした壮麗さと尊敬とをかち得たことに驚嘆するであろう。国家にそむき、国々をくつがえす術は、既成の習慣をその起原にまでさかのぼって調べ、その権威と正義との欠如を示すことによってそれを動揺させることにある。人は言う、不正な習慣が廃止した、国家の基本的、原始的な法律にまで復帰しなければならないと。それは、すべてのことを失ってしまうこと請けあいの仕掛けである。この秤《はかり》にかけられては、何も正しくなくなってしまうだろう。ところが民衆は、このような議論にたやすく耳を貸す。彼らは、軛《くびき》に気がつくやいなや、それを払いのける。大貴族たちは、それを利用して、民衆を破滅させ、既存の習慣の物好きな検討者たちを破滅させる。それだから、立法者たちのなかで最も賢明な人は、人々の幸福のためには、しばしば彼らを欺かなければならないと言った。(5) また他の有能な政治家は、〈それによって解放されるべき真理を知らないのであるから、欺かれているほうがよい(6)〉と言った。民衆に横領の事実を感づかせてはいけない。習慣は、かつては理由なしに導入されたが、それが理にかなったものになったのである。もしもそれにすぐ終わりを告げさせたくないのだったら、それが真正で、永久的なものであるように思わせ、その始まりを隠さなければならない。

（1）この断章は、モンテーニュの『エセー』、特に二の一二と三の一三との影響が強い。
（2）モンテーニュ『エセー』二の一二より引用したキケロの句。
（3）同三の一より引用したセネカの句。
（4）同三の一三より引用したタキトゥスの句。
（5）同二の一二に記されているプラトンの言葉。
（6）同二の一二に引用されているアウグスティヌスの句で、紀元前二〜一世紀のローマの政治家ミュティウス・スケヴォラの説を紹介して批判したもの。

二九五

ラ六四

僕のもの、君のもの。

「この犬は、僕のだ」と、あの坊やたちが言っていた。「これは、僕の日向《ひなた》ぼっこの場所だ」ここに全地上の横領の始まりと、縮図とがある。

二九六

ラ五九

戦争をして、あんなに多くの人間を殺すべきかどうか、あんなに多くのスペイン人に死を言い渡すべきかどうか、を判断する問題が起こったとき、その判断をするのはただ一人、しかもそれに利害関係のある人である。この判断には、利害関係のない第三者が当たるべきであろう。

二九七

ラ八六

〈真正の法〉(1) われわれは、もはやそれを持っていない。もし持っていたのだったら、正義の基準として、自国の風習に従うことなどを取り上げなかっただろう。

そこで、正しいものを見いだせないために、人は強いものを見いだした、等々。

(1) モンテーニュ『エセー』三の一に引用されているキケロの句。

二九八

ラ一〇三

正義、力。

正しいものに従うのは、正しいことであり、最も強いものに従うのは、必然のことである。力のない正義は無力であり、正義のない力は圧制的である。力のない正義は反対される。なぜなら、悪いやつがいつもいるからである。正義のない力は非難される。したがって、正義と力とをいっしょにおかなければならない。そのためには、正しいものが強いか、強いものが正しくなければならない。

正義は論議の種になる。力は非常にはっきりしていて、論議無用である。そのために、人は正義に力を与えることができなかった。なぜなら、力が正義に反対して、それは正しくなく、正しいのは自分だと言ったからである。

このようにして人は、正しいものを強くできなかったので、強いものを正しいとしたのである。

二九九

ラ八一

唯一の普遍的基準は、普通のことがらについては国法であり、その他のことがらについては数の多いほうである。どうしてそういうことになるのか。そこにある力のためである。そのためにまた、別の方面からの力を持っている国王が、大臣たちの多数決には従わないということになるのである。

たしかに、財産の平等ということは正しい、だが……

人は正義に従うことが力であるようにできなかったので、力に従うことが正しいとしたのである。正しいものと強いものとがいっしょになって、至上善である平和がもたらされるために、人は、正義を強力化できないので、力を正当化したのである。

三〇〇

ラ八七六

武装した強い人が自分の財産を所有しているときは、その所有しているものは、安らかである。(1)

(1)『ルカ福音書』一一の二一に近い。

三〇一

ラ七一一

力。

なぜ人は多数に従うのか。彼らがいっそう多くの道理を持っているからなのか、いな、いっそう多くの力を持っているからなのだ。

なぜ人は古い法律や古い意見に従うのか。それらが最も健全であるからか。いな、それらが、それぞれ一つしかなく、多様性の根をわれわれから取り除いてくれるからである。

三〇二

ラ八八

これは力の結果であって、習慣の結果ではない。なぜなら、発明する能力を持っている人たちはまれであるからである。数の上で最も多い人たちは、ただついて行くことしか望まず、自分たちの発明によって名誉を求めているこれらの発明家たちに名誉を与えることを拒んでいる。もしも発明家たちがあくまで名誉を得ようとして、発明しない人たちを軽蔑《けいべつ》すれば、ほかの人たちは発明家たちに嘲笑《ちようしよう》的な名を与え、棒でなぐることだろう。だから、このような鋭敏さを鼻にかけないか、あるいは、自分だけで満足しているほうがいい。

三〇三

ラ五五四

この世の主人は力であって、世論ではない。——しかし、世論は力を用いる主人ではないか。——力が世論を作るのだ。われわれの意見では、柔らかさはよいことである。なぜか。なぜなら、綱の上で踊ろうとする者は、一人きりだろうから。ところが、私は、そんなことはよいことでないと言う人たちでもって、もっと有力な徒党をつくるだろう。

三〇四

ラ八二八

ある人々の尊敬を他の人々に対して結びつける綱は、全体としては、必要から生じた綱である。なぜならば、すべての人が支配したがり、すべての人にはそれができず、いくらかの人たちにそれができるのである以上、尊敬にいろいろな段階がなければならないことになるからである。

　これらの段階が形づくられはじめるところを、われわれが見ていると想像しよう。最も強い部分が最も弱い部分を圧迫し、ついに支配的な一党ができるまで、互いに戦い合うだろうことに疑いがない。だが、それがひとたび決定されると、戦いが続くのを欲しない支配者たちは、彼らの手中にある力が、彼らの気に入る方法で受けつがれていくように制定する。ある者は、それを人民の投票に、他の者は世襲等々にゆだねる。

　そして、この時点から想像力がその役割を演じはじめる。それまでのところは、権力が事を強行した。これからは、力が、ある党派のうちに、想像力のおかげで保たれていくのである。フランスでは貴族たちのうちに、スイスでは平民たちのうちに、等々。

　したがって、尊敬を、個々の場合に、これこれの人に結びつけるこのような綱は、想像力の綱である。

三〇五　ラ五〇

　スイス人は、貴族といわれると腹を立て、重職につくのにふさわしいものと判定してもらうために、平民の血統であることを立証する。

三〇六　ラ七六七

公爵領や、王権や、司法職は、現実的なものであり、必要なものである（力がすべてを規制しているゆえに）。それらは、いたるところに、常にある。だが、これこれのものが、そのどれかに当たるということを理由づけるものは気まぐれにすぎないのであるから、それは一定せず、変わりうるものである、等々。

三〇七　ラ八七

大法官は、いかめしく、飾り立てた服をまとっている。なぜなら、彼の地位は見せかけのものだからである。しかし、国王は違う。彼は力を持っているので、想像力などに用はない。裁判官や医者などは、想像力しか持っていない。

三〇八　ラ二五

国王を見るときには、親衛隊、鼓手、将校たち、そのほか自動作用[1]を尊敬と恐怖とのほうへと傾かせるあらゆるものに伴われているのが習慣となっているので、時たま国王が一人でお供なしでいる時でも、その顔は臣下の心に尊敬と恐怖とを起こさせる。というのは、国王その人と、普通それと結びつけられていていっしょに見る従者たちとを、頭のなかで切り離さないからである。

そこで、こうした現象がそのような習慣から生じるのであることを知らない世間の人々は、それが生来の力から出るものと考える。そういうところから、次の言葉が生まれるのである。「神性の徴《しるし》が、玉顔の上に刻まれている」など。

（1）断章二四六〜二四七、二五二参照。

三〇九

ラ六一

正義。
流行が好みを作るように、また正義をも作る。

三一〇

ラ七九七

王と暴君。(1)

――私もまた、頭の後ろにある私の考え(2)を持とう。

――私は、旅行のたびに気をつけよう。

――制度の上での偉さ、制度の上での尊敬。

――大貴族の楽しみは、人々を幸福にできることである。

――富の特性は、気前よくくれてやれることである。

――それぞれのものの特性が、求められなければならない。権力の特性は、保護することである。

――力が偽装を攻撃するとき。一兵卒が高等法院長の角帽をひったくり、それを窓からほうりだすとき。

（1）この断章は、聞き書きとして伝えられるパスカルの小品『大貴族の身分について』のための覚え書ではないかと推測されている。
（2）断章三三六、三三七参照。

三一〇の二

気まぐれによる服従。

三一一

ラ六六五

世論と想像力との上に基礎づけられた支配は、しばらくのあいだ君臨する。そしてこの支配は心地よく、自発的である。力の支配は、常に君臨する。だから世論は、この世の主人のようなものであるが、力はこの世の暴君である。

三一二

ラ六四五

正義とはすでに成立しているものである。したがって、われわれのすべての既成の法律は、それがすでに成立しているという理由で、検討されずに、必然的に正しいと見なされるであろう。

三一三

ラ九四

民衆の意見の健全さ。

最大の災いは内乱である。

値うちに応じて報いようとすれば、内乱は必至である。なぜなら、だれでも値うちがあると言うだろうから。世襲の権利によって相続する愚か者について恐れなければならない災いは、それほど大きくもないし、それほど必至でもない。

三一四

神は、
すべてのものをご自身のために創造し、
苦しみと幸福との権能をご自身のためにお与えになった。

――あなたは、それを神に対しても、自分に対しても適用できるのです。

――もしも神に対してならば、福音が基準です。

――もしもあなた自身に対してならば、あなたは神の地位を占めることになるのです。

神が、神の権能の内にある愛の幸福を求めている、愛に満ちた人たちにとりまかれているように、同様に……

――だから、あなたは自分自身を知り、自分が邪欲の王にすぎないことを知り、邪欲の道を選びなさい。(1)

ラ七九六

(1)『大貴族の身分について』の「第三講話」に、類似の思想が見いだされる。

三一五

ラ八九

現象の理由。

これは驚いた。錦《にしき》のような服をまとい、七、八人の従僕をつれている男に私が敬意を表するのがいけないというのである。いやはや。もしも私がその男に敬礼しなかったならば、彼は、私を鐙革《あぶみがわ》で鞭《むち》打たせるだろう。あの服装は力なのである。それはりっぱな馬具をつけた馬が他の馬に対するのと全く同じことである。モンテーニュが、そこにどういう違いがあるかを認めず、人がそこに違いを見つけるのに驚き、その理由を尋ねているのは、滑稽である。「実際、どこからこういうことが、(1)……」と、彼は言う。

(1) モンテーニュ『エセー』一の四二。

三一六

ラ九五

民衆の意見の健全さ。

着飾ることは、そんなにむなしいことではない。なぜなら、それは大勢の人間が自分のために働いているということを示すことになるからだ。その髪かたちで、従者や香水造りなどをかかえていることを示し、その胸飾りや糸やレースなどによって……。ところで、人手を多く持っているということは、ただのうわべや、ただの馬具とは話が違う。

人手を多く持てば持つほど、それだけその人は強いのである。着飾るということは自分の力を示すことなのだ。

三一七

ラ八〇

敬意とは、「めんどうなことをしなさい」である。

それは、一見むなしいようだが、きわめて正しいのである。なぜならそれは、「あなたにそれが必要になった場合には、めんどうなことを喜んでいたしましょう。なぜなら、今だって、あなたのお役に立たないのに、めんどうなことを喜んでしているのですから」と言う訳になる。それに加えて、敬意というものは、高位の人たちを区別するためである。ところで、もし尊敬ということが、安楽椅子《いす》に腰かけていることだったら、みなの人に敬意を表することになろう。したがって、区別をしないことになる。ところが、めんどうなことをさせられるために、実によく区別することになるのだ。

三一七の二

ラ三二

むなしさ。

敬意とは、「めんどうなことをしなさい」ということを意味する。

三一八

彼は四人の従僕を持っている。

ラ一九

三一九

世人が内的の性質によるよりは、むしろ外的なものによって人を差別するのはいかにも結構なことである。私たち二人のうち、どちらが先に通るべきだろう。どちらが席を譲るべきだろう。有能でないほうだろうか。しかし私だって彼と同じくらい有能だ。そこで私たちは戦わなければならなくなる。彼は四人の従僕を持っている。そして私は一人しか持っていない。これは目に見えている。数えさえすればいい。譲るべきなのは私のほうだ。もしも私が異議を申し立てたとすれば、ばか者だ。このようにして私たちは平和を保っているので、それが最大の幸福なのだ。

ラ三〇

三二〇

人は、船の舵《かじ》をとるために、船客のなかでいちばん家柄のいい者を選んだりはしない。

三二〇の二

ラ九七七

世の中で最も不合理なことが、人間がどうかしているために、最も合理的なこととなる。一国を治めるために、王妃の長男を選ぶというほど合理性に乏しいものがあろうか。人は、船の舵をとるために、船客のなかでいちばん家柄のいい者を選んだりはしない。そんな法律は、笑うべきであり、不正であろう。ところが、人間は笑うべきであり、不正であり、しかも常にそうであろうから、その法律が合理的となり、公正となるのである。なぜなら、いったいだれを選ぼうというのか。最も有徳で、最も有能な者をであろうか。そうすれば、各人が、自分こそその最も有徳で有能な者だと主張して、たちまち戦いになる。だから、もっと疑う余地のないものにその資格を結びつけよう。彼は王の長男だ。それははっきりしていて、争う余地がない。理性もそれ以上よくはできない。なぜなら、内乱こそ最大の災いであるからである。

三二一

ラ四六五

自分らの友だちが恭《うやうや》しく扱われるのを、子供たちはびっくりして眺める。

三二二

ラ一〇四

貴族であるということは、なんと大きな得であろう。十八歳になるやいなや、ほかの人なら五十になってやっとそれに値するようになれるのと同じに、一人前に扱われ、人に知られ、尊敬を受ける。それは苦もなく三十年をもうけた勘定である。

三二三

ラ六八八

「私」とはなにか。

一人の男が通行人を見るために窓に向かう。もし私がそこを通りかかったならば、彼が私を見るためにそこに向かったといえるだろうか。いな。なぜなら、彼は特に私について考えているのではないからである。ところが、だれかをその美しさのゆえに愛している者は、その人を愛しているのだろうか。いな。なぜなら、その人を殺さずにその美しさを殺すであろう天然痘は、彼がもはやその人を愛さないようにするだろうからである。

そして、もし人が私の判断、私の記憶のゆえに私を愛しているなら、その人はこの「私」を愛しているのだろうか。いな。なぜなら、私はこれらの性質を、私自身を失わないでも、失いうるからである。このように身体のなかにも、魂のなかにもないとするなら、この「私」というものはいったいどこにあるのだろう。滅びうるものである以上、「私」そのものを作っているのではないこれらの性質のためではなしに、いったいどうやって身体や魂を愛することができるのだろう。なぜなら、人は、ある人の魂の実体を、そのなかにどんな性質があろうともかまわずに、抽象的に愛するだろうか。そんなことはできないし、また正しくもないからである。だから人は、決して人そのものを愛するのではなく、その性質だけを愛しているのである。

したがって公職や役目のゆえに尊敬される人たちを、あざけるべきではない。なぜなら、人は、だれをもその借り物の性質のゆえにしか愛さないからである。

三二四

ラ一〇一

民衆はきわめて健全な意見を持っている。たとえば、
一、獲物《えもの》よりも、気を紛らすことや狩り(1)のほうを選んだこと。なまはんかな識者たちはそれをばかにし世間の愚かさを示して得意がる。しかし、なまはんかな識者たちには見ぬけない理由によって、民衆は正しいのである。
二、人間を、外的なもの、たとえば、爵位とか財産とかによって区別したこと。人々は、それがどんなに不合理であるかを示してまた得意がる。しかしそれはきわめて合理的なのである。
——人食い人種は、幼い王をあざ笑う(2)。
三、頬《ほお》の平手打ちをくらって怒ること、あるいはあんなに栄誉を欲しがること。だが、これは、それに結びつけられている他の本質的な利益のゆえに、きわめて望ましいものである。そして、頬の平手打ちをくらっても、なんとも思わないような人間は、侮辱と貧窮とにおしつぶされてし

まう。

四、不確かなもののために働くこと。航海に出たり、板の上を渡ったりすること。(3)

(1) 断章一三九参照。

(2) モンテーニュ『エセー』一の三〇(現行版一の三一)にある、フランスに連れてこられた野蛮人が、幼いシャルル九世の前に、護衛の大男たちが頭を下げているのを見て不思議がった話をさす。

(3) 断章二三四参照。

三二五

ラ五二五

モンテーニュはまちがっている。習慣はそれが習慣であるゆえにのみ従われるべきで、それが理にかなうとか正しいとかのゆえに従われるべきではない。だが、民衆はそれを正しいと思うというただ一つの理由によってそれに従っているのである。さもなければ、それがいくら習慣であっても、それに従わないだろう。なぜなら、人は理性あるいは正義にしか服したがらないからである。それらがなければ、習慣も圧制とみなされるであろう。ところが、理性や正義の支配は快楽の支配と同様に、圧制的ではない。これらは人間にとって自然な原理である。

したがって、人が法律や習慣に、それが法律であるというゆえに従い、そしてまた、新たに導入すべき真なる正しい法律は存在しないこと、われわれはそれについて何も知っていないこと、それゆえすでに受け入れられているものにだけ従うべきであるということを知るのは、よいことである。そうすれば、人はこれらのものから決して離れないだろう。しかし民衆は、この教説を受け入れることができない。こうして民衆は、真理は見いだされうるものであり、それは法律や習慣のなかにあると信じているので、これらのものを信じ、それらの古さを真理の証拠として受け取っているのである（すなわち、真理抜きの、ただその権威だけの証拠としてではなく）[1]。こうして民衆はこれらのものに従う。だが、これらのものが何の価値もないことを、人が彼らに示すやいなや、すぐに反逆する傾向を持っている。このようなことは、ある方面から見れば、すべてのものについて示すことができるものである。

（1）（　）内の文章もパスカルのもの。

三二六

ラ六六

不正。

法律は正義でないと、民衆に向かって言うのは危険である。なぜなら、民衆は、それが正義であると信じるがゆえにこそ従っているからである。だから、民衆に対しては、同時に、法律は法律であるがゆえに従わなければならない、あたかも、目上の人たちには、彼らが正しいからではなく、目上だから従わなければならないのと同じであるように、と言ってやらなければならない。

そこで、このことを民衆に理解させ、これこそまさに正義の定義であることを理解させることができれば、すべての反乱は防止されるのである。

三二七

ラ八三

世間は物事をよく判断する。なぜなら、世間は人間の真の座席である自然的な無知のうちにあるからである。知識には互いに触れあっている二つの極端がある。第一の極端は生まれたてのすべての人間がおかれている自然的な純粋な無知である。他の極端は、人間の知りうるすべてのものを一巡したのち自分が何も知らないことを認め、出発点のあの同じ無知にもどってくる偉大な魂の到達する無知である。しかし、これは自己を知る賢明な無知である。二つの無知の間にあって、自然的な無知から出て、まだ他の無知に到達できない人たちは、あの思い上がったうわつらの知識で知ったかぶりをする。この連中は世をまどわし、すべてのことをまちがって判断する。民衆と識者とが世間の動きを構成しているが、中途半端な連中は世間の動きを軽蔑し、また自分らが軽蔑されている。彼らはすべてのことをまちがって判断し、世間はそれらをよく判断する。

三二八

ラ九三

現象の理由。

正より反への絶えざる転換。

さて、われわれは、人間が本質的でないものを尊重するという点から、彼がむなしいものであることを示した。そして、これらのすべての意見は破壊された。

ついでわれわれは、これらのすべての意見がきわめて健全であり、したがって、これらすべてのむなしいこともきわめてよく基礎づけられているので、民衆も人の言うほどむなしいものではないことを示した。こうしてわれわれは、民衆の意見を破壊した意見をさらに破壊した。

だが、今度は、この最後の命題を破壊して、民衆の意見は健全であるにしても、民衆がむなしいものであることは相変わらずほんとうであることを示さなければならない。なぜなら、民衆は真理をその在《あ》る場所において感知せずに、真理のない場所に真理を置いているので、民衆の意見は常にきわめて誤っており、きわめて不健全であるからである。

三二九　ラ九六

現象の理由。

人間の弱さは、人がつくり上げる、かくも多くの美の原因である。たとえば、リュートを上手《じょうず》にひけることなど。（そんなことができないのが）悪いというのは、われわれの弱さのためだけである。

三三〇

ラ二六

王たちの権力は、民衆の理性と愚かさとの上に基礎を置いている。そしてずっと多く愚かさの上にである。この世で最も偉大で重要なものが、弱さを基礎としている。そしてこの基礎は、驚くばかり確実である。なぜなら、それ以上のこと、すなわち民衆は弱いであろうという以上のことはないからである。健全な理性の上に基礎を置いているものは、はなはだ基礎が危い。たとえば知恵の尊重などがそれである。

三三一

ラ五三三

プラトンやアリストテレスと言えば、長い学者服を着た人としか想像しない。彼らだって人並みの人間で、ほかの人たちと同様に、友だちと談笑していたのだ。そして彼らが『法律』や『政治学』の著作に興じたときには、遊び半分にやったのだ。それは、彼らの生活の最も哲学者らしくなく、最も真剣でない部分であった。最も哲学者らしい部分は、単純に静かに生きることであった。

彼らが政治論を書いたのは、気違いの病院を規整するためのようなものであった。

そして、彼らがいかにも重大なことのようにそれについて語ったのは、彼らの話し相手の気違いどもが、自分たちは王や皇帝であると思い込んでいるのを知っていたからである。彼らは、気違い連中の狂愚をできるだけ害の少ないものにおさえようとして、連中の諸原則のなかにはいりこんだのである。

三三二　ラ五八

圧制とは、自分の次元をこえて全般的に支配しようと欲するところに成り立つ。

強いもの、美しいもの、賢いもの、敬虔《けいけん》なものは、それぞれ異なった部面を持ち、おのおの自分のところで君臨しているが、他のところには君臨していない。そして、時おり彼らはぶつかり、強いものと美しいものとが、愚かにもどちらが相手の主人になるかと戦う。なぜなら、彼らの支配権は、類を異にしているのだからである。彼らは互いに理解しない。そして彼らの誤りは、あらゆるところに君臨しようと欲することにある。何ものにも、そんなことはできない。力にだってできはしない。力は学者の王国では、何もできない。力は外的な行動においてしか主人でない。

圧制。

圧制とは、他の道によらなければ得られないものを、ある一つの道によって得ようと欲することである。人は、異なった価値に対して、それぞれ異なったつとめを果たす。快さに対しては愛のつとめを、力に対しては恐れのつとめを、学問に対しては信頼のつとめを果たす。

人はこれらのつとめを果たさなければならず、それを拒むのは不正で、他のものを要求するのも不正である。だから次のような議論は、まちがいであり圧制的である。「私は美しい、だから人は私を恐れなければいけない。私は強い、だから人は私を愛さなければいけない。私は……」そしてまたこのように言うのも、まちがいであり圧制的である。「彼は強くない、だから私は尊敬しないだろう。彼には才能がない、だから私は恐れないだろう」

三三三

ラ六五〇

君はこんな連中に会ったことはないか。君が彼らを重んじないのが不服で、彼らを尊敬してくれる高位の人々の例を引合いに並べ立てる連中を。私なら、彼らにこう答えてやろう。「そういう人たちを感心させた君たちの真価を私に見せてくれたまえ。そうすれば私も同じように君たちを尊敬するだろう」

三三四

ラ九七

現象の理由。

邪欲と力とが、われわれのあらゆる行為の源泉である。邪欲は自発的な行為をさせ、力が自発的でない行為をさせる。

三三五

現象の理由。

だから、世間の人たちがみな錯覚のなかにあると言うのはほんとうである。なぜなら、民衆の意見は健全であるにしても、それは彼らの頭のなかで健全なのではない。なぜなら、彼らは真理のないところに真理があると考えているからである。真理は彼らの意見のなかに確かにあるが、彼らが想像している点にあるのではない。なるほど貴族は敬わなければならないが、それは、生まれということが現実にすぐれたものであるからという理由によるのではない、等々。

ラ九二

三三六

現象の理由。

後ろ側の考え[1]を持たなければならない。そして、民衆と同じように語りながらも、すべてのことをそこから判断しなければならない。

ラ九一

（1）断章三二〇に出てきた、頭の後ろという意味。

三三七

ラ九〇

現象の理由。

段階。民衆は、高貴な生まれの人々を敬う。なまはんかな識者たちは、生まれというものはその人自身による優越ではなく、偶然によるものであると言って、高貴な生まれの人々を軽蔑する。識者たちは、民衆の考えによってではなく、後ろ側の考えによって、その人々を敬う。知識よりも熱心が勝っている信仰家たちは、その人々が識者たちによって敬われている理由を知っていながら、その人々を軽蔑する。なぜなら彼らは、信仰が彼らに与えた新しい光によって判断するからである。しかし、完全なキリスト者は、他のいっそう高い光によって、その人々を敬う。

このように、人が光を持つにつれて、その意見は、正から反へと相ついでいく。

三三八

ラ一四

真のキリスト者は、それでもなお、愚かなことに服従する。それは愚かなことを尊敬するからではなく、人間を罰するためにこれらの愚かなことに彼らを服せしめられた神の秩序を尊敬するからである。〈すべての被造物は虚無に服させられている。[1] 解放されるであろう[2]〉それで聖トマス[3]は、聖ヤコブの富者の偏重に対する箇所[4]を説明して、もし彼らがそれを神を目当てにして行なうのでないならば、宗教の秩序から逸脱するのだと言っている。

（1）『ローマ人への手紙』八の二〇。
（2）同八の二一。
（3）トマス・アクィナス『神学大全』二の二、第六三問。
（4）『ヤコブの手紙』二の一〜四。

第六章　哲学者たち

三三九

ラ一一一

私は、手も足も頭もない人間を思ってみることができる。なぜなら、頭が足よりも必要だということは、経験だけしか教えてくれないからである。だが、私は、考えない人間を思ってみることができない。そんなものは、石か、獣《けだもの》であろう。

三三九の二

ラ一〇八

われわれのうちで快楽を感じるものは何だろう。それは手だろうか。腕だろうか。肉だろうか。血だろうか。それは何か非物質的なものでなければならないということがわかるだろう。

三四〇

ラ七四一

計算器は、動物の行なうどんなことよりも、いっそう思考に近い結果を出す。だが、動物のように、意志を持っていると人に言わせるようなことは何もしない。

三四一

ラ七三八

リアンクール[1]の河魳《かわかます》と蛙《かえる》との話。[2]それらはいつもそうするのであって、決して違うことをしない。また別の精神的なこともしない。

（1）当時の大貴族（公爵）で、ポール・ロワヤルの後援者。

（2）河魳と蛙とのたたかいで、蛙が河魳の目をえぐったという古い書物に書かれた話をさすのではないかと推測されている。

三四二

ラ一〇五

もしある動物が、狩りのために、そして仲間に獲物《えもの》を見つけたとか、見失ったと告げるために、本能的にやっていることを精神的にやり、本能的に話すことを精神的に話しているとしたならば、それよりももっと切実なことがら、たとえば、「おれを傷つけ、おれには届かないあの縄をかみ切ってくれ」と言うためにもうまく話したことだろう。

きれいなのに、自分でぬぐっている鸚鵡《おうむ》のくちばし。

三四三 ラ一〇七

本能と理性、二つの自然性のしるし。

三四四 ラ一一二

理性は主人よりもずっと高圧的にわれわれに命令する。なぜなら、後者に服従しなければ不幸であるが、前者に服従しなければ、ばかであるから。

三四五 ラ七六八

考えが人間の偉大さをつくる。

三四六 ラ七五九

人間はひとくきの葦《あし》にすぎない。自然のなかで最も弱いものである。だが、それは考える葦である。彼をおしつぶすために、宇宙全体が武装するには及ばない。蒸気や一滴の水でも彼を殺す

三四七 ラ二〇〇

のに十分である。だが、たとい宇宙が彼をおしつぶしても、人間は彼を殺すものより尊いだろう。なぜなら、彼は自分が死ぬことと、宇宙の自分に対する優勢とを知っているからである。宇宙は何も知らない。

だから、われわれの尊厳のすべては、考えることのなかにある。われわれはそこから立ち上がらなければならないのであって、われわれが満たすことのできない空間や時間からではない。だから、よく考えることを努めよう。ここに道徳の原理がある。

三四八

ラ一一三

考える葦。

私が私の尊厳を求めなければならないのは、空間からではなく、私の考えの規整からである。私は多くの土地を所有したところで、優《まさ》ることにならないだろう。空間によっては、宇宙は私をつつみ、一つの点のようにのみこむ。考えることによって、私が宇宙をつつむ。

三四九

ラ一一五

魂の非物質性。

自分の情念を制御した哲学者たち。(1) どんな物質にそれができたのだろう。

（1）ストア派の哲学者をさす。

三五〇

ラ一四六

ストア派の人々。

彼らは、人がときたまできることはいつもできるし、名誉欲がそのとりこにしている人たちに何ごとかをやらせるので、他の人たちも同じようにできるだろうと結論する。

それらは、熱病的な動きで、健康のときにはまねのできないものである。

エピクテトスは、堅固なキリスト者があるということから、だれでもそのように堅固になれると結論する。（1）

（1）エピクテトス『語録』四の七。

三五一

ラ八二九

魂がときたま届くことがあるような、精神の偉大な努力は、魂がそこにとどまってはいられないものである。魂はそこに飛び上がるだけである。それも玉座の上にいつもいるようにではなく、ほんの一瞬のあいだだけである。

三五二

ラ七二四

一人の人間の徳に何ができるかは、その努力によってではなく、その日常によって測られなければならない。

三五三

ラ六八一

一つの徳、たとえば勇気について、その極度のものは、極度の勇気と極度の寛容とを持っていたエパミノンダス(1)のように、その反対の徳も同時に認められるのでなければ、私は感心しない。なぜなら、そうでない場合は、登るのではなくて落ちるのである。人がその偉大さを示すのは、一つの極端にいることによってではなく、両極端に同時に届き、その中間を満たすことによってである。

だが、それも両極端の一方から他方への魂の急激な運動にすぎないのかもしれない。そして燃えさしの薪《まき》のように(2)、魂も現実には一点にしかいないのかもしれない。それなら、それでよい。だが、そのことは、魂の広さのしるしにならないまでも、すくなくともその敏捷《びんしょう》さのしるしにはなるのだ。

(1) 紀元前五世紀のギリシアの軍人政治家。モンテーニュ『エセー』二の三六、三の一による。
(2) ポール・ロワヤル版では「振り回している」との説明句が加えられている。

三五四

ラ一二七

人間の本性は、いつでも進むものではない。進むこともあれば、退くこともある。

熱病にはその悪寒《おかん》と高熱とがある。そして寒気《さむけ》は、熱そのものと同じように、熱病の熱の激しさを示している。

世紀から世紀にわたる人間の発明も同様に進む。世の中の善意と悪意とについても、概して同様である。

〈多くの場合、貴人にとって変化は心地よい(1)〉

(1) モンテーニュ『エセー』一の四二に引用されているホラティウスの句。

三五五

ラ七七一

立てつづけの雄弁は、退屈させる。

君主や国王たちは、ときどき遊ぶ。彼らはいつも玉座にいるわけではない。彼らはそれに退屈する。偉大さを感じるには、それを離れる必要がある。何事においても、連続は、嫌気《いやけ》を起こさせる。身体をあたためるには、寒さも心地よい。

自然は〈往と還〉の進み方で動く。それは往《い》っては戻り、ついでもっと遠くに行き、ついで二倍も少なく、ついで今までかつてなかったほど遠くに行く、等々。

海の上げ潮は、次のように行なわれ、太陽は次のように進むかに見える。

三五六

ラ五一四

身体の栄養物は少しずつである。

多くの栄養物とわずかの養分。

三五七

ラ七八三

徳を両極端いずれにも推し進めようとすれば、悪徳があらわれてきて、小さい無限の側からは、気づかれない道を通って、気づかれないように忍び込み、またそれが、大きい無限の側からは、群れをなしてあらわれてくるので、人はその悪徳のなかで途方にくれ、もはや徳など見えなくなってしまう。

人は完全な徳そのものをさえ責めるようになる。(1)

（1）この一行は右の欄外に記されている。

三五八

人間は、天使でも、獣でもない。そして、不幸なことには、天使のまねをしようとおもうと、獣になってしまう。

ラ六七八

三五九

われわれが徳のなかに身を保っているのは、われわれ自身の力によるのではなく、相反する二つの悪徳の釣合《つりあい》によってである。ちょうど、反対方向の二つの風のあいだでわれわれが立っているように。それらの悪徳の一つを取り除くがいい。われわれは他のほうにおちこむだろう。

ラ六七四

三六〇

ストア派の人々の提唱していることは、実にむずかしく、実にむなしい。

ラ一四四

――

ストアの人々は主張する。高度の知恵に達していない者はみな、おなじように愚かであり、不徳である。ちょうど水中、指二本の幅の深さに沈んでいる者と同じように。

ラ一四七

三六一

至上善。

至上善についての論議。

〈君が自分自身と自分から生まれる善で満足するために(1)〉

そこに矛盾がある。なぜなら、彼らはとどのつまり、自殺をすすめるからだ。ああ、ペストから逃げるように人がそこからのがれ出るとは、なんとしあわせな人生だろう。
（1） ヤンセンの『アウグスティヌス』より引用したセネカの句。

三六二

ラ九六〇

「〈元老院の決議と人民投票とによって(1)……〉」

同様の箇所をさがすこと。
（1） 断章二九四参照。

三六三

ラ五〇七

「〈元老院の決議と人民投票とによって、罪が犯される〉」セネカ、五八八。(1)

「〈どんなに不条理なことを言おうとしても、いずれかの哲学者によって言われたことがないようなものは何もない〉」占い。(2)

「〈ある特定の説に身をささげた者は、自分の是認しないことまで擁護しなければならないことになる〉」キケロ。[3]

「〈あらゆるものの場合と同様に、われわれは、学問の過剰に悩む〉」セネカ。[4]

「〈各人に最も適しているのは、各人に最も自然なものである〉」五八八。[5]

「〈自然が初めにこれらの限界を与えた〉」ゲオルギカ。[6]

「〈健全な精神のためには、わずかの学問しか必要でない[7]〉」

「〈恥ずかしくないことでも、大衆にほめそやされると恥ずかしくないことではなくなってくる[8]〉」

「〈私はこういうふうにやっている。君は、君のやらなければならないやり方で、やりたまえ〉」テレンティウス。[9]

(1) 断章二九四参照。数字は一六五二年版モンテーニュ『エセー』のページ数を示している。
(2) モンテーニュ『エセー』二の一二に引用されている、キケロ『占いについて』二の五八。
(3) 同じ章に引用されているキケロの句。
(4) 同三の一二に引用されているセネカの句。
(5) 同三の一に引用されているキケロの句。数字は一六五二年版のページ数。
(6) 同一の三〇(現行版一の三一)に引用されているヴェルギリウス『ゲオルギカ』二の二〇。
(7) 同三の一二に引用されているセネカの句。

（8）同二の一六に引用されているキケロの句。
（9）同一の二七（現行版一の二八）に引用されているテレンティウスの句。

三六四

ラ五〇八

「〈人が自分自身を十分尊敬することは、実際まれである[1]〉」

「〈あんなに多くの神々が、たった一つの頭をめぐって立ち騒ぐ[2]〉」

「〈断定が認識に先行するほど恥ずかしいことはない〉」キケロ。[3]

「〈私は、彼らと違って、自分の知らないことを知らないと告白するのを恥ずかしいとは思わない[4]〉」

「〈はじめないほうが、楽である[5]〉」

（1）モンテーニュ『エセー』一の三八（現行版一の三九）に引用されているクィンティリアヌスの句。
（2）同二の一三に引用されているマルクス・セネカの句。
（3）同三の一三に引用されているキケロの句。
（4）同三の一一に引用されているキケロの句。
（5）同三の一〇に引用されている、〈はじめないほうが、途中でやめるよりも、楽である〉というセネカの句の一部。

三六五

ラ七五六

考え。

人間の尊厳のすべては、考えのなかにある。だが、この考えとはいったい何だろう。それはなんと愚かなものだろう。

考えとは、だから、その本性からいえば、すばらしい、比類のないものである。それがさげすまれるには、そこに異常な欠点があるにちがいない。ところで、それは、それ以上おかしなものはないほどの欠点を持っているのである。考えとは、その本性からいって、なんと偉大で、その欠点からいって、なんと卑しいものだろう。

三六六

ラ四八

世の最高の裁判官の精神も、彼のまわりで起こるやかましい音でたちまちかき乱されないほど、超然としたものではない。彼の考えを妨げるためには、大砲の音などいらない。風見や滑車の音だけでいい。彼が現在うまく推理できないからといって驚いてはいけない。一匹の蠅《はえ》が、彼の耳もとでぶんぶんいっているのだ。彼によい決断ができないようにするためには、それだけで十分なのだ。もし彼が真理を見いだせるようになることをお望みなら、この動物を追い払いたまえ。

それが、彼の理性を働かせなくし、幾多の都市や王国を治めているこのたくましい知性をかき乱しているのだ。

なんというおかしな神であろう。〈ああ、滑稽《こっけい》千万の英雄よ(1)〉

(1) 原文イタリア語。

三六七　ラ二二

虫けらの威力。虫どもは戦いに勝ち(1)、われわれの魂の活動を妨げ、われわれのからだを食らう。

(1) モンテーニュ『エセー』二の一二にある、蜜蜂の群れを放って敵軍を破った話をさしているのだろうと推測されている。

三六八　ラ六八六

熱は若干の球状分子の運動にすぎず、光は、われわれが感じる〈遠心力〉にすぎないなどと人(1)が言うと、われわれはびっくりさせられる。なんだって。快感は、精気の舞踊以外の何ものでもないのだって。われわれは、それとはあんなに違った考え方をしていたのに。そして、そのような感覚は、われわれが、それに比べて同じ感覚とは言うものの、他の諸感覚とあんなにかけ離れていると思えるのに。火の感覚、すなわち、触覚とは全く違った仕方でわれわれに影響を及ぼすあの熱さ、音や光の感受、こういうものはすべて、われわれにとって神秘的に思える。それなのにこれは、石でもぶつけるように、粗《あら》いことなのだ。もっとも、毛孔《けあな》にはいる微細な精気は、別の神経に触れるわけであるが、しかし、いずれにせよ神経に触れることに変わりはない。

（1）デカルトの学説をさす。「遠心力」は、デカルト『哲学の原理』三の五四、「（動物）精気」については、『情念論』一の一〇に説明されている。

三六九

ラ六五一

記憶は、理性のあらゆる作用にとって必要である。

三七〇

ラ五四二、五四三

〔偶然がいろいろの考えを与え、偶然がそれを奪う。保存したり、獲得したりするための技術はない。

逃げてしまった考え、私はそれを書きとめたかったのだ。その代わりにそれが私から逃げてしまったと書く〕

〔脇道にそれること〕

三七一　ラ五五六

〔子供のころ、私は自分の本を抱きしめた。そして、それを抱きしめたと思っても、（まちがっていた）(1)ことが、ときたまあったので、自分で自分を疑った〕

（1）（　）内は、原稿が切断されて欠けているところを、フォジェール版が補ったもの。

三七二　ラ六五六

私の考えを書きとめている途中で、それがときたま逃げてしまうことがある。だがこのことは、つい忘れがちな、私の弱さというものを思いおこさせてくれる。これは、私の忘れ去った考えに劣らず、私にとって教訓的である。なぜなら、私にとっては、自分の無を知ることだけが大事であるからである。

三七三　ラ五三二

懐疑論。

私はここに私の考えを無秩序に、しかもおそらく無計画な混乱ではないように、書き記そうと思う。それが真の秩序であって、その無秩序さそのものによって私の目的を常に特徴づけてくれるだろう。

もし私が私の主題を秩序立って取り扱ったとしたら、それに名誉を与えすぎることになろう。なぜなら、私が示そうとしているのは、その主題には秩序がありえないということなのだから。

三七四

ラ三三

私をいちばん驚かすことは、世間の人たちがみな自分の弱さに驚いていないということである。人は大まじめに行動し、それぞれ自分の職務に服している。しかも、そういうしきたりなのだから、自分の職務に服すのが実際によいのだという理由からではなく、それぞれ道理と正義とがどこにあるかを確実に知っているかのように、である。人は、たえず期待を裏切られている。ところが、おかしな謙虚さから、それは自分のあやまちのせいであって、心得ていることを常に自分が誇りとしている処世術のせいではないと思っているのだ。だが、世の中に、懐疑論者でないこのような連中があんなにたくさんいるということは、懐疑論の栄光のために結構なことである。そのおかげで、人間というものは、最も常軌を逸した意見をもいだきうるということを示せるのである。なぜなら、人間は、自分はこの自然で避けがたい弱さのなかにいるのではないと信じたり、反対に、自然の知恵のなかにいるのだと信じたりすることができるからである。

懐疑論者でない人たちが存在するということほど、懐疑論を強化するものはない。もしみなが懐疑論者だったら、懐疑論者たちがまちがっていることになろう。

三七五

ラ五二〇

〔私は、生涯の長いあいだを、一つの正義が存在すると信じて過ごしてきた。そしてその点で、私はまちがっていなかった。なぜなら、神がわれわれに啓示しようとされたところに従って、正義は存在するからである。だが、私はそれをそのようにとってはいなかった。そして、その点においてこそ私はまちがっていたのだ。なぜなら私は、われわれの正義が本質的に正しく、私はそれを知り、それを判断するものを持っていると信じていたからである。だが、私はあまりたびたび正しい判断を欠いたので、ついに自分について、ついで他人について疑心をいだくようになった。私はすべての国々や人たちの変わるのを見た。そしてこのように、真の正義についての判断をたくさん変えた後に、われわれの本性は絶えまのない変化でしかないことを私は知った。そして、それ以来私は変わらなかった。そしてもしも変わったならば、私は自分の意見を確かめることになるだろう。独断論者に舞いもどった懐疑論者アルケシラオス〕[1]

（1）紀元前三世紀のギリシアの哲学者で、新アカデメイア派の創始者。

三七六

ラ三四

この学派①は、その味方よりも、その敵によっていっそう強化される。なぜなら、人間の弱さは、それを知っている人たちよりは、それを知らない人たちにおいて、ずっとよく現われているからである。

（1）懐疑論者たちのこと。

三七七

ラ六五五

謙虚さについての論議も、うぬぼれた人たちには、高慢の種となり、謙虚な人たちには謙虚さの種となる。同様に懐疑論についての論議も肯定的な人たちには肯定の種となる。謙虚さについて謙虚に話す人は少なく、貞潔について貞潔に話す人は少なく、懐疑論について疑いながら話す人は少ない。われわれは、嘘《うそ》、二心、矛盾だらけである。そして、自分に自分を隠し、自分を偽るのである。

三七八

ラ五一八

懐疑論。

極度の才知は、極度の精神喪失と同様に、狂愚として非難される。中ほどだけがよい。これを確立したのは、多数者であって、多数者というものは、だれでもそのどちらかの端から逃げ出すものに対してかみつくのである。私も逃げ出そうと片意地を張ったりしないだろう。人が私を中ほどのところに置くのに快く同意する。そして、下の端にいることを断わる。それが低いからではなく、ただ端だからなのだ。なぜなら、人が私を上に置くのも同じように断わるだろうから。中間から出るのは、人間性から出ることである。

人間の魂の偉大さは、中間にとどまるのを心得ることである。偉大さは、中間から出ることにあるどころか、そこから出ないことにあるのである。

三七九

ラ五七

あまりに自由なのは、よくない。

必要なものがみなあるのは、よくない。

三八〇

ラ五四〇

世の中には、あらゆるよい格言がある。人はそれらの適用にあたって、しくじるだけである。

たとえば、公共のよいものを守るためには、自分の生命をかけるべきだということを人は疑わない。そして多くの人がそうしている。だが、宗教のためにはそうしない。

――

人間のあいだに不平等があるのは必要である。それはほんとうである。だが、それがいったん認められると、扉は最高の支配に向かってだけでなく、最高の圧制に向かってまで開かれることになる。

精神を少しばかりゆるめることは必要である。だが、それは最大の放縦に向かって扉を開くことになる。

その限界をしるすがよい。事物のなかに限界はない。法律はそこに限界を置こうとする。そして精神はそれにがまんできない。

三八一

ラ二一

若すぎると正しい判断ができない。年をとりすぎても同様である。

考えが足りない場合にも、考えすぎる場合にも頑固になり、夢中になる。

――

自分の著作を書きたてに検討したのでは、まだそれに全くとらわれている。あまりあとからでは、もうそこにはいって行けない。

遠すぎるところから、あるいは近すぎるところから見た絵の場合も同じである。そして真の場所は、不可分な一点しかない。その他の点では、近すぎるか、遠すぎるか、高すぎるか、低すぎる。絵画の技術では、遠近法がその一点を指定する。だが、真理や道徳においては、だれがそれを指定するのだろう。

三八二　ラ六九九

すべてが一様に動くときには、船の中のように、見たところ何も動かない。みなが放縦のほうへ向かって行くときには、だれもそちらに向かって行くように見えない。立ち止まった者が、固定点の役割をして、他の人たちの行き過ぎを認めさせる。

三八三　ラ六九七

でたらめな生活をしている人たちが、きちんとした生活をしている人たちに向かって、君たちが本性から離れているのだと言い、自分たちは自然に従っていると思っている。ちょうど、船の中にいる人たちが、岸にいる人たちが遠ざかって行くと思うのと同じである。言うことは、どちらの側も同じである。それを判定するためには、固定点がなければならない。港は、船の中にいる人たちについて判断を下す。ところが、道徳においては、われわれはどこに港をおくべきであろうか。

三八四

反対があるということは、真理を見分けるよいしるしではない。

ラ一七七

多くの確かなことが反対されている。多くの嘘が、反対なしにまかり通っている。反対のあることが嘘のしるしでもなければ、反対のないことが真理のしるしでもない。

三八五

ラ九〇五

懐疑論。

この世では、一つ一つのものが、部分的に真であり、部分的に偽である。本質的真理はそうではない。それは全く純粋で、全く真である。この混合は真理を破壊し、絶滅する。何ものも純粋に真ではない。したがって、何ものも純粋な真理の意味においては、真ではない。人は殺人が悪いということは真であると言うだろう。それはそうである。なぜなら、われわれは悪と偽とはよく知っているからである。だが、人は何が善《よ》いものであると言うだろう。貞潔だろうか。私は、いなと言う。なぜなら、世が終わってしまうだろうからである。結婚だろうか。いな。禁欲のほうが優っている。殺さないことだろうか。いな。なぜなら、無秩序は恐るべきものとなり、悪人はすべての善人を殺してしまうだろうからである。殺すことだろうか。いな。なぜなら、それは自然を破壊するからである。われわれは、真も善も部分的に、そして悪と偽と混じったものとしてしか持っていないのである。

三八六

ラ八〇三

もしわれわれが、毎晩同じことを夢に見ていたなら、それは、われわれが毎日見ているものごとと同じ程度に、われわれに影響を与えることだろう。そして、もしある職人が、毎晩十二時間ぶっ続けに、彼が王様であるという夢を確かに見るのだったなら、彼は、毎晩十二時間ぶっ続けに職人であるという夢を見る王様とほとんど同じようにしあわせであろうと私は思う。

もしわれわれが、毎晩、われわれが敵に追われ、その苦しい幻想に悩まされている夢を見、また毎日、たとえば旅行をしている時のようにいろいろ違った仕事をしていたとするならば、われわれは、それがほんとうであったのと同じ程度に苦しむことだろう。そして、眠ることを恐れることだろう。ちょうど、実際にそうした不幸にはいるのがこわくて、目ざめるのを恐れるのと同じように。そして、実際に、それは現実とほとんど同じくらいの苦しみを与えることだろう。

ところが、夢というものはすべて異なっており、そして同じものでもいろいろに変わるので、そこで見るものは、さめていて見るものよりはずっと影響を与えることが少ないのである。これは、さめていて見るものには連続性があるからであるが、それも、変わることが決してないほど連続的で、均等的であるというわけではない。ただ、旅をしている時のようにたまに起こる場合を除けば、変わり方の急激さが少ないというだけのことである。それだからこそ、旅をしている時には、「私は夢を見ているようだ」と人が言うのである。なぜなら、人生は、定めなさがいくらか少ない夢であるからである。

三八七

ラ五三一

〔真の証明が存在するということはありうる。だが、それは確実ではない。だから、これは、すべて不確実であるというのは確実ではないということを示すものにほかならない。懐疑論の栄光のために〕

三八八

ラ五二

良識。[1]

彼らは、こう言わざるをえない。「君たち[2]のやることはまじめではない。僕らは、眠ってなんかいはしない」などと。この思い上がった理性が、いやしめられ、哀願しているのを見るのは、なんと楽しいことだろう。なぜなら、これは、自分の権利が脅《おびや》かされ、それを手に武器と力とをもって防衛している人間のことばではないからだ。そういう人間は、相手のやることがまじめでないなどと言ったりしていないで、この不誠実を力で罰するのである。

（1）独断論者たち。
（2）懐疑論者たち。

三八九

ラ七五

『伝道の書』は、神なき人間はあらゆるものについての無知と、避けられない不幸とのうちにあることを示している。[1] なぜなら、欲してもできないというのは不幸であるからである。ところで、人は、幸福でありたいと欲し、またなんらかの真理を確保したいと欲する。それなのに、彼は、知ることもできなければ、知ろうと願わないでいることもできない。彼は、疑うことさえできないのである。

（1）『伝道の書』八の一七。

三九〇

ラ八九六

いやはや。これはなんと愚かな議論だろう。「神が世界をつくったのは、それを地獄におとすためだったのだろうか。こんなに弱い人間から、そんなに多くを要求するのだろうか、等々」懐疑論は、この害悪に対する薬であり、この思い上がりを打ちすえるだろう。

三九一

ラ六五八

会話。
宗教に対する大言。「私はそれを否定する」
会話。
懐疑論は宗教に役立つ。

三九二

ラ一〇九

懐疑論反駁《はんばく》。

〔これらのものを定義しようとすれば、どうしてもかえって不明瞭《ふめいりょう》になってしまうというのは奇妙なことである。われわれは、これらのものについて、いつも話している〕われわれは、皆がこれらのものを、同じように考えているものであると仮定している。しかしわれわれは、何の根拠もなしにそう仮定しているのである。なぜなら、われわれは、その証拠を何も持っていないからである。なるほど私は、これらのことばが同じ機会に適用され、二人の人間が一つの物体が位置を変えるのを見るたびに、この同じ対象の観察を二人とも「それが動いた」と言って、同じことばで表現するということをよく知っている。そして、この適用の一致から、人は観念の一致に対する強力な推定を引き出す。しかし、これは肯定に賭《か》けるだけのことは十分あるとはいえ、究極的な確信により絶対的に確信させるものではない。なぜなら、異なった仮定から、しばしば同じ結果を引き出すということをわれわれは知っているからである。

これは、われわれにこれらのものを確認させる自然的な光を全く消し去ってしまうというわけではないが、すくなくとも問題を混乱させるには十分である。アカデメイアの徒なら賭けたであろう。(1)だが、これは自然的な光を曇らせて独断論者たちを困惑させ、懐疑論の徒党に栄光を帰させてしまう。その徒党は、この曖昧《あいまい》な曖昧さと、ある種の疑わしい暗さとのうちに、存するのである。そこでは、われわれの疑いもすべての光を除くことができず、われわれの自然的な光もすべての暗黒を追いはらうことができない。

(1)　モンテーニュ『エセー』二の一二に記されているように、懐疑論の一種であるとはいえ、「アカデメイアの徒は、判断のある種の傾きを承認していた」のである。

三九三

ラ七九四

神と自然とのあらゆる掟《おきて》を放棄しておきながら、自分らで掟をつくり、それにきちんと従っている人たちがこの世にあるということを考察するのは、おもしろいことである。たとえば、マホメットの兵士、盗賊、異端者たちなどである。論理学者たちも同様である。

彼らが、あのように正当で神聖な限界や障壁をあんなにたくさん踏み越えたのを見れば、彼らの放縦にはなんの限界や障壁もないはずに見えるのに。

三九四

ラ六一九

懐疑論者、ストア哲学者、無神論者たちなどのすべての原理は真である。だが彼らの結論は誤っている。なぜなら、反対の原理もまた真であるからである。

三九五

ラ四〇六

本能、理性。

われわれには、どんな独断論もそれを打ち破ることのできない、証明についての無力がある。

われわれには、どんな懐疑論もそれを打ち破ることのできない、真理の観念がある。

三九六　ラ一二八

二つのものが、人間にその本性のすべてを知らせてくれる。本能と経験。

三九七　ラ一一四

人間の偉大さは、人間が自分の惨めなことを知っている点で偉大である。樹木は自分の惨めなことを知らない。

だから、自分の惨めなことを知るのは惨めであることであるが、人間が惨めであることを知るのは、偉大であることなのである。

三九八　ラ一一六

これらすべての惨めさそのものが、人間の偉大さを証明する。それは大貴族の惨めさであり、位を奪われた王の惨めさである。

三九九　ラ四三七

感じることがなければ惨めではない。こわれた家は惨めではない。惨めなのは人間だけである。〈私は……をさとる人間である〉[1]

(1)『哀歌』三章の書き出し。

四〇〇

ラ四一一

人間の偉大さ。

われわれは、人間の魂について実に偉大な観念を持っているので、人の魂からばかにされたり、一つの魂の尊敬のうちになかったりすることに堪えられない。そして、人々の至福のすべては、この尊敬のうちにある。

四〇一

ラ六八五

栄誉。

獣は、互いに感心しあうことはない。馬はその仲間に感心しない。競争の際に互いに張り合わないというわけではないが、しかしそれは結果を生まない。なぜなら、馬屋にいる時には、人間がそうされるのを欲するように、いっそう鈍重で不恰好《ぶかっこう》な馬が自分のまぐさを他の馬に譲ったりはしないからである。馬どもの徳は、それ自身で満足している。

四〇二

ラ一一八

邪欲そのもののなかにおける人間の偉大さ。邪欲のなかから驚嘆に値する規定を引き出すことができて、それを愛の模写となしたという点で。

四〇三

ラ一〇六

偉大さ。

現象の理由[1]は、邪欲からあんなにみごとな秩序を引き出した人間の偉大さを示す。

(1) 断章三二八〜三三七参照。

四〇四

ラ四七〇

人間の最大の卑しさは、名誉の追求にある。だが、それがまさに人間の優秀さの最大のしるしである。なぜなら、地上にどんな所有物を持ち、どんなに健康と快適な生活とに恵まれていようと、人々の尊敬のうちにいるのでなければ、人間は満足しないのである。彼は、人間の理性を大いに尊敬しているので、地上にどんなに有利なものを持とうと、もしそれと同時に人間の理性のなかにも有利な地位を占めているのでなければ嬉しくない。これが世の中で最も美しい地位であり、何物も彼をこの欲望からそむかせることはできない。そして、それが、人間の心の最も消しがたい性質である。

人間を最も見下し、獣と同列に置いた人たちでも、そのことによって人から感心されたり信用されたいと願い、自分自身の感情でもってみずから矛盾しているのである。何よりも強い彼らの本性は、理性が彼らの卑しさを彼らに納得させるよりも、もっと強く、人間の偉大さを彼らに納得させるのである。

四〇五 ラ七一

反対。

思い上がりは、あらゆる惨めさの重みと釣合を保っている。思い上がりは、自分の惨めさを隠すか、あるいはまた、もしこれを現わす場合は、それを知っているということで得意になるかのどちらかである。

四〇六 ラ四七七

思い上がりは、あらゆる惨めさの重みと対抗し、それに打ち勝ってしまう。これこそ異様な怪物であり、きわめて明らかな迷いである。こうして自分の場所から落ちてしまっているので、そのもとの場所を不安げにさがし求めている。それはすべての人々のしていることである。ではいったいだれがその場所を見つけたかを調べよう。

四〇七

邪悪は、自分の側に道理があるときは、高慢になり、その道理の輝きをそっくりひけらかす。苦行や、厳しい選択が真の善に達するのに成功せず、自然に従うことにもどらなければならなくなったときは、邪悪はこの復帰によって高慢になる。

ラ五三七

四〇八

悪はやさしく、しかも無数にある。善はほとんど一つしかない。だが、ある種の悪は、人が善と名づけるものと同じように見つけるのがむずかしい。そして、人はしばしば、この特殊な悪を、こうしたしるしから善として通用させてしまう。この特殊な悪に到達するには、善に到達するのと同様に、魂の異常な偉大ささえ必要とするのである。

ラ五二六

四〇九

人間の偉大さ。

人間の偉大さは、その惨めさからさえ引き出されるほどに明白である。なぜならわれわれは、獣においては自然なことを、人間においては惨めさと呼ぶからである。そこで、われわれは、人

ラ一一七

間の本性が今日では獣のそれと似ている以上、人間は、かつては彼にとって固有なものであったもっと善い本性から、堕ちたのであるということを認めるのである。

なぜなら、位を奪われた王でないかぎり、だれがいったい王でないことを不幸だと思うだろう。パウルス・エミリウス[1]がもはや執政官でないことを、人は気の毒だと思ったただろうか。反対に、だれもかも、彼がかつて執政官であったのをしあわせな人だと思ったのである。なぜなら、彼の身分は、常に執政官であることではなかったからである。ところが、人は、ペルセウス[2]が王でなくなったのを、非常に不幸なことだと思った。なぜなら、彼の身分は常に王であることだったので、彼がおめおめと生きているのを不思議に思ったくらいだからである。自分に口が一つしかないからといって、だれが不幸だと思うだろう。そして、目が一つしかないことを、だれが不幸と思わないでいられようか。目が三つないといって悲しむ気になった人は、おそらく今までにないだろうが、自分に目が一つもなかったら、なんとしても慰められることはないだろう。

（1）紀元前一八二年と一六八年とにローマの執政官となった将軍。
（2）紀元前一六八年、パウルス・エミリウスの軍に敗れた、マケドニア最後の王。

四一〇

ラ一五

マケドニア王ペルセウス――パウルス・エミリウス。人はペルセウスが自決しないのを責めた。

四一一

われわれにとって切実で、われわれを喉《のど》くびで押えているこれらすべての惨めさを見ながらも、われわれには、われわれを高めている押えつけることのできない本能がある。　ラ六三三

四一二

理性と情念とのあいだの人間の内戦。　ラ六二一

もし人間に、情念なしで、理性だけあったら。

もし人間に、理性なしで、情念だけあったら。

ところが、両方ともあるので、一方と戦わないかぎり、他方と平和を得ることができないので、戦いなしにはいられないのである。こうして人間は、常に分裂し、自分自身に反対している。

四一三

理性対情念のこの内部の戦いは、平和がほしいと願った人たちが、二つの派に分かれる結果を生じた。ある人たちは、情念を放棄して神々になろうとした。他の人たちは、理性を放棄して、野獣になろうとした。デ・バロー。[1]だが、彼らは、どちらの側も、そうはできなかった。理性は　ラ四一〇

理性で、常にとどまっており、情念の卑しさと不正とを非難して、それに身をゆだねている人たちの平安を乱し、情念は情念で、それを放棄しようとする人たちのなかで常に生きているのである。

(1) パスカルと同時代の無神論者。

四一四

ラ四一二

人間は、もし気が違っていないとしたら、別の違い方で気が違っていることになりかねないほどに、必然的に気が違っているものである。

四一五

ラ一二七

人間の本性は、二通りに考察される。一つは、その目的においてであり、その場合は偉大で比類がない。他は、多数のあり方においてであり、たとえば人が馬や犬の本性を、走ることや、〈近よせぬ心〉(1)を取り上げて、その多数のあり方において判断するような場合である。その場合は、人間は下賤《げせん》で卑劣である。人間に対して異なった判断を下させ、哲学者たちをあのように論争させる原因となる二つの道が、ここにあるのである。

なぜなら、一方は他方の仮定を否定するからである。一方は言う。「人間はその目的のために生まれたのではない。なぜなら、彼のすべての行動はそれと矛盾するからである」と。他は言う。「人間がこうした卑しい行動をとるときには、彼の目的から離れているのだ」と。

（1）番犬の本能をさすのであろう。

四一六

ラ一一二

A. P. R.(1) 偉大さと惨めさ。

惨めさは偉大さから結論され、偉大さは惨めさから結論されるので、ある人たちは、偉大さを証拠として用いたために、それだけ多く惨めさを結論し、他の人たちは、惨めさそのものから結論したので、それだけいっそう強力に偉大さを結論したのである。一方の人たちが偉大さを示すために言いえたすべてのことは、他方の人たちが惨めさを結論する論拠に役立つばかりであった。なぜなら、人はいっそう高いところから堕ちれば堕ちただけ、それだけもっと惨めであるからである。そして、他の人たちの場合は、その逆である。彼らは、果てしのない輪を描いて、互いに立ち向かっていった。たしかに人間は、光を多く持つにつれて、人間のうちに、偉大さも惨めさも見いだすものである。要するに、人間は自分が惨めであることを知っている。だから、彼は惨めである。なぜなら、事実そうなのだから。だが、彼は、実に偉大である。なぜなら惨めであることを知っているから。

(1) A Port-Royal（ポール・ロワヤルにおいて）の略であろうと推測される。

四一七

ラ六二九

人間のこの二重性はあまりにも明白なので、われわれには二つの魂があると考えた人たちがあるほどである。

彼らには、度はずれた思い上がりから恐ろしい落胆にまで至る、こんなに、そして急激な変化が、単一の主体に起こりうるとは思えなかったのである。

四一八

ラ一二一

人間に対して、彼の偉大さを示さないで、彼がどんなに獣に等しいかをあまり見せるのは危険である。卑しさ抜きに彼の偉大さをあまり見せるのもまた危険である。どちらも知らせないのは、また更にもっと危険である。だが、彼にどちらをも提示してやるのはきわめて有益である。

人間が獣と等しいと信じてもいけないし、天使と等しいと信じてもいけないし、どちらをも知らないでいてもいけない。そうではなく、どちらをも知るべきである。

四一九

ラ四六四

私は彼が、どちらの一方のうちに安んじることも許さないだろう。それによって、落ち着くところもなく、安まることもなく……ために。

四二〇

彼が自分をほめ上げたら、私は彼を卑しめる。
彼が自分を卑しめたら、私は彼をほめ上げる。
そして、いつまでも彼に反対する。
彼がわかるようになるまでは、
彼が不可解な怪物であるということを。

ラ一三〇

四二一

私は、人間をほめると決めた人たちも、人間を非難すると決めた人たちも、気を紛らすと決めた人たちも、みな等しく非難する。私には、呻《うめ》きつつ求める人たちしか是認できない。

ラ四〇五

四二二

解放者に諸手《もろて》をさし出すようになるために、真の善の無益な探求で倦《う》ませられ、疲らせられる

ラ六三一

のはよいことである。

四二三

ラ一一九

対立。

人間の卑しさと偉大さとを示したのち。

いまや人間は、自分の価値を自分で評価するがいい。自分を愛するがいい。なぜなら彼のなかには、善にあずかる能力をそなえた自然性があるから。だが、それだからといって、そこにある卑しさを愛してはいけない。自分を軽蔑《けいべつ》するがいい。なぜならその能力は、空《から》になっているのだから。だが、それだからといって、この自然の能力を軽蔑してはいけない。自分を憎むがいい。自分を愛するがいい。彼のなかには、真理を知り幸福になる能力がそなわっているのだ。だが、彼は、変わらない真理も、満足すべき真理も持っていない。

だから私は、人間が真理を見いだしたいと願うように、仕向けたい。そして、情念によって自分の認識がどんなに曇ったかを知って、真理を見いだしたそのところで真理に従うように、用意をととのえ、情念から解放されているように仕向けたい。彼の選択にあたって邪欲が彼を盲目にしないために、そしてまた彼が選んだ後に邪欲が彼をおしとどめないために、彼が自分のなかで、意のままに彼を左右している邪欲を憎むようになることを、私は心から願っている。

四二四

ラ四〇四

宗教を知ることから私を最も遠ざけるように見えた、これらのあらゆる対立は、私を最も速く真の宗教に導いてくれたものである。

第七章　道徳と教義

四二五　ラ一四八

第二部。

信仰のない人間は、真の善(1)をも正義をも知ることができないということ。

すべての人は、幸福になることをさがし求めている。それには例外がない。どんな異なった方法を用いようと、みなこの目的に向かっている。ある人たちが戦争に行き、他の人たちが行かないのは、この同じ願いからである。この願いは両者に共通であり、ただ異なった見方がそれに伴っているのである。意志というものは、この目的に向かってでなければ、どんな小さな歩みでも決してしないのである。これこそすべての人間のすべての行動の動機である。首を吊《つ》ろうとする人たちまで含めて。

それにもかかわらず、大昔から、信仰なしにはだれ一人として、このすべての人が絶えず狙《ねら》っている点に到達したことはない。だれもかれも嘆いている。王侯も臣下も、貴族も平民も、老いた者も若い者も、強者も弱者も、学者も無学な者も、健康な者も病人も、あらゆる国、あらゆる時代、あらゆる年齢、あらゆる状態の人たちが嘆いている。

こんなに長い、絶えまのない、そして同じ形の試みは、われわれには自分の努力によって善に達する力はないということを、十分納得させたはずである。ところが前例は、われわれに教えるところが少ない。微妙な違いさえも何もないというほどに完全に似ている前例はないからである。その違いに目をつけて、今度は、われわれの期待が前の例のときのように裏切られないだろうと期待するのである。こうして、現在は決してわれわれを満足させてくれないので、経験がわれわれを欺き、不幸から不幸へと、そしてついに不幸の永遠に最たるものである死へと、われわれを引き立てて行くのである。

それならば、この渇望とこの無力とが、われわれに叫んでいるものは次のことでなくて何であろう。すなわち、人間のなかにはかつて真の幸福が存在し、今ではその全く空虚なしるしと痕跡《こんせき》しか残ってはいない。人間は、彼を取り巻くすべてのものによってそこを満たそうと試み、現在あるものから得られない助けを、現在ないものにさがし求めているのであるが、それらのものにはどれにもみな助ける力などはない。なぜなら、この無限の深淵《しんえん》は、無限で不変な存在、すなわち神自身によってしか満たされえないからである。

神だけが、人間の真の善である。そして人間が神から離れて以来、自然のなかで、人間にとって神の代わりになれなかったものは何もなかったというのは、奇妙なことである。天体、天、地、元素、植物、キャベツ、ねぎ、動物、昆虫《こんちゅう》、子牛、蛇《へび》、熱病、ペスト、戦争、飢饉《ききん》、悪徳、姦淫《かんいん》、不倫などそれである。そして、真の善を失って以来、人間にとって、あらゆるものが、何でも真の善として見なされうるようになり、神と理性と自然とのすべてにあんなにも反する自分自身の破壊に至るまでそうなったのである。

ある人たちは真の善を権威のうちに、ある人たちは好奇心と学問とのうちに、ある人たちは逸楽のうちに求める。

真の善に実際最も近づいた人たちは次のように考えた。すなわち、すべての人が欲している普遍的な善は、ただ一人によってしか所有されえないような個々の事物の、いずれのなかにも存在しないことが必要である。そういう個々の事物は、分配されれば、その所有者を彼の持っている部分を享受することによって満足させるよりも、彼の持っていない部分が欠けていることによって、いっそう悲しませるのである。彼らは、真の善とは、減少も羨望《せんぼう》も伴わず、すべての人が同時に所有することができて、だれも自分の意に反してこれを失うことのできないようなものでなければならないということを、了解した。彼らの理由は、この願いがすべての人に必ずある以上、それは人間にとって自然なものであり、人間はそれを持たないではいられないからというにある。

彼らは、そこから結論して……

（1）「善」の原語「ビアン」は、「幸福」「富」「財産」などと訳されることもある。

四二六　ラ三九七

真の本性が失われたので、すべてのものが彼の本性になる。ちょうど、真の善が失われたので、すべてのものが彼の真の善となるように。

四二七　ラ四〇〇

人間はどんな地位に自分を置いたらいいのかを知らない。彼らは明らかに道に迷っているのであり、自分の本来の場所から落ちたまま、それを再び見いだせないでいる。彼はそれを、見通すことのできない暗黒のなかで、不安にかられて、いたるところに求めているが、成功しない。

四二八　ラ四六六

もし自然によって神を証明することが、弱さのしるしであるなら、そのことで聖書を軽蔑《けいべつ》してはいけない。① もしこれらの対立を知ったことが、強さのしるしであるなら、そのことで聖書を尊重したまえ。②

（1） 断章二四二、二四四参照。
（2） 断章四二四、四三〇参照。

四二九

ラ五三

獣《けだもの》に服従して、それを崇《あが》めるまでに至っている人間の卑しさ。

四三〇

ラ一四九

A.P.R.[1] 始め。

不可解を説明したのちに。

人間の偉大さと惨めさとはこんなにも明らかであるから、真の宗教はどうしてもわれわれに、人間のなかには何らかの偉大さの大きな原理が存在し、また惨めさの大きな原理が存在することを教えてくれなければならない。

すなわち、真の宗教は、われわれに、これらの驚くべき対立を説明してくれなければならないのである。

人間を幸福にするためには、真の宗教は彼に、神が存在すること、人は神を愛さなければならないこと、われわれの真の至福は神のなかに在《あ》ることであり、われわれの唯一の不幸は神より離れていることであるということを示さなければならない。そしてその宗教は、われわれが暗黒に満ち、そのために神を知り神を愛することを妨げられており、したがってわれわれの義務はわれわれに神を愛することを義務づけるにもかかわらず、われわれの邪欲は、神を愛することからわれわれをそむかせているのであるから、われわれは不義に満ちているということを認めなければならない。その宗教は、神に対し、またわれわれ自身の善に対してわれわれが持っているこれらの反対を説明してくれなければならない。その宗教は、われわれに、このような無能に対する救済と、その救済を得る手段とを教えてくれなければならないのである。ここで、世界じゅうのあらゆる宗教を吟味して、キリスト教以外に果たしてこれらの点を満足させるものがあるかどうかを考えてみてほしい。

われわれのうちにある善を、いっさいの善であるといってわれわれに提示する哲学者たちが、果たしてそれだろうか。真の善とは、そんなものだろうか。彼らは果たしてわれわれの悪に対する救済を見いだしたのだろうか。人間を神と等しい地位に置いたことによって、人間の思い上がりを癒したというのであろうか。われわれを獣と同列に置いた人たち、そしてまた、地上の快楽を、永遠においてさえもわれわれのいっさいの善であるとして与えたマホメット教徒たちは、果たしてわれわれの邪欲に対する救済をもたらしたのだろうか。

それならば、どの宗教がわれわれに傲慢《ごうまん》と邪欲とを癒すことを教えてくれるのだろう。いったいどの宗教がわれわれに、われわれの善、われわれの義務、これらのものからわれわれを遠ざける弱さ、その弱さの原因、その弱さを癒しうる救済、そしてその救済を得る手段を教えてくれるのだろう。これは、他のすべての宗教にできないことであった。では、神の知恵のなすところを見よう。

神の知恵は言う。「ああ、人よ、人間から真理をも慰めをも期待してはいけない。私はあなたがたを形づくったものであり、あなたがたが何ものであるかを教えることのできるのは、私一人である。

「だが、今あなたがたは、私があなたがたを形づくったときの状態にはいないのである。私は人間を清く、罪なく、完全に創造した。彼を光と知性とで満たした。彼に私の栄光と驚異とを伝えた。そのとき、人の目は、神の威容を見ることができた。そのとき彼は、彼を盲目にする暗黒のなかにも、彼を苦しめる死と惨めさとのなかにもいなかった。

「だが、彼はこれほどまでの栄光を、思い上がりに陥らないでは保つことができなかったのである。彼は、自分で自分の中心となり、私の助けから独立しようと欲した。彼は、私の支配からのがれ出た。そして、自分のなかに幸福を見いだそうとの欲求によって、自分を私と等しいものとしたので、私は彼をそのなすがままにまかせた。そして、それまで彼に従っていたもろもろの被造物をそむかせ、彼の敵とした。その結果、今日では、人間は獣に似たものとなり、私からあんなにまで遠く離れているので、その創造主のおぼろげな光がかろうじて残っているのにすぎないものとなった。これほどまでに、彼のあらゆる知識は、消し去られるか、かき乱されてしまったのだ。理性から独立して、しばしば理性の主となった感覚は、理性を快楽の追求へとかり立てた。すべての被造物は、あるいは彼を苦しめ、あるいは彼を誘惑する。そして、あるいは暴力によって彼を従わせ、あるいは優しさによって魅惑しながら、彼を支配する。この魅惑による支配のほうは、いっそう恐ろしく絶対的なものである。

「これが、人間が今日おかれている状態である。人々には、最初の本性の幸福について、いくらかの力のない本能が残っている。そして、彼らは、彼らの盲目と邪欲との惨めさのなかに沈みこみ、それが彼らの第二の本性となっているのである。

「私があなたがたに啓示するこの原理によって、あなたがたは、すべての人を驚かせ、あんなにさまざまの意見に分かれさせた、あのように多くの対立の生じた原因を知ることができるのである。今は、あんなにも多くの惨めなこととの試練によっても窒息させることのできない偉大さと栄光とのすべての動きを観察するがいい。そして、その原因が、他の本性になければならないものであるかどうかを考えてみるがいい」

A. P. R.　明日のため。

擬人法。

「ああ、人よ、あなたがたが、あなたがた自身のなかに、あなたがたの惨めさに対する救済を求めてもむだである。あなたがたのすべての光は、あなたがたが真理や善やを見いだすのは、あなたがた自身のなかではないのだと悟るところまでしか到達できないのである。

「哲学者たちは、あなたがたにそれを約束したのだが、彼らにはそれはできなかった。

「彼らは、何があなたがたの真の善であり、何が〔あなたがたの真の状態〕なのであるかを知らないのだ。

「彼らが知りさえもしなかったあなたがたの悪に対して、どうして彼らにその救済を講じることができたであろう。あなたがたの主な病は、あなたがたを神から引き離す傲慢、あなたがたを地上に縛りつける邪欲である。それなのに、彼らは、これらの病のうちの少なくとも一つを保たせる以外の何もしなかった。もし彼らがあなたがたに神を目的として与えたとしたら、それはあなたの尊大を助長するだけであった。彼らは、あなたがたが、本性の上から神に似ており、神にかなっていると、あなたがたに思い込ませた。また、このような思い上がった主張のむなしさを悟った人たちは、あなたがたの本性が獣のそれと等しいとあなたがたに悟らせることによって、あなたがたを他の断崖《だんがい》に投げ込んだ。そして、あなたがたの善を、動物の分け前である邪欲のなかに求めるように、あなたがたをしむけた。こうしたものは、あなたがたの不義――これらの賢者たちの知らなかったあなたがたの不義を癒す道ではない。あなたがたが何であるかを、あなたがたに悟らせることができるのは、私一人である。……」

――アダム、イエス・キリスト。

――もしあなたがたが神に結ばれるとしたら、これは恩恵によるのであって、本性によるのではない。

――もしあなたがたがへりくだらせられるとしたら、それは悔悛《かいしゅん》によるのであって、本性によるのではない。

――このようにして、この二重の能力は……

――あなたがたは、あなたがたの創造されたときの状態にはいない。

――これらの二つの状態が啓示されたからには、あなたがたがそれらを認めないわけにはいかない。

あなたがたの動きについて行き、あなたがた自身を観察せよ。そして、そこに、これらの二つの本性の生きたしるしを見いださないかどうかを見よ。

——

こんなに多くの矛盾が、単一の主体のなかに見いだされるものだろうか。

——

不可解。

すべて不可解なものは、それでも依然として存在する。無限の数。有限に等しい無限の空間。

——

神がわれわれに結びつくなどということは信じられない。

そのような考えは、われわれの卑しさを見ることだけによって引き出されたものである。だが、もし君たちがほんとうにまじめに見ているのだったら、私と同じように遠くまで見ていき、神のあわれみが、果たしてわれわれを神に結ばれうるものとすることが可能かどうかさえ、われわれ自身で知ることはできないほど、われわれは事実卑しいのであるということを認めるがいい。なぜなら、自分自身がこんなに弱いことを認めているこの動物が、神のあわれみを計量し、自分で気まぐれに思いついた限界をそれにあてはめる権利をどこから得たかを知りたいものである。この動物は、神が何であるかを知ることがあんなにも少ないので、彼自身が何であるかも知らないのである。そして、自分自身の状態を見て困惑したあげく、自分を神との交わりにあずからせることなどは、神にできないとあえて言うのである。だが、私は彼にたずねたい。神は、彼が神を知って、神を愛すること以外の何を彼に求めておられるのだろう。彼には生来、愛と認識との能力がある以上、どうして彼から知られ、愛される対象に神がなれないと決めこんでいるのだろう。人がすくなくとも、自分の存在していることと、何かを愛していることとを知っていることには、疑いがない。それならば、もし彼が、自分がいる暗黒のなかで何ものかを認め、そしてもし地上の事物のあいだに何か愛の対象を見いだしているならば、まして神が彼にその本質の光をいくらかお与えになった場合には、神がわれわれと交わろうとなさるその仕方で、神を知り、神を愛することが、どうして彼にできないというのだろう。したがって、この種の議論は、一見謙虚さにもとづいているように見えても、がまんのならない思い上がりを伴っていることは、疑いない。すなわちわれわれは、自分が何であるかを自分で知ってはいないので、われわれにはそれを神から教えてもらう以外のことはできないということを、われわれに告白させるような謙虚さでなければ、誠意あるものでも、理にかなったものでもないのである。

――――

「私はあなたがたが、あなたがたの信仰を理由なく私に従わせるようになどとは思っていない。そして私は、あなたがたを圧制的に服従させようなどとも思っていない。私はまた、あなたがたに、すべての事物の理由を説明しようとも思っていない。そして、これらの相反するものを調和させるためには、私は、私のうちにある神性のしるしを、説得力のある証拠によってあなたがたにはっきり見せようと思っているのである。それらの神性のしるしは、私が何であるかをあなたがたに納得させ、そして、あなたがたが拒むことのできない不思議や証拠によって、私に権威を与えるであろう。その上で、私があなたがたに教える事柄を、あなたがたが信じるようにさせようと思っているのである。そのときには、それらの事柄が果たして存在するか否かを、あなたがた自身で知ることはできないという以外には、それらを拒む別の理由を、あなたがたはそこに見いださないであろう」

神は人間をあがない、神を求める人たちに対して救いを開こうとされた。だが人々は、みずからそれにあまりにも値しないものとなってしまったので、受ける資格のないものに対するあわれみによって、神がある人たちにお与えになるものを、他の人たちには、そのかたくなさのために拒まれるというのは、正しいことである。

もし神が、最もかたくなな人たちの強情を克服しようとのぞまれたのならば、神の本質の真理を彼らが疑いえないほど明白に、彼らに神自身を現わすことで、それをなさったであろう。あたかも、世の終わりの日に、死人もよみがえり、盲人もそれを見るであろうほどの激しい雷鳴と、自然の崩壊とによって現われるであろうように。

神は、その柔和な来臨においては、そのような仕方で現われようとはのぞまれなかった。なぜなら、あんなに多くの人々が神の寛大さに値しなくなっているので、神は、彼らののぞまない善が欠けたままで、彼らを放っておこうとされたのである。したがって、神が明らかに神の仕方で、すべての人を納得させうるほど絶対的な方法で現われたもうのは、正しくなかった。だが、神が、真心から神を求めている人たちからも認められないほど隠れた方法で来られるのも、正しくなかった。神は、そのような人たちからは完全に知られるように、みずからなろうとのぞまれた。このようにして、全心で神を求めている人たちには明らかに現われ、全心で神を避けている人たちには隠れようとのぞまれたため、神は、神についての認識を加減して、神のしるしを、神を求めている人たちには見うるように、求めていない人たちには見えないように、お与えになったのである。

ひたすら見たいとのぞんでいる人たちには、十分な光があり、反対の心構えの人たちには、十分な暗さがある。

（1）断章四一六の注（1）参照。

ラ二三〇

四三〇の二

すべて不可解なものは、それでも依然として存在する。

四三一

ラ四三〇

他のだれも、人間が最も優《すぐ》れた被造物であることを知らなかった。人間の優秀さの事実をよく知った一方の人たちは、人々が自分についていだいている卑しい感情を、卑怯《ひきょう》とか忘恩と解釈した。この卑しさがどんなに現実的であるかをよく知った他の人たちは、人間にとっては同じように自然であるこれらの偉大さの感情を、笑うべき思い上がりとして取り扱った。

一方の人たちは言う。「君たちの目を神に向けよ。君たちに似ていて、自身を崇めさせるために君たちを作ったものを見よ。君たちは、彼に似たものとなることができるのだ。もし君たちが彼に従おうと欲するなら、知恵が君たちを彼と等しいものとするであろう」と。エピクテトスは言う。「自由人よ、頭を高くせよ」と。そして他の人たちは言う。「君ら賤《いや》しい虫けらにすぎない者よ。目を地に下げて、君らの仲間である獣をながめよ」と。

人間はいったいどうなるのだろう。等しいのは、神となのか、獣となのか。なんという恐ろしい距離だろう。われわれはいったいどうなるのだろう。すべてこれらのことによって、人間が道に迷っていること、本来の場所から堕ちていること、不安にかられてそれをさがしていること、もはやそれを見いだしえないでいることを悟らない者があろうか。そして、いったいだれが彼をそこへ向かわせてくれるのだろうか。最も偉い人たちにも、それができなかった。

四三二

ラ六九一

懐疑論はほんとうである。なぜなら、結局、人々は、イエス・キリスト以前には、自分がどんなところにあるのか、自分が偉大なのか、卑小なのかを知らなかったからである。そして、そのどちらかを説いた人たちも、それについては何も知らず、理由もなく行きあたりばったりに当てて推量をしていたのである。しかも、彼らは、それらのどちらかを排除することによって、常に誤っていたのである。

〈あなたがたが、知らないで求めているものを、宗教があなたがたに告げ知らせる〉①

（1）『使徒行伝』一七の二三に近い。

四三三

ラ二一五

人間の本性のすべてを知ったのちに。

ある宗教がほんとうであるためには、それがわれわれの本性を知っていなければならない。それは、偉大さと卑小さとを、そして双方の理由を、知っていなければならない。キリスト教以外に、どの宗教がそれを知っていただろうか。

四三四

ラ一三一

懐疑論者たちの主な力は、些細《ささい》なものは放っておくが、次のようなものである。すなわち、これらの原理が真であることについてわれわれは、信仰と啓示とによらないかぎり、われわれが自分自身のなかでそれらの原理を自然に感知するということ以外には何も確証を持っていない。ところが、この自然的直感も、それらの原理が真理であるということの確証にはならない。なぜなら、人間が善《よ》き神により、邪悪の鬼神により、あるいは偶然に創造されたものであるかについては、信仰によらないかぎり確実性がない以上、これらの原理も、われわれの起原に応じて、われわれに真のものとして授けられたものであるか、偽物《にせもの》としてであるか、不確実なものとしてであるかが疑わしいからである。

その上、何びとも信仰によらないかぎり、自分が目ざめているのか、眠っているのかということについて確信が持てない。なぜなら、人は眠っているあいだでも、われわれが現在しているのと同じようにしっかりと、目がさめているものと信じているからである。〔そして、(1)一つの夢に他の夢を重ねて、夢を見ているということを夢に見ることがしばしばあるように、一生そのものも一つの夢にすぎず、その夢の上に他の夢が接《つ》ぎ木《き》され、その夢のなかからは、死ぬ時に目ざめ、その一生のあいだには、自然の夢のあいだと同じようにわずかしか真理と善との原理を持っていないのであって、そこでわれわれを揺さぶるさまざまな考えは、われわれの夢における時間の流れや、むなしい幻と同様の幻影にすぎないのではなかろうか」空間、形、運動が見えると信じ、時が流れるのを感じてそれを計り、そして目ざめている時と同じに行動する。それであるから、われわれがみずから認めているように、一生の半分は眠りのなかで過ごされ、そこでは、その時にわれわれが感じることがすべて錯覚である以上、何がどう見えようとわれわれは真理の観念を一つとして持たないのである。したがって、われわれが目ざめていると考えている一生の他の半分も、最初のものと少しだけ違う他の眠りであり、そこからは、われわれが眠ると思う時に目ざめるのではないかどうかを、だれが知ろう。

以上は、どちらも主な力である。懐疑論者たちが、習慣、教育、国々の風俗やその他類似のものの及ぼす影響に対して行なう反論のような、些細なものは放っておく。これらのものの及ぼす影響は、一般の人々の大部分を引きずり回し、その人々は、このむなしい基礎の上だけに立って独断論をほしいままにしているのであるが、そういうものは懐疑論者たちのほんの一息によって覆《くつが》えされてしまうのである。もしこのことが存分に納得できないなら、彼らの書物を見れば十分である。そうすれば、たちまちに納得し、おそらく納得しすぎてしまうであろう。

私は独断論者たちの唯一の砦《とりで》の前に足をとめよう。それは、誠実にまじめに話すならば、自然的な諸原理を疑うことはできないということである。

これに反対して、懐疑論者たちは、われわれの起原の不明という一言をもって対抗し、そのなかには、われわれの本性の不明という問題も含まれているのである。それに対して、独断論者たちも、世の始めから何か答えつづけている。

こうして、人間のあいだに戦端が開かれたのである。この戦いでは、各人はその去就を決し、あるいは独断論、あるいは懐疑論のいずれかの側に必ず立たなければならないのである。なぜなら、中立を守ろうと思う者こそ、懐疑論者の最たるものであるからである。中立を守るということこそ、この徒党の本質なのである。彼らに反対しない者は、りっぱに彼らの側に立っているのである。〔そこに彼らの有利な点があるように見える〕彼らは、自分たちの側に立つのではない。彼らは、中立で、無関心、すべてについて宙ぶらりんである。彼ら自身に対しても例外でない。

こんな状態で人間は、いったいどうしたらいいのだろう。すべてを疑おうか。果たして目ざめているのか、つねられているのか、焼かれているのかということを疑おうか。自分が疑っていることを疑おうか。果たして自分が存在しているのだろうかと疑おうか。

人は、こんなところまで来るわけにはいかない。私はあえて断言するが、いまだかつて実際に完全な懐疑論者というものが存在したためしはない。自然が無力な理性を支えて、こんなところにまではめをはずすのを防ぐのである。

それならば、その反対に、人間は確実に真理を所有していると言うのだろうか。ただわずかばかり突つかれただけで、何の資格も示すことができず、つかんでいるものを手放してしまわなければならないこの人間が。

では、人間とはいったい何という怪物だろう。何という新奇なもの、何という妖怪《ようかい》、何という混沌《こんとん》、何という矛盾の主体、何という驚異であろう。あらゆるものの審判者であり、愚かなみみず。真理の保管者であり、不確実と誤謬《ごびゅう》との掃きだめ。宇宙の栄光であり、屑《くず》。

だれがこのもつれを解いてくれるのだろう。〔②これは確かに、独断論と懐疑論、そして人間的哲学のすべてを越えている。人間は人間を越えている。だから、懐疑論者たちに対して彼らがあんなに盛んに叫んだことを承認してやるべきである。すなわち、真理はわれわれの力の及ぶ範囲にはなく、われわれの獲物《えもの》でもない。それは地上には留まらず、天の一族で、神の懐《ふところ》に宿り、人はそれを神が思召《おぼしめ》しによって啓示してくださる程度にしか知ることができないのである。それならば、創造されたものでなく、しかも肉となった真理③から、われわれの真の本性を教えてもらおう〕自然は懐疑論者たちを困惑させ、理性は独断論者たちを困惑させる。自分の自然的な理性によって自分の真の状態を知ろうと求めている人たちよ、あなたがたはどうなってしまうのだろう。あなたがたは、これらの宗派のいずれかを避けることができず、そうかといってそのいずれに留まることもできないのである。

そうだとしたら、尊大な人間よ、君は君自身にとって何という逆説であるかを知れ。へりくだれ、無力な理性よ。だまれ、愚かな本性よ。人間は人間を無限に越えるものであるということを知れ。そして、君の知らない君の真の状態を、君の主から学べ。

神に聞け。

なぜなら、結局、もし人間がいまだかつて腐敗したことがなかったならば、その罪のない状態において、真理と至福とを、安心して楽しむことができたであろう。また、もし人間が、初めからただ腐敗しているばかりだったならば、真理についても、至福についても、何の観念も持たなかったであろう。だが、不幸なことには、そしてそれはわれわれの状態のなかに何の偉大さもなかったとする場合よりももっと不幸なことであるが、われわれは幸福の観念を持っていながら、そこに到達することができないのである。われわれは真理の影像を感じながらも、嘘《うそ》ばかりしか持っていないのである。絶対に無知であることも、確実に知ることもできないのである。すなわち、われわれがかつて完成へのある段階にいたにもかかわらず、不幸にしてそこから堕ちてしまったということは、こんなにも明白なのである。

しかし、驚くべきことは、われわれの理解から最も遠いところにあるあの秘義、すなわち原罪遺伝の秘義は、それがなければわれわれ自身について何の理解も得られなくなるということである。

なぜなら、最初の人間の罪が、この源からあんなに遠く離れており、それにあずかることが不可能であるように見える人たちまでをも、有罪としてしまうこと以上に、われわれの理性に、はなはだしく突き当たるものはないことには疑う余地がないからである。このような流通は、われわれにとって、ただ不可能に見えるばかりでなく、はなはだ不正であるとさえ思われる。なぜなら、意志の力のない子供を、彼が生まれ出た時より六千年も前に犯された、彼が関与したと見るふしがあんなにも少ない一つの罪のために、永遠に地獄におとすということほど、われわれのあわれな正義の尺度に合わないものはないからである。確かにこの教理ほどわれわれにひどく突き当たるものはない。しかし、それにもかかわらず、あらゆるもののなかで最も不可解なこの秘義なしには、われわれは自分自身にとって不可解なものになってしまうのである。われわれの状態の結び目は、その折り目や曲がり目をこの深淵のなかにとっているのである。その結果、この秘義が人間にとって不可解である以上に、この秘義なしには人間そのものがもっと不可解となるのである。〔そこから神は、(4)われわれの存在についての難問をわれわれ自身に理解できないようにしようと欲して、その難問の結び目を、われわれがとても到達できないほど高いところに、というよりは、むしろ低いところに隠されたように思われる。その結果、われわれが真にわれわれ自身を知ることができるのは、われわれの理性の思い上がった動きによってではなく、理性の単純な服従によってなのである。

宗教のおかすべからざる権威の上にしっかりと立てられたこれらの基礎は、われわれに、等しく不変な二つの信仰の真理があることを知らせてくれる。

一つは、人間は創造の状態、あるいはまた恩恵の状態においては、自然全体の上に引き上げられ、神に似たようなものにされ、その神性にあずかるものとされるということであり、いま一つは、腐敗と罪との状態では、人間はさきの状態から堕ちて、獣に似たものとされるということである。これら二つの命題は、等しく堅固で確実である。

聖書は、若干の箇所で次のように述べる際に、これらの二命題をわれわれに明らかに宣言している。「〈私の喜びは人の子らとともにあることである〉⑤」「〈私は私の霊をすべての肉なる者の上に注ぐであろう〉⑥」等々。「〈あなたがたは神だ〉⑦」そしてまた他のところで、「〈すべての肉は草だ〉⑧」「〈人は心なき獣とくらべられ、それと等しくされた〉⑨」「〈私は人の子らについて自分の心に言った〉⑩」

以上のことから明らかであると思うが、人間は、恩恵によっては神に似たようなものにされ、その神性にあずかるものとされるが、恩恵なしには、野獣に似たものと見なされるのである」

(1) 〔 〕内は、初めに書いた部分である。後になって、この部分を消して、その先の部分(パラグラフの終わりまで)を書き加えたものである。

(2) 〔 〕内は、初めに書いた部分である。後になって、この部分を消して、次ページ三行目(神に聞け)までを書き加えたものである。

(3) キリストをさす。
(4) ここから終わりまでは、全部一本の縦線で一度に消されたもの。
(5)『箴言』八の三一。
(6)『ヨエル書』二の二八。
(7)『詩篇』八二（ヴルガータ訳八一）の六。
(8)『イザヤ書』四〇の六。
(9)『詩篇』四九（ヴルガータ訳四八）の一二、二〇。
(10)『伝道の書』三の一八。

四三五

ラ二〇八

これらの神聖な知識がなかったならば、人々は、過去の偉大さのなごりである内にある感情によって自分を高めるか、あるいはまた、現在の弱さを見て気を落としてしまうかのほかに何ができただろう。なぜなら、真理の全部を見ることができなかったために、彼らは完全な徳に達することができなかったのである。ある人たちは、本性を腐敗していないものと見なし、他の人たちは、修理不能なものと見なした。それで彼らは、すべての悪徳の二つの源である、高慢あるいは怠惰のいずれかをのがれることができなかった。というのは、彼らは、悪徳のなかへ、卑怯にも身をゆだねてしまうか、あるいは高慢によってそこから脱出するほかはなかったからである。なぜなら、もし彼らが人間の優秀さを知ったとしても、その腐敗を知らない。その結果、怠惰はうまく避けても、尊大のなかに身を滅ぼしてしまうのである。また、もし彼らが、本性の虚弱を認めたとしても、その尊厳を知らない。その結果、虚栄をうまく避けることができたとしても、それは絶望のなかへ飛び込むことによってである。

そこから、ストア派とエピクロス派、独断論とアカデメイア派(1)、等々のさまざまの宗派が生じたのである。

ひとりキリスト教だけが、この二種の悪徳を癒すことができたのである。それは地上の知恵によって、一をもって他を追い払うのではなく、福音の単純さによって、両者をともに追い払うのである。なぜなら、キリスト教は、正しい人々に対しては、彼らを神性そのものにあずかるところまで引き上げるが、そのような崇高な状態においても、彼らはまだあらゆる腐敗の源を持っているのであって、そのために彼らは、生涯を通じて、誤り、惨めさ、死、罪に陥りうるものであるということを教える。そしてまた、最も不信仰な人々に対しても、彼らでも贖《あがな》い主《ぬし》の恩恵にあずかることができると叫ぶ。このようにして、キリスト教は、その義とする人たちをおののかせ、その罪する人たちを慰めつつ、すべての人に共通である恩恵と罪との二つの可能性によって、恐れと希望とをあのように多大な正しさで調節していくので、単なる理性がなしうるよりも無限に低く人々をへりくだらせるが、しかも絶望させず、また本性の高慢がなしうるよりも無限に高く人々を引き上げるが、しかも高ぶらせないのである。このように、ただひとり誤りと悪徳とからまぬかれているので、人々を教え、正しうるのは、キリスト教だけであることを明らかに示しているのである。

それならば、この天来の光に対して、それを信じ、それを崇めることをだれが拒みえようか。なぜなら、われわれのなかに、優秀さの消すことのできないしるしを感じるということは、日の光を見るよりも明らかではなかろうか。そしてまた、われわれが、いつもわれわれの嘆かわしい状態の結果を経験していることも同じように真実ではなかろうか。この混沌とこの奇怪な混乱は、これらの二つの状態が真実であることを、とうてい逆らうことのできないほどの強い声でわれわれに叫んでいるのでなくて何であろう。

（1）断章一九四の二の注（2）参照。

四三六

ラ二八

弱さ。

人々のあらゆる仕事は、富[1]を得ようとするにある。それなのに、彼らは、その富を正当に所有しているということを示すに足るだけの資格を持つことができないだろう。なぜなら、彼らには人間の思いつきしかないのであって、その富をしっかり所有するだけの力もないからである。

これは学問についても同様である。なぜなら病気がそれを奪ってしまうからである。われわれは、真理についても、幸福についても、無能力である。

（1）断章四二五の注（1）参照。

四三六の二

ラ八九〇

人々のあらゆる仕事は、富を得ようとするにある。それなのに、彼らには、その富を正当に所有する資格も、その富をしっかりと所有するだけの力もない。学問についても、快楽についても同様である。われわれは真理をも幸福をも持っていない。

四三七

ラ四〇一

われわれは、真理を望む。しかし、われわれのうちには不確実しか見いださない。

われわれは幸福を求める。しかし、惨めさと死としか見いださない。

われわれは真理と幸福を望まないわけにいかない。しかし、確実さにも幸福にも達することができない。

この欲求がわれわれに残されているのは、われわれを罰するためであると同時に、われわれがどこから堕ちたかを感じさせるためである。

四三八

もし人間が神のために作られたのでなければ、なぜ神にあってのみ幸福なのだろうか。もし人間が神のために作られたのならば、なぜこんなに神に逆らっているのだろう。

ラ三九九

四三九

腐敗した本性。

人間は、彼の存在を形づくっている理性によって行動しない。

ラ四九一

四四〇

理性の腐敗は、あんなに多くの異なった、常軌を逸した風習によって現わされている。人間が自分自身のなかで、もはや生きないためには、真理(1)が来なければならなかったのだ。

ラ六〇〇

（1）キリストをさす。

四四一

私としては、キリスト教が人間の本性は腐敗し神のもとから堕落しているという原理を啓示す

ラ四七一

るやいなや、それが私の目をひらき、いたるところにこの真理のしるしを見せてくれたことを、告白する。なぜなら、自然というものは、人間の内と人間の外とを問わず、いたるところに失われた神と腐敗した本性とを、さし示しているからである。

四四二　ラ三九三

人間の真の本性、彼の真の善、真の徳、真の宗教など、これらの認識は引き離すことのできないものである。

四四三　ラ六一三

偉大、悲惨。
人は光を多く持つにつれて、それだけ多くの偉大と卑小とを、人間のうちに発見する。
普通の人々。
さらに教養ある人々。
哲学者たち。
彼らは普通の人々を驚かす。
キリスト者たち、彼らは哲学者たちを驚かす。

そこで、人が光を多く持つにつれてそれだけ多く認めることを、宗教は徹底的に認めさせるものでしかないのを見て、驚かないものがあろうか。

四四四

人々が彼らの最大の光によって知りえたことを、この宗教はその子らに教えた。

ラ二二九

四四五

原罪は、人間の目には愚かなものである。だが、それは愚かなものとして提供されている。だから、君たちはこの教理には道理がないといって、私を責めてはならない。なぜなら、私はそれを、道理なしに存在するものとして提供しているからだ。しかし、この愚かさは、人間のあらゆる知恵よりも賢明である。〈人よりも賢い〉[1]これなしに、人間の何であるかが語りえられるであろうか。彼の状態のすべては、知覚することのできないこの一点にかかっている。このことが理性によって、どうして認知されうるであろうか。なぜかといえば、それは理性に反することであり、理性は自分の方法によってそれを案出しえないどころか、それが提出されると、遠のいてしまうからである。

ラ六九五

（1）『コリント人への第一の手紙』一の二五。

四四六

ラ二七八

原罪について。ユダヤ人による原罪の十全な伝承。①

『創世記』八章のことばによれば、②人が心に思いはかることは、幼いときから悪い。

ラビ・モーセ・ハダルシャン。この悪いパン種③は、人間がつくられたときから、彼のうちにおかれている。

マセシェット・スッカ。この悪いパン種は、聖書のなかで七つの名を持っている。それは、悪、包皮、汚れ、敵、つまずき、石の心、北風、と呼ばれている。すべてこれらのものは、人間の心のうちに隠され刻みつけられている邪欲を意味する。ミドラシュ・ティリムも同様のことを言い、神は人間の良い本性を悪い本性から解放されるであろう、と言っている。

この邪悪は、毎日、人間に対して新しい力をふるうこと、『詩篇』三七篇④にしるされているとおりである。「不信者は正しい者をうかがい、これを殺そうとはかる。しかし神は正しい者を見捨てられないであろう」

この邪悪は、現世において、人の心を誘惑し、来世において、それを告発するであろう。

これらはすべて『タルムード』に書かれている。

ミドラシュ・ティリムの『詩篇』四篇、⑤「あなたがたは慎んで、罪をおかしてはならない」の注解。慎んであなたがたの邪欲を恐れよ、そうすれば、邪欲はあなたがたを罪に導かないであろう。また、『詩篇』三六篇、⑥「不信者はその心のうちに語って、神を恐れる思いが、私の前にないように、と言った」これは、とりもなおさず、人間生来の邪悪が、不信者にそう言ったのである。

ミドラシュ・エル・コヘーレット。「貧しくても賢い子は、未来を予知しえない老いた愚かな王にまさる」⑦子は徳であり、王は人間の邪悪である。それが王と呼ばれるのは、すべての肢体《したい》がそれに従うからである。老いていると言われるのは、それが幼時から老年まで、人間の心のなかにあるからである。愚かであると言われるのは、それが人間の予知しない滅びの道に、人間を導くからである。

同様なことは、ミドラシュ・ティリムにもある。

ベレスシト・ラバの『詩篇』三五篇、⑧「主よ、私のすべての骨はあなたを讃《たた》えます。あなたは貧しい者を、暴君の手から救いだされるからです」の注解。悪いパン種以上に偉大な暴君があろうか。

また『箴言《しんげん》』二五章、⑨「あなたの敵がもし飢えたら、これに食物を与えよ」の注解。これは、とりもなおさず、もし悪いパン種が飢えたら、『箴言』九章に書かれている知恵のパンを与え、もし渇いたら、『イザヤ書』五五章に書かれている水を与えよ、ということである。

ミドラシュ・ティリムは、同様のことを言い、聖書がその箇所でわれわれの敵といっているのは、悪いパン種のことであり、また彼にこのパンとこの水とを〔与える〕とは、彼の頭に熱い炭を積むことである、と言っている。

ミドラシュ・エル・コヘーレットの『伝道の書』九章、⑩「大いなる王が小さい町を攻めた」の注解。この大いなる王とは、悪いパン種であり、彼が町に向かって建てめぐらした大いなる雲梯《うんてい》とは、誘惑である。そして、一人の知恵のある貧しい人がいて、その町を救ったというのは、すなわち徳のことである。

また『詩篇』四一篇、⑪「貧しい人をかえりみる者は幸いである」の注解。

また『詩篇』七八篇、⑫「霊は去ってまた帰らない」の注解。このことばを、ある人々は誤って、霊魂の不死を反駁《はんばく》する理由にした。だが、その意味は、この霊とは、悪いパン種であり、それは人間に、死の時までつきまとい、復活の時にはふたたび帰らないというのである。

『詩篇』の一〇三篇に同じことがある。

また『詩篇』一六篇。⑬

（1）この断章中の諸項目は、すべて中世紀の『不信者とりわけユダヤ人の不実にとどめをさすキリスト者の短刀』——省略して『信仰の短刀』（プギオ・フィデイ）——と題する書物からかりたものである。この書は、十三世紀にドミニコ会の修道士レーモン・マルタンによって書かれたもので、一六五一年、ロデーヴの司教ボスケによって復刻されたため、パスカルは同時代の書と考えていた。
(2)『創世記』八の二一。
(3)『コリント人への第一の手紙』五の八。
(4)『詩篇』三七の三二。
(5)同四の四。
(6)同三六の一。
(7)『伝道の書』四の一三。
(8)『詩篇』三五の一〇。
(9)『箴言』二五の二一。
(10)『伝道の書』九の一四。
(11)『詩篇』四一の一。
(12)同七八の三九。
(13)第一写本には、ここに次のことばが付加されている。「ラビたちの原理。二人のメシア」

四四七

ラ八〇四

正義は地をはらったと言ったことによって、人々が原罪を認めたといえるであろうか。〈何びとも死ぬまでは幸福でない[1]〉ということは、死とともに永遠の本質的な祝福がはじまるのを、彼らが認めたということなのであろうか。

（1）オヴィディウス『メタモルフォセス』三の一三五（モンテーニュ『エセー』一の一九）にもとづくことば。

四四八

ラ六四二

〔ミトン〕[1]は、本性が堕落しており、人間が道義[2]に反しているのを、よく見ている。だが、なぜ人間がいっそう高く飛びかけりえないかを知らない。

（1）断章一九二の注（1）参照。パスカルは、ある意味で彼を尊敬し、プラトンやデカルト以上に評価していた。
（2）メレ、ミトンなどによって代表される当時の社交人たちの道徳。

四四九

ラ四六七

秩序。

堕落の章の後に言う、「この状態にある人が、それにあまんじている人もあまんじていない人も、すべてそのことを知っている、というのは正しい。しかし、すべての人が救いを見ている、というのは正しくない」

四五〇

ラ五九五

もし人が、尊大と野心と邪欲と弱さと悲惨と不正とに自分が満ちていることを知らなかったら、彼はよほどの盲人である。またもし知っていながら、それから救われることを願わないならば、そんな人について何と言うべきであろうか。

そうだとしたら、人は人間の欠点をかくもよく知っている宗教を尊敬するほかに、またそれに対してかくも望ましい救治法を約束する宗教の真理を求めるほかに、何をなしえるであろうか。

四五一

ラ二一〇

すべての人は生来たがいに憎みあうものである。人は邪欲を公共の福利に役立たせようとして、できるだけ用いた。だが、それは見せかけにすぎない、愛の虚像にすぎない。なぜなら、実のところ、それは憎しみにほかならないのだから。

四五二

ラ六五七

不幸な人々に同情するのは、邪欲にさからうことではない。反対に、人はそういう好意のしるしを示し、何も与えずに、情けぶかいという評判をとりたがるものだ。

四五三

ラ二一一

人は邪欲から政治や道徳や裁判についてのすばらしい規則をつくり、引き出した。

だが、実際において、人間のこの醜い地金《じがね》、この〈悪しきさま[1]〉は、おおわれているだけで、除かれてはいない。

(1)『詩篇』一〇三の一四(ラテン語訳)にもとづくことば。

四五四

ラ七四

不正。

彼らは、他人を害することなしに、邪欲を満足させる方法を見いだすことはできなかった[1]。

(1)これは当時の社交人たちのことである。彼らは自分と社会とを等しく満足させようと望んでいた。

四五五

ラ五九七

自我[1]は憎むべきものだ。ミトン君、君はそれを隠しているが、そうしたからといって、それを除いたことにはならない。だから、君はやはり憎むべきものだ。

そんなことはない。なぜなら、われわれがしているように、すべての人に親切にふるまえば、人から憎まれるはずはないではないか。それはそうだ、もし、自我を憎むということが、自我から生じる不快だけを憎むというのであるならば。

だが、私がそれを憎むのは、それが不正であり、それがすべてのものの中心になるからだとすれば、私はやはりそれを憎むであろう。

要するに、自我は二つの性質を持っている。それはすべてのものの中心になるから、それ自身、不正である。それは他人を従属させようとするから、他人には不快である。なぜなら、各人の自我は互いに敵であり、他のすべての自我の暴君になろうとするからである。君は不快を除くが、不正を除きはしない。

ゆえに、自我の不正を憎む人々に、それを愛すべきものとはさせない。自我のうちに敵を認めない不正な人々にのみ、それを愛すべきものとさせるだけだ。したがって、君はあいかわらず不正であり、不正な人々を喜ばすことしかできない。

（1）ポール・ロワヤル版は「自我という語は……自愛を意味するものにほかならない」と注している。

四五六

ラ七四九

なんという判断の錯乱であろうか、人々が、他のすべての人々の上に出ようとし、自分自身の善、自分の幸福と生命との永続を、他のすべての人々のそれらよりも好まずにいられないとは。

四五七

ラ六六八

各人は各自にとって一つの全部である。なぜなら、彼が死ねば、彼にとってすべてのものは死ぬからである。ここからして各人はすべてのものにとって全部であると思うようになる。[1] 自然はわれわれの立場から判断すべきでなく、それ自身によって判断すべきである。

(1) パウロの「私はすべての人に対して、すべての人のようになった」(『コリント人への第一の手紙』九の二二)と正反対の態度である。

四五八

ラ五四五

「すべて世にあるものは、肉の欲、目の欲、生命の誇りである。[1] 〈官能欲、知識欲、支配欲[2]〉」災いなのは、これらの三つの火の川が、うるおしているというよりも燃えたっている呪《のろ》われた地上である。さいわいなのは、それらの川の上で、沈まず、巻き込まれず、泰然として動かず、しかも、それらの川の上で、立ちもせずに、[3] 低い安全な場所にすわっている人々である。彼らは光がさすまで、そこから立ち上がらず、そこで安らかに休息したのち、やがて彼らを引き上げて聖なるエルサレムの城門にしっかりと立たせてくださるかたに、その手をさしのべる。そこではもはや高慢も彼らを責め、彼らを打ち倒すことはできない。とはいえ、彼らは涙を流す。それはすべての滅びるべきものが激流に巻き込まれて過ぎ去るのを見てではない。その長い流離の日のあいだ、たえず慕いつづけてきた彼らの愛する故国、天のエルサレムをなつかしんでである。

（1）『ヨハネ第一の手紙』二の一六。

（2）ヤンセンの『アウグスティヌス』のうちにあることば。ただし、同書では最後の語が「優越欲」となっている。

（3）トゥルヌール版の読みに従う。

四五九

ラ九一八

バビロンの川(1)は流れ、くだり、巻き込む。

ああ聖なるシオンの都よ、そこでは、すべてのものがとどまり、何ものもくずれることはない。われわれは川の上にすわらなければならない。下でも、中でもなく、上に。また立っていないで、すわらなければならない。すわるのは、謙虚であるため、上にいるのは、安全であるために。だが、エルサレムの城門では立ち上がるであろう。

その快楽がとどまるか流れるかを見よ。もし過ぎ去るならば、それはバビロンの川である。

（1）聖なるシオン、天のエルサレムが神の国の表徴であるのに対して、バビロンの川は世俗の表徴である。『詩篇』一三七篇参照。

四六〇

ラ九三三

肉の欲、目の欲、誇りなど。

事物には三つの秩序がある。肉体、精神、意志である。

肉的なのは富者や王者である。彼らは肉体を対象とする。

探求者と学者、彼らは精神を対象とする。

賢者たち、彼らは正義を対象とする。

神はすべてのものを支配されるはずであり、すべてのものは神に帰依すべきである。

肉の事柄は、もともと邪欲の支配に属し、
精神の事柄はもともと探求心のそれに、
知恵の事柄はもともと誇りのそれに属している。

これは人が財産や知識を誇りえないというのではない。ただそれらは誇りの場所でないというだけである。なぜなら、われわれは、ある人が学者であることは許すとしても、彼が尊大であるのはまちがっていると、彼を説得せずにはいられないからである。

誇りの本来の場所は、知恵である。なぜなら、われわれはある人が知者をもって自任しているのを認めながら、彼が誇っているのはまちがっていると言うことはできない。それは当然のことだからである。

そして、知恵を授けるのは、神だけである。だから、〈誇るものは、主によって誇れ[1]〉と書かれている。

（1）『コリント人への第一の手紙』一の三一。なおこの断章にあらわれた三つの秩序の思想は、断章七九三においていっそう展開されている。

四六一　ラ一四五

三つの邪欲は、三つの学派[1]をつくった。哲学者たちは、三つの邪欲のうちの一つに従うよりほかに、なにもしなかった。

（1）エピクロス派、ピュロン派、ストア派のこと。

四六二　ラ六二六

真の善の探求。

普通の人々は善を、財産や外的な幸福や少なくとも気ばらしのうちに置く。

哲学者たちは、すべてそれらのもののむなしさを示し、彼らの置きうる場所に善を置いた。

四六三

〔イエス・キリストなしに神を持つ哲学者たちに対して〕　ラ一四二

哲学者たち。

彼らは、神だけが、愛され讃美されるに値するということを信じながら、自分たちが人から愛され讃美されることを願った。彼らは自分の堕落を知らない。もし彼らが神を愛しあがめる感情に満ちているとみずから感じ、そこに彼らの主要な喜びを見いだすならば、自分を善だと思うがよい。それは結構なことだ。しかし、もし彼らがそれに嫌悪《けんお》をおぼえ、人々の尊敬を受けるものになりたいという意向しか持たないとしたら、また十全な理想として彼らのなしうる唯一のことが、人々を強制せずに彼らを愛せしめ、それによって人々を幸福にしようとするのであるならば、私はそのような理想を恐るべきものだと言うであろう。なんたることか。彼らは神を知っていて、しかも人々が神を愛することだけを願わず、彼ら自身にとどまってくれることを願ったのだ。彼らは人々の気ままな幸福の対象になることを望んだのだ。

四六四

ラ一四三

哲学者たち。

われわれは自分を外部に投げやる事物に満たされている。われわれの本能は、自分の幸福を自分の外に求めなければならないことを感じさせる。われわれの情念は、その対象が現われてそれを刺激しないときですら、われわれを外部へ押しやる。外部の対象はまた、われわれがそれを考えていないときですら、それみずからわれわれを誘い、われわれを呼びだす。そういうわけで、哲学者たちが、「君たち自身に帰れ。君たちはそこで君たちの善を見いだすであろう」と言ったところで、無益である。人は彼らを信じない。彼らを信じるのは、最もむなしい愚かな人々である。

四六五

ラ四〇七

ストア派の人々は言う、「君たち自身のうちに帰れ、君たちはそこで平安を見いだすであろう」と。しかし、それは真ではない。

他の人々は言う、「外に出よ、気ばらしのうちに幸福を求めよ」と。しかし、これも真ではない。病気になることもある。

幸福は、われわれの外にも、われわれの内にもない。それは神のうち、すなわち、われわれの外と内とにある。

四六六

ラ一四〇

エピクテトスは道を完全に悟ったとしても、人々にはこう言うだけだ。「君たちは道をまちがえている」と。彼は、ほかに道があることは示すが、そこに導いてはくれない。それは神が望まれることを望む道であり、イエス・キリストだけがそこへ導く。〈道、真理(1)〉

ゼノン(2)自身の悪徳。

(1)『ヨハネ福音書』一四の六。
(2) ストア派の祖（紀元前四世紀ころ）。エレア派の哲学者ゼノン（紀元前五世紀ころ）に対して、キュプロスのゼノンとして知られている。エピクテトスは彼の学説をついだ一人である。

四六七

ラ一〇〇

現象の理由。

エピクテトス(1)。「君は頭痛を病んでいる(2)」という人々。これは同じではない。人は健康は保証しても、正義はそうはいかない。事実、彼の正義は愚劣であった。

それにもかかわらず、彼は、「われわれの力でできる、できない」と言ったとき、正義を証明したつもりであった。

しかし、心情を規定するのは、われわれの力でできないことを認めなかった。また、彼がこの

ことを、キリスト者が存在するという事実から結論したのは、誤りであった。(3)

(1)エピクテトスは事実を認めたが、その理由を知らなかったという意味。
(2)エピクテトス『語録』四の六。断章八〇参照。
(3)同四の七。断章三五〇参照。

四六八

ラ二二〇

他の宗教は一つとして、自分を憎むべきことを提唱しなかった。だから、他の宗教は自分を憎んで真に愛すべき存在を求めている人々の心にかなうことはできない。それらの人々は、へりくだった神の宗教については聞くことがなかったとしても、すぐそれを受け入れるであろう。

四六九

ラ一三五

私は自分が存在しなかったかもしれないと感じる。なぜなら、自我は私が思考するところに存在するからである。だから、私が生まれ出る前に、私の母が殺されていたら、この思考する自我は存在しなかったであろう。そうだとすれば、私は必然的な存在ではない。同様に、私は永遠でも無限でもない。しかし、自然のうちには、必然的で永遠で無限な存在があることを、私はよく知っている。

四七〇

ラ三七八

「奇跡を見たら、私は回心したであろう」と、彼らは言う。彼らは自分で知りもしないことをするなどと、どうして請け合えるのであろうか。彼らはこの回心が、自分かってに考えだした交わりと語らいとしての神への礼拝から生じると想像している。真の回心は、この普遍的な存在、すなわち、われわれがしばしばその怒りを引き起こし、そのためわれわれをいつでも正当に滅ぼしうるものの前に、全くむなしくなり、われわれは彼を離れて何事もなしえないこと、彼の不興をまねくほかに彼から何ものをも受ける資格がないことを認めるところに生じるのである。それは神とわれわれとのあいだに、いかんともしがたい対立があること、仲保者がなければ、神との交わりはありえないことを知るところに生じるのである。

四七一

ラ三九六

人が私に執着するのは、たとい喜んで心からしたにしても、不当なことである。私は、そういう願いを起こした人々を、裏切ることになるであろう。なぜなら、私は何びとの目的でもなく、彼らを満足させる何ものをも持たないからである。私はやがて死ぬべきものではないか。そうしたら、彼らの執着の対象も死んでしまうだろう。だから、虚偽を信じさせるということは、たとい私がやさしく人々を説得し、人々も喜んでそれを信じ、私もそれに喜びを感じたにしても、罪であるように、自分を愛させるのは罪である。もし私が人々をひきつけ、私に執着させているとしたら、私は嘘を信じようとしている人々に向かって、それが私にどんな利益をもたらそうとも、決してそれを信じてはならないと忠告すべきであるように、彼らにも私に執着してはならないと忠告すべきである。なぜなら、彼らは神を喜ばすため、または神を求めるために、その生涯と考慮とを費やすべきものだからである。

四七二

ラ三六二

我意[1]は、すべてのことを心のままになしえた場合にも、決して満足しないであろう。しかし、人は我意を投げ捨てたその瞬間から満足する。それがなくなれば、人は不満であることはできない。それがあると、人は満足していることはできない。

（1）神から出る恩恵に対して、人間から出る意志である。

四七三

ラ三七一

考える肢体に満ちた一つの身体を想像せよ。[1]

（1）『コリント人への第一の手紙』一二の一二、二七。

四七四

ラ三六八

肢体。ここから始める。

人が自分自身に対する愛を調整するには、考える肢体に満ちた身体を想像すべきである。なぜなら、われわれは全体のうちの肢体であって、各肢体がそれ自身をいかにして愛すべきかを知っているからである。……

四七五

ラ三七四

もし足や手に別々の意志があったら、それらは全体のからだを治めている第一の意志に、それぞれの意志を服従させないかぎり、秩序を保つことはできないであろう。そうしなければ、それらは無秩序になり、不幸になる。ただ全体の善を望むことによってのみ、それらは各自の善をなしうるのである。

四七六

ラ三七三

神のみを愛し、自分だけを憎むべきである。

もし足が、自分が身体に属していること、自分の依存している身体があることを、つねづね知らずにいて、足自身を認め、また愛するだけであったならば、そして自分の依存する身体に属していることをたまたま知ったならば、自分の過去の生活について、また自分に生命を授けたこの身体、自分がそれから離れたように、それが自分を捨て自分から離れたならば、自分は滅びたであろうと思われるその身体に対して無益であったことについて、どんなに後悔し、どんなに当惑することだろう。その身体につらなっていることを、どんなに祈ることだろう。また身体を治めている意志に治められるため、どんなに服従して身をゆだねることだろう。もし必要なら、自分が切り捨てられることをも承諾するであろう。そうでなければ、肢体としての性質を失うことになるからである。なぜなら、すべての肢体は全体のためには滅びることをも進んで願うべきであり、全体こそすべての肢体が存在する唯一の目的だからである。(1)

（1）「もし足が『私は手ではないから、からだに属していない』と言っても、それで、からだに属さないわけではない」（『コリント人への第一の手紙』一二の一五）このパウロの全体主義を、パスカルはその『護教論』のうちで展開しようともくろんでいた。

ラ四二一

四七七

われわれが他人から愛される値うちがあると思うのは誤りであり、それを望むのは不正である。

もしわれわれが生まれつき分別よく公平であって、われわれ自身と他人とをよく知っていたならば、われわれは自分の意志に対してこのような偏向を与えはしなかったであろう。とはいえ、われわれは生まれつきそのような偏向を持っている。つまり、生まれつき不正である。

なぜなら、すべてが自分に向かっているからである。このことは全体の秩序に反する。われわれは一般的なものに向かうべきである。自分への偏向は、戦争、政治、経済、人間の個々の身体などにおける、あらゆる無秩序のはじまりである。それゆえに、意志は腐敗している。

もし自然的、文化的共同体の各肢体が、全体の幸福に向かうならば、共同体そのものは、それらを肢体としているさらに一般的な他の全体に向かうべきである。したがって、人は一般的なものに向かうべきである。だから、われわれは生まれつき不正で腐敗している。

四七八

ラ三九五

われわれが神のことを考えようとするとき、われわれの心をそらし、ほかのものを考えるようにそそのかすものがありはしないか。それはすべて悪であり、われわれが持って生まれたものである。

四七九

ラ六一八

一人の神があるとしたら、彼のみを愛すべきであり、過ぎゆく被造物を愛してはならない。『知恵の書』にある不信者たちの議論は、神はないということだけを基礎としている。彼らは言う、「だから、そうであるとして、つくられたものを楽しもう」[1]。これは最悪の議論である。だが、もし愛すべき一人の神があるとしたら、彼らはそんな結論はしないで、全く反対の結論をしたことだろう。そして、これこそ知者たちの結論である。「一人の神がある。だから、被造物を楽しんではならない」

ゆえに、われわれをそそのかして被造物に執着させるものは、すべて悪である。なぜなら、それは、われわれが神を知っていれば、神に仕えることを妨げ、われわれが神を知らなければ、神を求めることを妨げるからである。ところでわれわれは、邪欲に満ちているので、また悪にも満ちている。したがってわれわれは、われわれ自身と、われわれをそそのかして一人の神以外のものに執着させるすべてのものとを、憎まなければならない。

（1）旧約外典『ソロモンの知恵』二の六。

四八〇

ラ三七〇

各肢体を幸福にするには、それらが一つの意志を持つように、またその意志を身体に合致させるように、することが必要である。

四八一

ラ三五九

ラケダイモン人その他の人々のあっぱれな死の模範は、われわれをさして感動させない。なぜなら、それはわれわれにどんな益をもたらすであろうか。

しかし、殉教者たちの死の模範は、われわれを感動させる。それは「われわれの肢体」[1]であるから。われわれは彼らに共通のつながりを持っている。彼らの決意は、われわれのそれを形づくることができる。ただ模範によってだけではなく、おそらく彼らの決意がわれわれの注意を促しうることによってである。

このようなことは、異教徒の模範には見られない。われわれは彼らと何のつながりもない。あたかも、あかの他人が金持であるのを見ても、自分は金持になれないが、自分の父や夫が金持であるのを知れば、自分も金持になれるようなものである。

（1）『ローマ人への手紙』一二の五。

四八二

ラ三六〇

道徳。[1]

神は天地をつくられたが、天地は自分の存在の幸福を感知しないので、神はそれを意識する存在、すなわち、考える肢体が一つの全体を構成するような存在をつくろうとお望みになった。なぜなら、われわれの肢体は、それらの結合の幸福、それらの驚くべき理解の幸福、それらに精神を吹きこみ、それらを成長させ存続させるために自然が配慮してくれる幸福を感じないからである。もし肢体がそれを感じ、それを知ったならば、どんなに幸福なことであろう。だが、そのためには、肢体はそれを認識する理解力と、普遍的な魂の意志に同意するよい意志とを、必要とするであろう。しかし、理解力を授かったにしても、肢体がそれを自分の養分としてとるにとどまり、他の肢体におくることをしないならば、それらはただ不正であるだけでなく、また不幸であり、したがって、それらは互いに愛し合うより、むしろ憎み合うことになるであろう。肢体の祝福は、その義務と同様に、それらが属している全体の魂、すなわち肢体が愛している以上にそれらを愛している全体の魂の導きに、同意するところにあるのだ。

（1）第一写本にはここに「考える肢体の書き出し」という指示がある。

四八三

ラ三七二

肢体であるということは、全体の精神によってのみ、また全体のためにのみ、生命と存在と運動とを持つことである。肢体が分離して、その属している全体をもはや顧みないならば、それは滅びゆき死にゆく存在にすぎない。しかるに、それは自分を全部であると信じ、自分が依存しているいる全体を顧みないので、自分にしか依存していないと信じ、自分を中心とし全体そのものにしようとする。しかし、自分のうちに生命の根元を持っていないので、迷わずにはいられない。また自分が全体でないことを感じながらも、自分が一つの全体の肢体であることを悟らないところから、自分の存在の不安定に驚く。ついに自分を知るにいたると、あたかも自分の家に立ち帰ったかのように、全体のためにしか自分を愛せず、過ぎた日の迷いを悔やむのである。

肢体はその性質上、自分自身のため、自分に服従させるためでなければ、他のものを愛することができない。なぜなら、すべてのものは何よりも自分を愛するからである。

しかし、全体を愛することは、自分を愛することである。というのは、肢体は全体にあって、全体によって、全体のためにのみ存在しているからである。〈神につくものは、これと一つの霊になる(1)〉

全体は手を愛する。手はもし一つの意志を持っていたら、魂が手を愛するのと同じように、自分を愛すべきである。それを越える愛は、すべて不正である。

〈神につけば、一つの霊になる(2)〉人はイエス・キリストの肢体であるから、自分を愛する。人は

イエス・キリストが全体であり、自分がその肢体であるから、イエス・キリストを愛する。三位一体のように、全体は一つであり、一つは全体のうちにある。

(1)(2)『コリント人への第一の手紙』六の一七。

四八四　ラ三七六

二つの律法[1]は、あらゆる政治的法律にもまさって、キリスト教国を統治するのに十分である。

(1)『マタイ福音書』二二の三五以下、『マルコ福音書』一二の二八以下に見える、神を愛し人を愛せよという戒め。

四八五　ラ五六四

真の唯一の徳は、それゆえに、自分を憎むこと（なぜなら、人はその邪欲のゆえに憎むべきものであるから）と、真に愛すべき存在を愛するために、それを求めることとである。しかし、われわれは自分の外にあるものを愛することはできないので、われわれのうちにあって、しかもわれわれでない存在を愛しなければならない。このことは全人類の一人一人について真実である。ところで、そのようなものは普遍的存在のほかにはない。神の国はわれわれのうちにある。[1]普遍的な善は、われわれのうちにあって、われわれ自身であり、しかもわれわれではないものである。

（1）『ルカ福音書』一七の二一。

四八六

ラ七八八

人間の尊厳は、その堕落以前においては、被造物を使用し支配するにあった。しかし、今では被造物から離れ、それに従うにある。(1)

（1）被造物から離れるのは、神に結びつくためであり、それに従うのは自分をへりくだらせるためである。

四八七

ラ八三三

その信仰において、一人の神をあらゆる事物の本源として崇めない宗教、その道徳において、唯一の神をあらゆる事物の目的として愛さない宗教は、すべて虚偽である。

四八八

ラ九八八

……だが、神が本源でないならば、決して終極ではありえない。人はその目を高いところにつけているが、その身を砂の上にささえている。だから、地が崩れたら、人は天を仰ぎながら倒れるであろう。

四八九　ラ二〇五

もしすべてのものの唯一の本源があり、すべてのものの唯一の目的があるならば、――すべてのものはそれにより、すべてのものはそのためにある――したがって、真の宗教はわれわれにそれのみを崇め、それのみを愛すべきことを教えなければならない。しかし、われわれは自分の知らないものを崇めることも、自分以外のものを愛することもできないのであるから、これらの義務を教える宗教は、これらの無力をも教え、その救治法をも示してくれるはずである。それは一人の人によって、すべてが失われ、神とわれわれとのつながりが破壊されたことと、一人の人によって、そのつながりが回復されたことを、われわれに教える。

われわれは生まれつき神の愛に全くそむいており、しかも神の愛は絶対に必要なのであるから、われわれが生まれつき罪があるのでなければ、神が不正であるということになろう。

四九〇　ラ九三五

人々は善行をすることに慣れず、なされた善行を見て、それに報いることにのみ慣れているので、神をも自己流に判断する。[1]

（1）神の恩恵はあくまでも自発的、先行的であって、人間の行為に左右されないが、人は自分の打算的態度から推して、神が人間の行為に応じて恩恵を与えるように考えやすい。

四九一

ラ二一四

真の宗教は、神を愛せよとせまるのを、その特色としていなければならない。それはきわめて正当なことであるにもかかわらず、どんな宗教もそれを命じなかった。われわれの宗教は、それを命じた。

それはまた邪欲と無力とをも知っていなければならない。われわれのは、それを知っていた。

それはその救治法をもたらすべきである。その一つは祈りである。どんな宗教も、神を愛し神に従うことを、神に要求しなかった。(1)

（1）どんな宗教でも、神に、「あなたを愛し、あなたに従う力を与えてください」と祈り求めなかったという意味。

四九二

ラ六一七

自分のうちにある自愛心を憎まず、また自分をおだてて神にしようとする本能を憎まない人は、全く盲目である。それほど正義と真理とに反するものはないということを、認めないものがあろうか。なぜなら、われわれが神に値すると思うのは迷妄《めいもう》であるから。そこまでいくのは、不正であり、不可能である。というのは、すべての人が同じことを要求するからである。(1) だから、これはわれわれが持って生まれた明白な不正であり、われわれがみずから脱却しえないもの、しかも脱却しなければならないものである。(2)

それにもかかわらず、どんな宗教も自愛心が罪であること、われわれが生まれながらそのなかにあること、それに抵抗しなければならないことを示さず、その救治法を授けることをも考えなかった。

（1）神になろうとすることは、すべてを支配しようとすることである。しかるに、すべての人は生まれつき普遍的支配欲を持っているので、それは互いに衝突せざるをえない。

（2）宗教は人間に、神の力によらなければとうてい不可能な責務を課する。

四九三

ラ二一六

真の宗教は、われわれの義務とわれわれの無力、高慢と邪欲とを示し、またその救治法、すなわち謙虚と節制とを教える。

四九四

ラ四五〇

真の宗教は、偉大と悲惨とを教え、自己の尊重と軽蔑とに、愛と憎しみとに、導くものでなければならない。

四九五

ラ六二三

人の何であるかを探求しないで生きることが、とてつもない盲目であるとするならば、神を信じながら悪い生活をすることは、恐るべき盲目である。

四九六

ラ三六五

信仰と善意とのあいだには大きな差異があることを、経験はわれわれに知らせてくれる。

四九七

ラ七七四

神のあわれみをたのんで善行をなさず、放逸に過ごす人々に対して。

われわれの罪の二つの源泉は高慢と怠惰とであるから、神はそれらを癒すために、神の二つの性質、すなわち、あわれみと正義とを明らかにされた。正義の正義であるところは、高慢をくじくにある、その行為がどんなに神聖であっても。〈あなたの僕《しもべ》のさばきに、たずさわらないでください、云々〉[1]またあわれみのあわれみであるところは、善行をすすめて怠惰とたたかうにある。その聖句としては、〈神の慈愛が、あなたを悔い改めに導く〉[2]と、ニネベ人の他の句、〈悔い改めて、神がわれわれをあわれんでくださるかどうかを見よう〉[3]とがある。このようにあわれみは放縦をゆるさないのみか、反対にそれと断然たたかうことを、特色としている。だから「神にあわれみがなかったならば、徳のためにあらゆる努力をするはずであったのに」と言うかわりに、むしろ「神にあわれみがあるからこそ、あらゆる努力をしなければならない」と言うべきである。

（1）『詩篇』一四三の二の上半句であるが、この場合はむしろ下半句のほうが適切である。すなわち「生ける者は一人も御前に義とされないからです」

（2）『ローマ人への手紙』二の四。

（3）『ヨナ書』三の九にもとづくものであろう。

四九八

ラ九二四

信仰にはいるのに、苦痛が伴うのは事実である。しかし、この苦痛は、われわれのうちに生じはじめた信仰から出るのでなく、そこにまだ残っている不信仰から出るのである。もしわれわれの感性が悔悛に反対せず、われわれの腐敗が神の清さに反対しなかったならば、入信にはわれわれの苦痛になる何ものも存在しなかったであろう。われわれは、生来の悪徳が、超自然の恩恵に抵抗する程度に応じてのみ苦しむ。われわれの心は、相反する二つの努力に引きさかれるのを感じる。しかし、この強暴を、われわれを引きとめるこの世に帰《き》せずに、われわれをひきつける神に帰するのは、全く不当であろう。それは一人の幼児が、母親によって盗賊の手から奪い返されるとき、その受けつつある苦痛のなかで、彼の自由を獲得してくれる母親の愛に満ちた正当な暴力を愛し、また彼を不当にも引きとめる盗賊の激烈残忍な暴力をひたすら憎むのが当然であるのと、同様である。この人生において、神が人々に課しうる最も残酷なたたかいは、神がもたらされたこのたたかいに彼らを参加させずにおくことである。「私は、たたかいをもたらすために来た(1)」と、彼は言われた。またこのたたかいについて教えるために、「私は剣と火とを投じるために来た(2)」とも言われた。彼以前には、人々は偽りの平和のうちに生きていたのだ。

(1)『マタイ福音書』一〇の三四。
(2)『ルカ福音書』一二の四九。

四九九

ラ九二八

外的行為。

神と人とに喜ばれるほど、危険なことはない。なぜなら、神と人とに喜ばれる状態は、神に喜ばれることと人に喜ばれることとの、別々のものから成っているからだ。聖テレサ(1)の偉大さなどは、それである。神に喜ばれたのは、彼女が霊示を受けたときの深い謙虚であり、人に喜ばれたのは、彼女の知恵である。そこで、人は彼女の状態にならうつもりで、彼女のことばをまねるのに懸命であるが、それほど神の愛されるものを愛し、神の愛される状態に身をおこうとはしない。

――

断食しないでも、そのために謙虚であるほうが、断食してそれで満足しているよりもまさっている。

――

パリサイ人、取税人。[2]

――

もし記憶することが、同様に私の害にも益にもなるとしたら、またすべてのことが神の祝福にかかっているとしたら、記憶したからとて何の役に立とう。神はその祝福を、神のためになされたことに対してのみ、神の定めと方法とに従って与えられるのである。

したがって、態度は事柄と同様に、いな、おそらくそれ以上に、重要なのではあるまいか。なぜなら、神は悪から善を引き出すことができるが、人は、神なしには、善から悪を引き出すからである。

――

（1）（一五一五～八二）。宗教改革に対抗して、スペインにカトリックの信仰を復興させた聖女。その信仰は神秘的で、しばしば神の声を聞き、恍惚状態におちいった。
（2）『ルカ福音書』一八の九～一四のイエスのたとえ話をさす。

五〇〇

ラ四七三

善と悪という二語の理解。

五〇一

ラ七五四

第一段、悪を行なって叱《しか》られ、善を行なってほめられること。
第二段、ほめられも叱られもしないこと。

五〇二

ラ六〇三

アブラハムは自分のために何ものも取らず、ただ従僕のためにのみ取った。[1] そのように、義人も自分のためには世から何ものも取らず、世の称讃も取らず、ただ彼の情念のためにのみ取る。彼はみずから主人として自分の情念を使役し、その一つに「行け」[2]と言い、他の一つに「来い」と言う。〈あなたはあなたの欲望を治める〉[3] このように支配された情念は、そのまま徳である。むさぼり、ねたみ、怒りは神でさえ自分の属性としておられる。そして、これらは同じく情念である寛容、情け、誠実とともに、りっぱな徳である。われわれはそれらを奴隷として使役し、それらに食物をあてがい、その食物を魂に横取りされないようにしなければならない。なぜなら、情念が主人になると、それらは悪徳になり、そのときには情念が魂に自分の食物を与え、魂がそれを食べて中毒をおこすからである。

（1）『創世記』一四の二四。
（2）『マタイ福音書』八の九。
（3）『創世記』四の七参照。

五〇三

ラ三七五

哲学者たちは、悪徳を神自身に帰することによって、それを聖化した。キリスト者たちは、徳を聖化した。

五〇四

ラ九四七

義人は小さいことでも信仰によって行なう。彼は従僕を叱るときにも、神の霊によって彼らが回心することを望み、神が彼らを矯正《きょうせい》してくださるように祈る。また彼が叱ったことに期待するとともに、神に期待し、神が彼の矯正を祝福してくださるように祈る。ほかの行為においても、そのとおりである。

五〇五　ラ九二七

あらゆるものは、われわれに有益につくられたものでも、われわれに致命的となりうる。たとえば、自然の世界では、壁はわれわれを殺しうるし、階段も踏みはずせば、われわれを殺しうる。

——

ごく小さい運動も全自然に影響する。大海も一つの石で変動する。そのように、恩恵の世界でも、ごく小さい行為がその結果をすべてのものに及ぼす。ゆえに、すべてのものが重要である。

——

どんな行為でも、行為そのもののほかに、われわれの現在、過去、未来の状態と、それが影響して起こる他の状態とを観察し、すべてそれらのものの関係を見なければならない。そうすれば、人はよほど慎みぶかくなるだろう。

五〇六　ラ六九〇

神が、われわれの罪、すなわち、われわれの罪のあらゆる結果と帰結とを、われわれに帰したまわないように。ごく小さいあやまちでも、無慈悲に追及されたら、恐ろしいことになる。

ラ七〇二

五〇七

恩恵。恩恵のはたらき、かたくなな心、外的事情。①

（1）キリスト者の魂は、神の恩恵のはたらきと生来のかたくなな心とのあいだにはさまれ、神の摂理の表われである外的事情によって、決定を迫られることがしばしばである。

ラ八六九

五〇八

一人の人を聖徒にするには、恩恵というものがぜひとも必要である。それを疑う人は、聖徒の何であるかも、人間の何であるかも、知らない人である。①

（1）人間性と恩恵との対立は、ジャンセニスムの根本教理であった。

ラ一四一

五〇九

哲学者たち。

自分を知らない人間に向かって、君は自分自身で神のところへ行きなさいと叫ぶのも、妙なものである。また自分を知る人間に向かって、そう言うのも、妙なものである。

五一〇

人間は神にふさわしいものではない。しかし、ふさわしくなりえないものでもない。ラ二三九

神が惨めな人間のなかに加わるのは、神にふさわしいことではない。しかし、人間をその惨めさから引き出すのは神にふさわしくないことではない。

五一一

もし人が、人間は神との交わりにあずかるにはあまりに小さいと言おうとするならば、そのように判断することが非常に偉大なことである。ラ二三一

五一二

彼の言い方によれば、それはすべてイエス・キリストのからだではあるが、イエス・キリストのからだのすべて(1)であるとは言えない。ラ九五七

――

二つのものが変化せずに結合すれば、一が他になるとは言えない。

そのように魂はからだに結合する、

火は薪《たきぎ》に、変化せずに。

しかし、一方の形が他方の形になるためには、変化が必要である。

それが神のことばと人間との結合の場合である。

――

私のからだは私の魂なしには、人間のからだを構成しないであろうから、私の魂はなんらかの物質と結合して、私のからだを構成するであろう。

必要な条件と十分な条件とは区別されない。結合は必要であるが、十分ではない。

――

左の腕は右の腕ではない。

――

不可入性は物体の本質である。

〈数〉の同一は、同一の時間には、物質の同一を要求する。

――

したがって、もし神が私の魂を中国にある一つのからだに結びつけられたとしたら、〈数において〉同じそのからだは中国にあるであろう。

そこを流れている同じ川は、同じときに中国を流れる川と〈数において〉同じである。②

（1）「すべて……からだ」は toute le corps で、「からだのすべて」は tout le corps である。

（2）この断章はカトリック教会のミサ聖祭における聖体の実体的変化に関するものであることは明らかであるが、全体としてきわめて難解であり、ブランシュヴィックの注に引用されているクーチュールの解釈なども、その解明としては不十分であると思われるので、ここには別に解説を加えないことにした。

五一三

ラ九三〇

神が祈りを設けられた理由。

一、その被造物に、因果の尊厳を知らせるため。

二、われわれが誰から徳を授けられるかを教えるため。

三、われわれを努力によって他の諸徳にあずからせるため。

しかし、神は優先権を保つため、御旨《みむね》にかなう者に祈りをお与えになる。

抗議。だが、人は自分で祈りをしていると考えている。

それは不合理だ。なぜなら、人は信仰を得ても、徳を得るとはかぎらないのに、どうしてその信仰を得るのか。信仰から徳までの距離よりも、不信仰から信仰までの距離のほうが、いっそう大きいのではあるまいか。①

――「値する」② この言葉が不明瞭《ふめいりょう》である。

――〈彼は贖い主を持つに値する〉③

――〈彼はかくも聖なる肢体に触れるに値する〉④

――〈私はかくも聖なる肢体に触れるに値する〉⑤

――〈私は値しないもの、⑥ 値せずして食するもの〉⑦

――〈受けるに値する〉⑧

――〈私を値する者にしてください〉⑨

神は自分の約束に従われるだけである。

神は祈る者に正義を与えると約束されたが、[10] 祈りを与えることは、約束の子らにしか約束されなかった。[11]

聖アウグスティヌスは明確に言った、「能力は義人から取り去られるであろう」[12]と。だが、彼は偶然そう言ったのである。なぜなら、それを言う機会がこないということもありえたであろうから。しかし、その機会がきたら、彼がそれを言わないことも、その反対を言うこともありえないことは、彼の根本方針によって明らかである。そうだとしたら、彼は機会がきたので、そう言ったというよりも、機会がきた以上、そう言わざるをえなかったのである。前者は偶然であり、後者は必然である。だが、これらの二つは人が求めうる場合のすべてである。

(1) 祈禱の教理は、ジャンセニスムのなかで重要な地位を占めていた。それは救い主の恩恵の結果である人間の善意のしるしであるとともに、またその善意が行為となり、信仰が徳となるために、新しい恩恵を必要とすることのしるしでもあった。

(2) mérite はこの場合、人間が救い主の功績に値することを意味する。それが不明瞭であるというのは、人はイエス・キリストの功績にのみより頼むとき、その功績に値することができると言われているからである。

(3) 聖土曜日（復活祭の前日）の日禱。

(4) 聖金曜日の日禱。
(5) 讃歌 Vexilla-regis.
(6) 『ルカ福音書』七の六。
(7) 『コリント人への第一の手紙』一一の二九。
(8) 『ヨハネ黙示録』四の一一
(9) 聖母日の日禱。
(10) 『マタイ福音書』七の七。
(11) 『ローマ人への手紙』九の八。
(12) 義人が自分のうちに功績を認めず、ただ救い主の功績にのみ頼ろうとすること。

五一四

ラ九六九

「恐れをもって自分の救いを全うせよ[1]」

――

恩恵による貧しき者[2]。

〈求めよ、与えられるであろう[3]〉ゆえに、求めることはわれわれの力のうちにあるか、いな[4]、反対に、それはわれわれの力のうちにはない。受けることはわれわれの力のうちにあるが、祈ることはそのうちにないからである。なぜなら、救いが、われわれの力のうちにないのだから、受けることがそのうちにあるとしても、祈りはそのうちにないわけである。

——

そうだとすれば、義人はもはや神に期待する必要がないであろう。なぜなら、彼は期待しなくても、求めたものを受けようと努めればよいからである。

そこで結論すれば、人間は今やこの直接能力を用いることができず⑤、また神も人が神から離れないのは、その能力のためであることをお望みにならないので、人が神から離れずにいるのは、ただ有効な能力によってである。

だから、離れるものは、この有効な能力、すなわち、それがなければ人が神から離れるものを持たないのであり、離れないものは、この有効な能力を持っているのである。

したがって、この有効な能力によって恩恵のときをしばらく過ごしていながら、祈ることをやめる人は、この能力を持たないのである。

その後、神はこの意味でみずから離れて行かれる。⑥

（1）『ピリピ人への手紙』二の一二。
（2）ラフュマ版の読みに従う。
（3）『マタイ福音書』七の七。ただし、ラテン語訳聖書は少しちがっている。
（4）トゥルヌール版により補う。

（5）トゥルヌール版の読みに従う。
（6）この断章は全体として不明瞭であり、ブランシュヴィック版と他の諸版とはだいぶ相違しているが、ここでは諸版を参照しつつ、だいたい前者に従った。

五一五

ラ五四六

神に選ばれた者は自分の徳を知らず、神に見捨てられた者は自分の罪の大きさを知らないであろう。「主よ、いつあなたが飢え渇かれたのを見て(1)……」

（1）『マタイ福音書』二五の三七。

五一六

ラ七〇三

『ローマ人への手紙』三章二七節。〈誇りは除かれた。何の法則によってか。行ないの法則によってか。そうではなく、信仰によってである〉ゆえに、信仰は、律法の行為のように、われわれの力のうちにはない。それは他の道によってわれわれに与えられる。

五一七

ラ二〇二

心を安んじるがよい。君がそれを(1)期待すべきは、君からではない。むしろ反対に、君から何ものも期待しないことによって、それを期待すべきである。

（1）「それ」とは神の恩恵である。自分をたのまず、神のみをたのむところに、恩恵は与えられるという意味。

五一八

ラ九二一

あらゆる状態は、殉教者のそれでさえも、聖書によれば、恐れおののくべきものである。煉獄《れんごく》の苦痛の最大のものは、審判の未決定ということである。

〈隠れている神(1)〉

（1）『イザヤ書』四五の一五。

五一九

ラ八〇七

『ヨハネ福音書』八章。

〈多くの人が彼を信じた。そこで、イエスは言われた、「あなたがたが……おるなら、ほんとうに私の弟子《でし》である。また真理は、あなたがたに自由を得させるであろう」

彼らは答えた、「私たちはアブラハムの子孫であって、まだ人の奴隷になったことはない(1)」〉

弟子と「ほんとうの」弟子とのあいだには大きな相違がある。両者の差を知るには、「真理はあなたがたに自由を得させるであろう」と、彼らに言ってみるがよい。もし彼らが、「自分らは自由だ、悪魔への隷属から自力で脱出した」と答えるならば、彼らはたしかに弟子ではあるが、ほんとうの弟子ではないからである。

（1）『ヨハネ福音書』八の三〇〜三三。

五二〇

ラ九二五

律法は人の本性を破壊せず、かえってそれを教育した。[1] 恩恵は律法を破壊せず、かえってそれを実行させた。[2]

洗礼のときに受けた信仰は、キリスト者と回心者との全生涯の原動力である。

（1）『ローマ人への手紙』七の七。
（2）同三の三一。

五二一

ラ六六二

恩恵は常にこの世に存在するであろう――自然もまた。――そこで恩恵は、ある意味で自然的になる。それゆえに、この世にはいつもペラギウス主義者[1]があり、いつもカトリック教徒があり、いつもたたかいがあるであろう。

なぜなら、第一の誕生が前者をつくり、第二の誕生の恩恵が後者をつくるから。

（1）ペラギウス（紀元四、五世紀）はアウグスティヌスの論敵。人間は生来の力によって善をなしうると主張し、教会会議によって異端の宣告を受けた。

五二二

律法は、自分が授けなかったことを命じた。恩恵は、自分が命じることを授ける。

ラ八二四

五二三

すべての信仰は、イエス・キリストとアダムとにおいて成り立ち、すべての道徳は邪欲と恩恵とにおいて成り立つ。

ラ二二六

五二四

人間は絶望と高慢との二重の危険に常にさらされているので、恩恵を受けることも失うこともありうるという、彼の二重の可能性を教える教理ほど、人間にとって適切な教理はない。

ラ三五四

五二五

ラ三九八

哲学者たちは、二つの状態に適応する心構えを教えなかった。

彼らは純粋に偉大な動きを鼓吹したが、それは人間の状態ではない。

彼らは完全に低劣な動きを鼓吹したが、それも人間の状態ではない。

自然から生じるのでなく、悔悛から生じる卑下の動き、そこにとどまるためでなく、偉大にいたるための卑下の動きが、必要である。功徳から生じるのでなく、恩恵から生じる偉大の動き、しかも卑下を通過したのちの偉大の動きが、必要である。[1]

（1）パスカルが回心の『覚え書』（『パンセII』所収）のなかに「人の魂の偉大さ」と書きつけたのは、この偉大の動きの例である。

五二六

ラ三五二

悲惨は絶望を是認させる。

高慢はうぬぼれを是認させる。

神の子が人となられたことは、人間が必要とした救いの偉大さによって、人間の悲惨の偉大さを人に示すものである。

五二七

ラ一九二

自分の悲惨を知らずに神を知ることは、高慢を生みだす。

神を知らずに自分の悲惨を知ることは、絶望を生みだす。

イエス・キリストを知ることは中間をとらせる。なぜなら、彼においてわれわれは神とわれわれの悲惨とを見いだすからである。

五二八

ラ二一二

イエス・キリストは、人が高慢にならずに近づき、絶望せずにその下に自分を卑下しうる神である。

五二九

ラ三五三

……われわれをして善を不可能ならしめるほどの卑下でもなく、悪からまぬかれしめるほどの清浄でもない。

五三〇

ラ七一二

一人の人が、ある日、自分は告解からの帰りがけに、非常な喜びと安心とをおぼえた、と言った。他の人は、自分は恐れを感じつづけた、と言った。それについて、私は思った。これらの二人をいっしょにすれば、一人のりっぱな人ができるだろう、どちらもそれぞれ他方の感情を持たないところに欠陥がある、と。同様なことは、他の事柄にもしばしば起こるものだ。

五三一　ラ五三八

主人の意志を知っている者は、いっそう多く打たれるであろう。[1] 知っていることは、彼の特権であるから。

〈義なるものはさらに義を行なうであろう〉[2] 義であることは、彼の特権であるから。

最も多く受けた人は、最も多く請求されるであろう。助けを受けたことは、彼の特権であるから。

（1）『ルカ福音書』一二の四七。
（2）『ヨハネ黙示録』二二の一一。

五三二　ラ八〇〇

聖書はあらゆる状態の人々を慰め、あらゆる状態の人々を恐れさせるために、その章句を用意した。

自然も、自然的と道徳的との二つの無限によって、同じことをしたように見える。なぜなら、われわれが高いものと低いもの、上手《じょうず》なものと下手《へた》なもの、りっぱなものと惨めなものとをいつも持っているのは、われわれの高慢を引き下げ、われわれの卑屈を高めるためであろうからである。

五三三

ラ八九七

〈砕かれた心〉(1) 聖パウロ。これこそキリスト者の性格である。「アルバは君たちを指名した。私はもう君たちと縁がない(2)」(コルネイユ)これこそ非人間的性格である。人間的性格はその反対である。

(1) 第一写本には Circumcidentes cor(割礼ある心)と訂正している。「砕かれた心」は『詩篇』五一篇を思わせる語で、パウロの常用語ではない。

(2) コルネイユ『オラース』二幕三場。そのなかでオラースは非人間的性格を表わし、キュリアスは人間的性格を示している。が、そのほかに第三の性格がある。それはキリスト教的謙虚であるというのであろう。

五三四

ラ五六二

二種の人々があるだけである。一は、自分を罪びとだと思っている義人、他は、自分を義人だと思っている罪びと。

五三五

ラ四二二

われわれは欠点を指摘してくれる人々に大いに感謝しなければならない。なぜなら、彼らはわれわれを鍛えてくれるからである。彼らはわれわれが軽蔑されていたことを知らせてくれるが、将来われわれが同じことを繰り返すのを止めてはくれない。なぜなら、われわれは軽蔑されるような欠点をほかにたくさん持っているからである。でも、彼らは矯正の実行と、ある欠点からの脱出とを用意してくれる。

五三六

ラ九九

人間は、おまえはばかだとたびたび言われると、そう思いこみ、またおれはばかだと自分にたびたび言いきかせると、そう思いこむようにできている。なぜなら、人間は一人で自分と内的な会話をするからである。そこでそれをよく調節するのがたいせつである。〈悪い交わりは、良いならわしをそこなう〉[1]われわれはできるだけ沈黙し、われわれが真理であると認めている神とだけ語らなければならない。そうすればわれわれは真理を自分に納得させることができる。

（1）『コリント人への第一の手紙』一五の三三。

五三七

ラ三五一

キリスト教は奇妙である。それは人間に、自分がくだらない、しかも憎むべきものですらあることを認めよと命じ、また彼に、神に似ることを願えと命じる。このような釣合《つりあい》をとる錘《おもり》がなかったならば、その高挙は彼をおそろしく空虚にするか、その謙虚は彼をおそろしく卑屈にするかしたことであろう。

五三八

ラ三五八

キリスト者は、自分が神に結ばれていると信じていながら、いかに高慢でないことか。自分を虫けらに比べていながら、いかに卑屈でないことか！　生と死と、幸と不幸とを受けるなんという麗しい態度。

五三九

ラ三五六

従順について、兵士とシャルトルー(1)の修道士とのあいだには、どんなに大きな相違があることだろう。彼らは等しく従順で、依存的で、同様な苦行を行なっている。しかし、兵士はいつも命令者になろうとするが、決してなれない。なぜなら、隊長や長官にしても、常に隷属者であり、依存者であるからだ。だが、兵士はいつもそれを希望し、常にそれになろうと努める。ところが、シャルトルーの修道士は、永久に依存者であることのみを誓約する。だから、彼らは、両者がいつもおかれている絶えざる隷属という点では相違しないが、一方が常にいだき、他方が決していだかない希望という点で相違している。

（1）一〇八四年、ケルンのブルーノがユラ・アルプス山間の不毛の地に創設した修道会。厳格な規律によって知られていた。

五四〇

無限の善を得たいというキリスト者の希望には、恐れのなかに現実的な喜びがまじっている。それは、ある王国を望んでも、臣下であるため、とうてい得られないというようなものではない。キリスト者は清さと不義からの解放とを望み、それらのいくぶんかをすでに得ているからである。

ラ九一七

五四一

真のキリスト者ほど幸福で、道理にかない、有徳で、愛すべきものは、ほかにない。

ラ三五七

五四二

ラ四二六

人間を同時に「愛すべき幸福なもの」とするのは、キリスト教だけである。道義[1]では、人は同時に愛すべき幸福なものとはなりえない。

（1）断章四四八参照。

五四三

ラ一九〇

序言。神の形而上学的《けいじじょうがく》証拠は、人々の推理からはなはだかけ離れ、その上すこぶるこみいっているので、さして感銘を与えない。それはある人々には役立つにしても、彼らがその証明を見ている瞬間だけ役立つにすぎない。一時間もたつと、欺かれたのではないかとあやぶむ。

――

〈彼らは好奇心によって見いだしたものを、高慢によって失った[1]〉

――

これがイエス・キリストなしに得られる神の認識、すなわち、仲保者なしに知った神と仲保者なしに交わることの結果である。

それに反して、仲保者によって神を知った人々は、自分の悲惨を知る。

（1）アウグスティヌス『説教』一四一。

五四四

ラ四六〇

キリスト者の神は、神が魂の唯一の善であること、魂の十全な平安は神のうちにあること、魂の唯一の喜びは神を愛するにあることを、魂に感じさせる神である。またこの神は、それと同時に、魂を引きとめる障害、魂が全力をつくして神を愛することを妨げる障害を、恐れさせる神である。魂をはばむ自愛と邪欲とは、神にとって堪えがたいものである。この神は、魂が自分を滅ぼす自愛の根を持っていること、神のみが魂を癒しうることを、魂に感じさせてくださる。

五四五

ラ二七一

イエス・キリストは、次のことを人々に教えられただけであった。すなわち、人々は自分自身を愛している、彼らは奴隷で、盲人で、病人で、不幸者で、罪びとである。彼は人々を救い、照らし、祝福し、癒さなければならない。このことは、彼らが自分自身を憎み、かつ十字架の苦難と死とによって彼に従うところに全うされる。

五四六

ラ四一六

イエス・キリストなしには、人間は悪徳と悲惨とのうちにいるほかはない。イエス・キリストとともにおれば、人間は悪徳と悲惨とからまぬかれる。彼の内に、われわれのすべての徳とすべての幸福とがある。彼の外には、悪徳、悲惨、誤り、暗黒、死、絶望があるだけである。

五四七

ラ一八九

イエス・キリストによる神。

われわれはイエス・キリストによってのみ神を知る。この仲保者がなければ、神との交わりはすべて取り去られる。イエス・キリストによって、われわれは神を知る。イエス・キリストなしに神を知り神を証明すると主張した人々は、無力な証拠を持っていたにすぎない。しかし、イエス・キリストを証明するものとして、われわれは預言を持っている。それは確実明白な証拠である。これらの預言は成就され、事実によってその真であることを立証したのであるから、これらの真理の確かさを、したがってイエス・キリストの神性の証拠を示している。ゆえに、彼において、また彼によって、われわれは神を知る。彼を離れ、聖書なく、原罪なく、約束され来臨した、なくてならない仲保者なしに、人は神を絶対的に証明することも、正しい教理と正しい道徳とを教えることもできない。けれども、イエス・キリストにより、イエス・キリストにおいて、人は神を証明し、道徳と教理とを教える。ゆえに、イエス・キリストは人間の真の神である。

しかし、われわれは、それと同時に、われわれの悲惨を知る。なぜなら、この神はわれわれの悲惨の救済者にほかならないからである。そこで、われわれは自分の罪を知ることによってのみ、神を明らかに知ることができる。したがって、自分の悲惨を知らずに神を知った人々は、神を崇めたのでなく、自分を崇めたのである。

〈世は自分の知恵によって神を認めなかった。そこで神は、宣教の愚かさによって、信じるものを救おうとされたのである[1]〉

（1）『コリント人への第一の手紙』一の二一。

五四八

ラ四一七

われわれは、ただイエス・キリストによってのみ神を知るばかりでなく、またイエス・キリストによってのみわれわれ自身を知る。われわれはイエス・キリストによってのみ生と死とを知る。イエス・キリストを離れて、われわれは、われわれの生、われわれの死、神、われわれ自身が何であるかを知らない。

ゆえに、イエス・キリストのみを主題とする聖書がなければ、われわれは何も知らず、神の性質についてもわれわれ自身の本性についても、曖昧《あいまい》と混乱とを見るだけである。

五四九

ラ一九一

イエス・キリストなしに神を知ることは、たんに不可能であるだけでなく、また徒労である。彼らは神に遠ざからないで、近づいた。(1) 自分を卑下しないで……。〈われわれをよくしている理由を自分自身に帰するならば、たとい善い人でも悪くなるであろう〉(2)

(1) 自分の罪を意識しないところから、神との結合を安易に考えたという意味か。
(2) ベルナール『雅歌講解説教』八四章。

五五〇

ラ九三一

私は貧しさを愛する。彼もそれを愛されたから。(1) 私は富を愛する。それは惨めな人々を助ける手段を供するから。私はすべての人々に忠信を守る。私は自分に悪をする人々に、悪を報い〔ない〕。むしろ私は、人間から善をも悪をも受けない私のような状態が、彼らにも与えられることを望む。私はすべての人に対して、公正で、誠実で、真摯《しんし》で、忠信でありたいと心がける。(2) また神が私にいっそう近く結びつけられた人々に対して、心からの愛情をいだく。

そして、ひとりであれ人前であれ、私のあらゆる行為を、やがてそれを裁かれる神、また私のすべてをささげた神の目の前で行なう。

これが私の気持である。

私はこのような気持を私にお授けになった私の贖い主、弱さと悲惨と邪欲と高慢と野心とに満ちた人間を、その恩恵のゆえにそれらのすべての悪からまぬかれた人間としてくださった贖い主を、生きる日のかぎり讃美する。すべての栄光はその恩恵に帰すべきものであり、私には悲惨と誤りとがあるだけである。

（1）この告白は「私はすべての人を兄弟として愛する。彼らはすべてあがなわれているから」という文章ではじまっているが、パスカルはそれを消している。
（2）最初「私は忠信と正義とを守る」と書いたのをなおしている。それは謙虚の気持からであろう。

五五一

ラ二一三

〈口づけされるよりも打たれるのに値しているが、私は恐れない。なぜなら、私は愛しているから[1]〉

（1）ベルナール『雅歌講解説教』八四章。

五五二

ラ五六〇

イエス・キリストの墓。

イエス・キリストは死なれたが、見られていた、十字架の上では。彼は死んで、隠されていた、墓の中では。

イエス・キリストは聖徒たちによってのみ葬られた。

イエス・キリストは墓の中では、なんの奇跡をも行なわれなかった。

その中にはいったのは聖徒たちだけであった。

イエス・キリストが新しい生命を得られるのは、そこにおいてであって、十字架の上においてではない。

それは苦難と贖罪《しょくざい》との最後の秘義である。(1)

イエス・キリストが地上で休息される場所は、墓のほかになかった。

彼の敵は、墓にいたるまで、彼を苦しめることをやめなかった。

(1) ここに「イエス・キリストは、生き、死に、葬られ、よみがえったことによって教える」という文章があるが、消されている。

五五三

ラ九一九

イエスの秘義。(1)

イエスはその苦難においては、人間が彼に加える苦しみを忍ばれる。だが、その最後の苦悶《くもん》においては、自分で自分に与える苦しみを忍ばれる。〈激しく感動し(2)〉それは人間の手から生じる苦痛ではない、全能の御手《みて》からくる苦痛である。それに堪えるには全能でなければならないから。

——

イエスは、すくなくともその三人の最愛の友に多少の慰めを求められる。しかし、彼らは眠っている。彼らが彼とともにしばらく堪え忍ぶことを求められる。しかし、彼らはさして同情がないので、一瞬間も眠りにうちかつことができず、彼を全くなおざりにしてかえりみない。かくしてイエスは、ただひとり神の怒りの前に取り残される。

——

イエスはただひとり地上におられる。地上には彼の苦痛を感じ、それを分けあう者がないだけでなく、それを知る者もない。それを知っているのは、天と彼とのみである。

——

イエスは園におられる。それは、はじめの人アダムが自分と全人類とを堕落させた快楽の園ではない。彼が自分と全人類とを救われた苦悩の園である。

——

彼はこの苦痛とこの置き去りとを、夜の恐怖のなかで忍んでおられる。

——

イエスが嘆かれたのは、このとき一度しかなかったと思う。だが、このときには、極度の苦しみにもはや堪えられないかのように嘆かれた。「私は悲しみのあまり死ぬほどである」[3]

―

イエスは人間のがわから仲間と慰めとを求められる。このようなことは、彼の一生にただ一度であったと思う。だが、彼はそれを得ることができない。弟子たちが眠っているからである。

―

イエスは世の終わりまで苦悶されるであろう。そのあいだ、われわれは眠ってはならない。

―

イエスは、かくすべてのものから見捨てられ、彼とともに目ざめているために選ばれた友だちからまで見捨てられながら、彼らが眠っているのを見いだして、彼でなく、彼ら自身がさらされている危険のゆえに心を痛め、彼らが忘恩におちいっているあいだも、彼らに対する心からの愛情をもって、彼ら自身の救いと彼らの幸福とについて彼らをさとし、「心は熱しているが、肉体が弱いのである」[4]とお告げになる。

―

イエスは、彼らが彼のことを思っても彼ら自身のことを思っても、目をさましていることができず、なおも眠っているのを見て、親切にも彼らを呼び起こさず、休ませたままでおかれる。

―

イエスは、父の御旨が確かめられないままに、祈りかつ死を恐れられる。だが、それがわかると、進み出て死に身をさし出される。〈立て、さあ行こう。進み出て〉[5]（ヨハネ）

―

イエスは人間にお求めになったが、聞き入れられなかった。

―

イエスは、その弟子たちが眠っているあいだに、彼らの救いを行なわれた。彼は義人が生前の虚無と生後の罪とのうちに眠っているあいだに、そのおのおのの救いを行なわれた。

―

彼は一度だけ祈られる。「この杯を過ぎ去らせてください」と。そして、なおも従順に、ふたたび祈られる。「やむをえなければ、来たらせてください[6]」と。

―

哀愁のなかのイエス。

―

イエスは、その友だちがみな眠り、その敵どもがみな覚めているのを見て、その身を父に全くおゆだねになる。

―

イエスは、ユダのうちに敵意を見ず、かえって自分の愛する神の命令を見、それを言いあらわされる。なぜなら、ユダを友とお呼びになったから。

――

イエスは最後の苦悶にはいろうとして、その弟子たちからお離れになる。彼にならおうとしたら、最も近い最も親しい人々から離れなければならない。

――

イエスは最後の苦悶、最大の苦痛のうちにおられるのであるから、われわれはもっと長く祈ろう。

――

われわれは神のあわれみを祈り求めよう、神が悪徳のうちにわれわれを安住させないで、そのなかからわれわれを救い出してくださるように。

――

もし神が手ずから教師たちをわれわれにつかわされたとしたら、ああ、いかに喜んで彼らに従うべきであろうか。必然と出来事とは、まごうかたなくそれらの教師である。⑦

――

――「心を安んじるがよい、おまえが私を見いださなかったならば、おまえは私をたずねなかったであろう。⑧

「私は私の最後の苦悶のなかで、おまえを思った。私はおまえのためにかくも血潮を流した。

「まだ起こりもしないことをとやかく案じるのは、おまえ自身をためすことであるよりも、私を試みることである。それが起こったら、おまえのうちにあって、私はそれをするであろう。

「私の規範によって導かれるがよい。私を宿して働かせた聖母や聖徒たちを、私がいかによく導いたかを見るがよい。

「父は私のすることを、すべて嘉《よみ》される。

「おまえは涙も流さずに、私に人間としての私の血をいつも流させようと望むのか。

「おまえの回心こそ、私の関心事である。恐れるな、私のために祈るように、確信をもって祈るがよい。

――

「私は聖書のなかの私のことばにより、教会のなかの私の霊により、もろもろの霊感により、司祭たちのうちにある私の力により、信者たちのうちにある私の祈りによって、おまえの現前にある。

――

「医者はおまえを癒さぬであろう。なぜなら、おまえはついには死ぬであろうから。しかし、私こそおまえを癒し、おまえのからだを不死にするものである。

――

「身体的な鎖と隷属とを忍ぶがよい。私は今は精神的な隷属から、おまえを解き放つだけである。

――

「私はだれよりも親しいおまえの友である。なぜなら、私はおまえのために、彼らよりも多くのことをしたからである。彼らは、私がおまえのために苦しんだほど苦しまず、おまえが不信で冷淡であったとき、私がおまえのために死んだようには、死なないであろう。その死こそ、私が選んだ人々と聖なる秘跡とのなかで、私がしようとし、また現にしていることである。

――

「もしおまえが自分の罪を知ったならば、おまえは気を失うであろう」「そうしたら、主《しゅ》よ、私は気を失うでありましょう。私はあなたの証言によって、私の罪を邪悪だと思うからです」「気を失ってはならない。なぜなら、おまえにそれを知らせる私は、おまえを癒すことができるからである。また、私がおまえにそれを告げるのは、私がおまえを癒そうとしているしるしである。おまえはおまえの罪を償うにつれて、その罪を知るであろう。そして『見よ、おまえの罪はゆるされた』ということばを聞くであろう。

ゆえに、おまえの隠れた罪のために、またおまえの知っている罪のひそかな邪悪のために悔悛するがよい」

——

——主よ、私はあなたにすべてをささげます。

——

——「私はおまえが自分の汚れを愛したのにまさって、いっそう熱くおまえを愛するであろう。〈泥にまみれてよごれていたので〉⑨

——

「私に栄光を帰せよ、虫けらであり土くれであるおまえに帰するな」

——

「私自身のことばが、おまえにとって、悪と虚栄または好奇の機会になることを、おまえの指導者に告白するがよい⑩」

――私は自分のうちに、高慢と好奇と邪欲との深淵を見る。私から神への、または義なるイエス・キリストへの道はない。だが、彼は私のために罪となられた。あなたの災いは、すべて彼の上にくだりました。彼は私よりももっとひどく憎まれながら、私を憎むどころか、私が彼のもとに行き、彼を助けるのを光栄に思っておられる。しかし、彼は自分で自分を癒された。だから、なおさら私をも癒されるであろう。

私の傷を彼の傷に加え、私を彼に結びつけなければならない。そうすれば、彼は自分を救うことによって、私をも救われるであろう。

しかし、今後は、これ以上、傷を加えてはならない。

〈あなたがたは神のように善悪を知るものとなるであろう⑪〉すべての人は「これは善い、これは悪い」と判断することによって、また出来事をあまり悲しんだり喜んだりすることによって、自分を神にしている。

――小事をも大事のように行なうがよい。それらのことをわれわれのうちで行ない、われわれの生涯を生きられるイエス・キリストの御稜威《みいつ》のゆえに。また大事をも、たやすい小事のように行なうがよい。彼の全能のゆえに。

（1）「イエスの秘義」はあらゆる注解を絶するといわれる。他のどんな部分も、キリスト教の独自な性格をこれほど深い感動的な仕方で表わしてはいない。ここに現実的な一人格をめぐって、人の心に存在する最も高揚した普遍的な感情、すなわち自己放棄と愛との精神が集中しているのである。
（2）『ヨハネ福音書』一一の三三。
（3）『マルコ福音書』一四の三四。
（4）『マタイ福音書』二六の四一。
（5）同二六の四六、『ヨハネ福音書』一八の四。
（6）『マタイ福音書』二六の三九、四二。
（7）この文句は、パスカルがイエスの秘義を冥想していたとき、心に浮かんだ格言で、自分のために書きとめたものであり、この断章の本質的部分をなすものではあるまいという。
（8）アウグスティヌス『告白』一〇の一八、二〇。
（9）『ペテロ第二の手紙』二の二二によるものか。
（10）トゥルヌール版の読みに従う。
（11）『創世記』三の五。

五五四

ラ九四三

イエス・キリストは、復活ののち、彼の傷あとにしか触れることを許されなかったように、私には思える。〈私にさわるな〉(1) われわれは彼の苦難にしか結びついてはならない。

彼は、最後の晩餐《ばんさん》においては、死ぬべきものとして、エマオの弟子たちに対しては、よみがえったものとして、全教会に対しては、天に昇ったものとして、交わりのために自分をお与えになった。

(1)『ヨハネ福音書』二〇の一七。

五五五

ラ九二九

「おまえを他人にくらべないで、私にくらべよ。もしおまえがおまえをくらべる人々のうちに、私を見いださないならば、おまえは憎むべきものにおまえをくらべているのだ。もしおまえがそこに私を見いだすならば、その私におまえをくらべよ。だが、おまえはそこで誰をくらべようとするのか。おまえをか。おまえのうちの私をか。もしおまえならば、それは憎むべきものである。私ならば、おまえは私に私をくらべているのである。しかるに、私はすべてにおいて神である。

「私はしばしばおまえに語り、おまえにすすめる。それは、おまえの指導者がおまえに語りえないからである。なぜなら、私はおまえが指導者を持たないことを望まないからである。

――

「またおそらく私は彼の祈りにこたえて、それをするであろう。そこで、彼はおまえに見られずに、おまえを指導する。

――

おまえは私を所有しなかったならば、私をたずねなかったであろう。

「だから、心配しなくてもよい」

第八章　キリスト教の基礎

五五六

ラ四四九

……彼らは自分の知りもしないことを罵《ののし》っている。キリスト教は、二つの点から成り立つ。それらを知ることは、人間にとって等しく重要であり、それらを知らないことは、等しく危険である。またそれらの二つのしるしが示されたのは、等しく神のあわれみによるのである。

しかるに、彼らは、それらの二点のうち一方を肯定すべき論拠から、他方を否定する論拠を引き出している。一人の神しか存在しないと言った知者たちは迫害され、ユダヤ人は憎まれ、キリスト者はいっそう憎まれた。彼らは自然の光によって、地上に唯一の真の宗教が存在するならば、あらゆる事物の動向はその中心であるこの宗教に向かうべきはずだと見たのである。

事物のあらゆる動向は、この宗教の確立と偉大とをその目的とすべきはずである。人間は、この宗教の教える事柄に合致した観念を、自分のうちに持つべきはずである。結局、この宗教があらゆる事物の向かうべき目的となり、中心となり、その原理を知る者は、特殊的には人間の全性質を、一般的には世界の全動向を、説明することができなければならない。

以上のような論拠を、彼らはキリスト教を罵る理由とする。それは彼らがそれを誤解しているからである。彼らはキリスト教を、偉大、大能、永遠であると考えられる一人の神を礼拝するところにのみ成り立っていると想像する。それはもともと理神論であって、キリスト教とかけ離れていること、その正反対である無神論とあまり変わらない。そこから、彼らは結論して、この宗教は真実でないという。なぜなら、神がそんなに明らかにみずからを人間に現わしてはおられないというこの点を、あらゆる事物が確立しようと協力しているのに、彼らはそれを見ないからである。

しかし、理神論に対してなら、好きなように結論するのもよかろうが、それはキリスト教に対する結論にはならない。キリスト教は本来、贖《あがな》い主《ぬし》の秘義のうちに成り立ち、この贖い主は自分のうちに二つの性質、すなわち人間性と神性とを結びつけ、その神性によって人間を神と和《やわ》らがしめるために、彼らを罪の堕落から救い出されるのである。

ゆえに、キリスト教は、次の二つの真理を同時に人間に教える。一人の神が存在し、人間はその神を知ることができる。また人間の本性には腐敗があり、それが人間に神を知らせないようにしている。これらの点を二つとも知ることは、人間にとって等しく重要である。そして自分の悲惨を知らずに神を知ることと、それを癒しうる贖い主を知らずに自分の悲惨を知ることとは、人間にとって等しく危険である。これらの認識の一方にとどまるところから、神を知って自分の悲惨を知らない哲学者の尊大と、贖い主を知らないで自分の悲惨を知る無神論者の絶望とが、生じるのである。

そこで、これらの二つの点を知ることは、人間の必要事であり、それらをわれわれに知らせてくださったのは、神のあわれみである。キリスト教はそれらを教え、それらによって成り立つ。

これらの点から世界の秩序を検討し、あらゆる事物がこの宗教の二つの要点を確立する方向へ向かっているかどうかを調べてみるがよい。すべて迷うものは、これらの二つのうち一方を見ないために迷うのである。つまり、人は自分の悲惨を知らずに神を知ることもできるし、神を知らずに自分の悲惨を知ることもできる。だが、神と自分の惨めさとを同時に知ることなしに、イエス・キリストを知ることはできない。

イエス・キリストはすべてのものの目的であり、すべてのものが向かっている中心である。彼を知るものは、あらゆる事物の理由を知るのである。

であるから、私はここに自然的な理由によって、神の存在、三位一体、霊魂の不死など、すべてこの種の事柄を証明しようとは企てない。それはたんに頑迷な無神論者を説得しうる何ものかを自然界に見いだすだけの力が私にないと思うからではない。そのような知識は、イエス・キリストなしには、無益であり、徒労であるからだ。たといある人が、数の比例は非物質的な永遠の真理であって、その本源である、人が神と呼ぶところの、あの根本的な真理に依拠し存立していると、納得させられたにしても、私はその人が彼の救いに向かって、さして前進したとは思わないであろう。

キリスト者の神は、たんに幾何学的真理や諸元素の秩序の創造者にすぎないような神ではない。それは異教徒とエピクロス派との見解である。またたんに人間の生活と財産との上にその摂理を行ない、拝するものに幸福な年月を恵むにとどまるような神でもない。それはユダヤ教徒の関心事である。それに反して、アブラハムの神、イサクの神、ヤコブの神、キリスト者の神は、愛と慰めとの神である。みずからとらえた人々の魂と心情とを満たす神である。彼らに自分の惨めさと神の無限のあわれみとを内的に感知させる神である。彼らの魂の奥底で彼らと結びつき、彼らに謙虚と喜びと信頼と愛とを満たし、彼らをして神以外の目的を持つことができないようにさせる神である。

すべてイエス・キリスト以外のものに神を求め、自然のうちにとどまる人々は、満足しうる何らの光をも見いださないか、または仲保者なしに神を知り神に仕える方法を自分でつくりだすか、どちらかであり、そこから無神論か理神論かにおちいる。これらの二つは、キリスト教がほとんど同様に嫌悪《けんお》するものである。

イエス・キリストなしに、世界は存在しなかったであろう。なぜなら、その場合、世界は崩壊するか、地獄のようになるか、どちらかになるほかはないからである。

もし世界が人間に神を教えるために存在していたとしたら、その神性は疑う余地もないほどあらゆる方面に照り輝いていたことであろう。だが、世界は、イエス・キリストにより、イエス・キリストのためにのみ存在し、人間にその堕落と贖いとを教えるためにのみ存在しているので、すべてのものはこれらの二つの真理を証明するものとして世界に現われている。

世界に現われているものは、神性を全く排除してもいないし、それを明白に現わしてもいない。ただみずからを隠している神の存在を示している。すべてのものはこの特性をおびているのだ。

その本性を知るものだけが、それを知って悲惨になるのであろうか。それを知るものだけが、ただひとり不幸なのであろうか。

彼は何ものをも全く見ないわけにはいかない。またそれを所有していると思うほど十分に見るわけにもいかない。ただ彼はそれを失ったということを認めるのに十分なだけを見るのである。なぜなら、堕落したことを知るには、見ることと見ないこととが必要である。そして、これこそまさしく自然的な人間の状態である。

五五七

ラ四四四

彼がどちらの側につくにせよ、私は彼をそこに安んじさせてはおかないであろう……

それゆえに、すべてのものが人間に彼の状態を教えているということは真実であるが、彼はそのことを正しく理解しなければならない。というのは、すべてのものが神を現わしているというのは真実でなく、またすべてのものが神を隠しているというのも真実でないからである。しかし神が、神を試みる者にはみずからを隠すということと、神を求める者にはみずからを現わすということとは、どちらも真実である。[1] なぜかといえば、人間は神を知るに値しないものであるとともに、神を知りうるものであり、その堕落によっては値しないが、その最初の本性によっては知りうるからである。

（1）試みるとは、あたかも神を知ることが自分の権利ででもあるかのように、自分の知恵や力によって神を知ろうとすることであり、求めるとは、自分に神を知る資格がないことを悟り、推理よりも祈りによって神に近づくことである。

五五八　ラ四四五

われわれのあらゆる不分明から結論しうることは、われわれの無価値でなくして何であろうか。

五五九　ラ四四八

もし神を現わすものが全くなかったとするならば、この永久の欠如は両義的なものとなり、人間が神を知るに値しないことを示すとともに、およそ神的なものの存在しないことを示したかもしれない。だが、神が常にではないにしても、時おり現われたということは、両義性を取り去ってしまう。もし神が一度でも現われたとしたら、神は常に存在する。[1] そこで神は存在するけれども、人は神を知るに値しないと結論するほかはない。

(1)「神はわれわれに隠れているが、神がぼんやりしてよく見えない原因は、いわば神が暗中に隠れているというように、神自身にあるのではない。その原因はわれわれ自身のうちにある。すなわち、われわれの精神の洞察力が弱いために、いなむしろ精神力がにぶいために、われわれは神の光に近づくことができないのである」(カルヴァン『テモテへの第一の手紙注解』)

五五九の二

ラ四四〇

永遠の存在者は、一度存在すれば、常に存在する。

五六〇

ラ四三一

われわれはアダムの栄光の状態をも、彼の罪の性質をも、その罪がわれわれに遺伝したことをも了解しない。

それらはわれわれのとは全く違った性質の状態のうちで起こったことで、われわれの現在の理

解力の状態を越えている。(1)

すべてこれらのことは、われわれがそこからのがれ出るためには、知っても無益なことである。われわれがぜひとも知らなければならない重要なことは、次の点である。すなわち、われわれは悲惨であり、堕落し、神から離れてはいるが、イエス・キリストによって贖われていること、それについてわれわれは地上にすばらしい証拠を持っているということである。

このように、堕落と贖罪《しょくざい》との二つの証拠は、宗教に無関心に生きている不信者と、宗教の和解しがたい敵であるユダヤ人とから引き出される。

(1) これらはヤンセンがその著『アウグスティヌス』において取り扱った主要な問題であった。しかしパスカルは、人間の現状とキリスト教の現実とに読者の注意を集中させるため、それらを彼の『護教論』から除外するつもりであったらしい。

五六〇の二

ラ四四二

……このように、全宇宙は人間に、彼が堕落していることか、または贖われていることかを教え、すべてのものは彼に、彼の偉大か、悲惨かを教える。神の放棄は、異教徒に現われ、神の保護は、ユダヤ人に現われている。

五六一

ラ八二〇

われわれの宗教の真理を納得させる方法が二つある。一は、理性の力によるもの、他は、語る人の権威によるものである。

人は後者を用いないで前者を用いる。「これは信ずべきだ、それをしるしている聖書は神聖だから」とは言わないで、「それはこれこれの理由によって信じなければならない」と言う。これは薄弱な議論である。理性はあらゆるものに屈するではないか。

五六二

ラ四六八

地上には、人間の惨めさか神のあわれみかを示さぬものは何もなく、神なき人間の無力か、神を持つ人間の能力かを示さぬものは何もない。

五六三

ラ一七五

地獄におとされる者の狼狽《ろうばい》の一つは、彼らがキリスト教を罪に定めるために用いようとしたまさにその同じ理性で、自分が罪に定められるのを見ることであろう。

五六四

ラ八三五

預言や奇跡でさえも、すべてわれわれの宗教の証拠は、絶対に説得的であると言いえられるような性質のものではない。だが、それらの証拠は、信じるのが不合理だと言われうるような種類のものでもない。つまり、そこにはある人々を照らし他の人々を見えないようにするための明るさと暗さとがある。しかし、その明るさは反対の証拠以上のものであるか、すくなくともそれと同等のものである。そこで、それに従うまいと決心させるのは、理性ではない。そうだとすれば、それは邪欲と悪心以外のものではない。そういうわけで、罪を定めるには十分な明るさがあり、説得するには不十分な明るさがある。それは、それに従う人々に、彼らを従わせているのは恩恵であって理性でないことを明らかにし、それを避ける人々に、彼らを避けさせているのは邪欲であって理性でないことを明らかにするためである。

〈真に弟子《でし》、真にイスラエル人、真に自由、真にパン〉(1)

（1）『ヨハネ福音書』八の三一、一の四七、八の三六、六の三二。

五六五　ラ四三九

であるから、宗教の不分明そのもののうちに、それについてわれわれの持っている光の少ないことのうちに、それを知ることに対してわれわれが無関心であることのうちに、宗教の真理を認めるがよい。

五六六

ラ二三二

神が、ある人々を盲目にし、他の人々を啓蒙《けいもう》しようとされたということを、原則として認めないかぎり、人は神の御業《みわざ》を何事も理解しない。

五六七

ラ五七六

二つの相反する理由。そこから始めなければならない。そうでなければ、われわれは何事をも理解せず、すべてが異端的である。そして、おのおのの真理の終わりに、反対の真理が想起されることをも付け加えなければならない。

五六八

ラ七六〇〜七六二

抗議。明らかに聖書には聖霊の口述しなかった事柄が満ちている。

答。だからといって、それらの事柄は信仰の害にはならない。

抗議。だが、すべては聖霊から出たと、教会は決定した。

答。私は二つのことをもって答える。一は、教会はそんな決定はしなかったということ。他は、教会がそんな決定をしたにしても、それは支持されうるということ。

――偽りの霊が多くある。

――デオヌシオ[1]は愛を持ち、その座についていた。

――福音書のうちに引用された預言は、君たちを信じさせるためにしるされていると思うのか。いな、それは君たちを信仰から遠ざけるためだ。[2]

（1）『使徒行伝』一七の三四のデオヌシオだと思われるが、この句は意味不明である。
（2）これはパスカルが頑迷な不信者に与えた一大痛棒である。聖書は、選ばれた人々には分明であるが、見捨てられた人々には、その不分明によって、彼らを拒絶する具になるというのである。

五六九

ラ三一三

正典的。
異端的なものも、教会の成立当初は、正典的なものを証明するのに役立っている。[1]

（1）異端的な人々や文書も、聖書の誤った解釈をするにあたって、なおかつ聖書の上に立脚し、その権威を裏書きするからである。

五七〇

ラ二二三

「基礎」の章に、「表徴」の章にある表徴の理由に関するものを付け加えなければならない。イエス・キリストがその最初の来臨を預言された理由。その来臨の仕方が曖昧《あいまい》に預言された理由。

五七一

ラ五〇二

表徴を用いた理由。

〔彼ら（預言者たち）は肉的な民族を相手にして、この民族を霊的な契約の受託者にしなければならなかった[1]〕

メシアを信じさせるには、先行的な預言の存在する必要があったし、またその預言が、疑いを受けぬ、勤勉で忠実で、非常に熱心な、しかも全地に知れわたった人々によって保存される必要があった。

すべてこれらのことを成就するために、神はこの肉的な民族（ユダヤ人）を選び、メシアを救い主として、またこの民族が好んでいた肉的な幸福の与え主として予告する預言を、彼らに託されたのである。

そこで、彼らは彼らの預言者たちに対して非常な熱意をいだき、彼らのメシアを予告しているそれらの書物をすべての人の目の前に持ちだし、メシアが来るであろうということ、しかも彼らが全世界に公表している書物に予告された仕方で来るであろうということを、すべての国民に確言した。とはいえ、この民族はメシアの卑賤《ひせん》な貧しい来臨によって期待を裏切られ、彼の最も残忍な敵となった。そういうわけで、世界じゅうでわれわれに好意的であるという疑いを受けることの最も少ない民族、しかも彼らの律法と預言者とに対して最も厳格で熱心であると言われうる民族が、それらの書物を純粋に保存したのである。

したがって、彼らのつまずきとなったイエス・キリストをしりぞけて十字架につけた人々こそ、彼のことを証言し、彼がしりぞけられ、つまずきとなるであろうと述べている書物を、伝達する人々なのである。そういうわけで、彼らは彼を拒むことによって、彼のキリストであることを示したのであり、キリストは彼を受け入れた正しいユダヤ人によっても、彼をしりぞけた不正なユダヤ人によっても、等しく証明されたのである。それらはいずれも預言されていたからである。

そのために預言は、一つの隠れた意味を持っている。それはこの民族が嫌悪した霊的な意味で、彼らが愛好した肉的な意味の背後にある。もし霊的な意味が現われていたら、彼らはそれを愛好することができなかったであろう。そして、それを伝達することもできず、彼らの書物と儀式とを保存する熱意も持たなかったであろう。またもし彼らが霊的な約束を好み、メシアが来るときまでそれらを純粋に保存したとしたら、彼らの証言は効力を失っていたことであろう。なぜなら、彼らはメシアの味方であったことになるからである。

ここに霊的な意味のおおわれていたことがよかった理由がある。だが、他方において、この意味が全く隠されて少しも現われなかったならば、メシアの証拠として役に立たなかったであろう。では、どんなふうになされたか。

多くの章節では現世的なものによっておおわれ、ある章節では明らかに現わされた。そのうえ、来臨の時期と世界の状態とは、日を見るよりも明らかに預言された。そして、この霊的な意味は、ある箇所では非常に明らかに説かれているので、霊が肉に屈服したとき肉が霊に投げ入れる盲目と同じ盲目におちいらないかぎり、それを認めないわけにはいかない。

であるから、ここに神の御業を見るがよい。この霊的な意味は、大多数の箇所では他の意味によっておおわれ、ある箇所ではまれに現われている。ところで、それが隠されている箇所は両義的であって、二つの意味に解されるようになっており、他方、それが現われている箇所は単義的であって、霊的な意味にしかとれないようになっている。

そこで、このことが誤りに導くことはありえなかった。それを誤解するほど肉的な民族は、一つしかなかった。

なぜなら、幸福がゆたかに約束されている場合、それを真の幸福と解するのを妨げるのは、その意味を地上の幸福にのみ限る彼らの欲心でなくして何であろうか。だが、神のうちにのみ幸福を見いだした人々は、それらの幸福をただ神にのみ帰《き》した。

そこには人間の意志を分ける二つの原理、すなわち欲と愛とがあるからだ。といっても、欲は神への信仰と両立しえないとか、愛は地上の幸福と共存しえないとかいうのではない。ただ欲は神を利用してこの世を楽しむが、愛はその反対だというのである。

ところで、(聖書では)最後の目的に応じて事物に名称が与えられる。われわれがその目的に達するのを妨げるすべてのものは、敵と呼ばれる。だから、どんなに良い被造物でも、義人を神からそむけさせるならば、義人の敵である。神すらも、神によってその強欲をかき乱される人々には、敵である。

このように、敵ということばは、最後の目的いかんにかかっているので、義人は敵を彼らの欲情と解したし、肉的な人はバビロン人と解した。そこで、これらの用語は、不義な人にとってのみ、不分明であった。

これこそ、イザヤが〈教えを私の選んだ人々のうちに封じておこう〉②と言ったことである。

また、イエス・キリストをつまずきの石となるであろう③とも言っている。だが、「彼につまずかないものはさいわいである④」

ホセアもそのことを巧みに言っている。「知恵ある者はだれか。彼は私の言うことを悟るであろう。正しい人はそのことを知るであろう。なぜなら、神の道はまっすぐであるが、悪い人はそれにつまずくからである」(5)

(1) この句はパスカルによって消されているが、一六七八年版には収録されている。
(2) 『イザヤ書』八の一六、ただしラテン語訳とは少しちがっている。
(3) 『イザヤ書』八の一四。
(4) 『ルカ福音書』七の二三。
(5) 『ホセア書』一四の九。

五七二

ラ四五七

使徒詐欺師説。時期は明らかに、仕方は曖昧に。
表徴の五つの証拠。(1)

二〇〇〇 { 一六〇〇 預言者たち。
四〇〇 散らされた人々。(2) }

(1)(2) これらのことは、次の諸断章に展開される。

五七三

聖書における盲目。 ラ八九三

ユダヤ人は言った、「キリストはどこから来られるかわからないと、聖書はしるしている」『ヨハネ福音書』七章二七節。また一二章三四節に、「キリストはいつまでも生きておられる」としるしている。だのに、この人（イエス）は、「自分は死ぬであろう」と言う。また聖ヨハネは「彼はこのように多くの奇跡を行なわれたが、彼らは信じなかった。これはイザヤのことばが成就するためである。いわく、神は彼らの目を暗くし、云々」としるしている。[1]

（1）『ヨハネ福音書』一二の三七、三八、四〇。

五七四

偉大。この宗教はじつに偉大なものである。だから、それが不分明であるとしたら、それをたずねるだけの労をとろうとしないものは、それ（宗教）をとりあげられるのが当然である。この宗教は求めることによって見いだされるものであるとしたら、それをつぶやくことがあろうか。 ラ四七二

五七五

すべてのことが、選ばれた人々には、さいわいに変わる。 ラ五六六

聖書の不分明すらも、そうなる。彼らは神聖な光のゆえに、それらの不分明を尊重するからである。しかし、すべてのことは、光でさえも、他の人々には不幸に変わる。彼らは自分で理解しえない不分明のゆえに、それらの光を冒瀆《ぼうとく》するからである。

五七六

ラ五九四

〔順序〕教会に対する世人の一般的態度。神は盲目にし、また開眼される。

これらの預言が神から出たことは、出来事が証明したので、その他の預言も信じられるはずである。それによってわれわれは、世界の秩序を次のように見る。

――

すなわち天地創造と大洪水との奇跡が忘れられたので、神はモーセの律法と奇跡とをおくり、特殊な出来事を預言する預言者たちをつかわされた。そして、永続的な奇跡の準備として、諸種の預言とその成就とを用意された。しかし、預言は疑われうるので、神はそれらを疑う余地のないものにしようとされたのである、云々。

五七七

ラ四六九

〔卑下〕

神はこの民族の盲目を、選ばれたものの幸福のために利用された。

五七八

ラ二三六

盲目にする。開眼する。聖アウグスティヌス、モンテーニュ、スボン。[1] 選ばれた人々を照らすには十分な光があり、彼らをへりくだらせるには十分な暗さがある。見捨てられた人々を盲目にするには十分な暗さがあり、彼らを罪に定め、言いのがれさせないためには十分な光がある。

―――

旧約聖書におけるイエス・キリストの系図は、他の多くの無用なもののあいだに混じって見分けにくいまでになっている。もしモーセがイエス・キリストの祖先だけを記録していたら、それはあまりに明確であったろう。もし彼がイエス・キリストの系図をしるさなかったならば、それはあまりに不明確であったろう。だが結局、こまかく見る人は、イエス・キリストの系図がタマル、ルツその他によって十分見分けられることを知りうる。

―――

犠牲の供え物を制定した人々は、それらが無用であることを知っていたし、それらの無用を宣言した人々は、それらの執行をやめなかった。[2]

もし神がただ一つの宗教しか許されなかったならば、それはあまりにたやすく知られたことであろう。だが、こまかく見る人は、この混乱のうちにほんとうのものを十分見分けることができる。

原理。モーセは賢明な人であった。だから、彼が理知によって自分を律していたら、理知にまともに反するようなことはあからさまに言わなかったであろう。

このようにして、きわめて明白な弱点さえも、すべて長所になるのである。例。『マタイ福音書』と『ルカ福音書』との二つの系図。(3) これらが照合してつくられたものでないことは、何より明白ではないか。

(1) モンテーニュ『エセー』二の一二「レーモン・スボンの弁護」中のアウグスティヌスの意味。
(2) 『ヘブル人への手紙』五〜一二章参照。
(3) 『マタイ福音書』一の一〜一六。『ルカ福音書』三の二三〜三七。

五七九

ラ五三六

神（と使徒たちと）(1) は、高慢の種が異端を生じさせることを予見し、その異端が自分自身のことばから生じる場合を防ごうとして、聖書と教会の祈禱書《きとうしょ》とのうちに相反する語と種(2)とをおき、それらが時に応じて実を結ぶようにされた[3]。
同様に、神は道徳のうちに愛を与え、それが邪欲に敵して実を結ぶようにされた。

(1) あとで書き加えられた字句。
(2) トゥルヌール版の読みに従う。
(3) この思想を理解するには、パスカルが異端を一面的真理として、すなわち相反的真理を排除するものとして、考えていたことを想起すべきである。断章五六七、八六二参照。

五八〇　ラ九三四

自然はみずからが神の影像であることを示すために、ある完全さを持ち、みずからが影像にすぎないことを示すために、ある欠陥を持っている。

五八一　ラ二三四

神は理知よりも意志をととのえようと望まれる。完全な光は理知には有用であろうが、意志には有害であろう。

尊大を卑下させること。

五八二

ラ九二六

人は真理をすら偶像にする。なぜなら、愛を離れた真理は神ではないからである。それは神の影像であり、偶像であって、愛すべきものでも拝すべきものでもない。まして真理の反対である虚偽を、愛したり拝したりしてはならない。(1)

私は全き暗黒を愛することはできる。だが、神が私を薄明のうちにおかれるとすれば、そのようなわずかな暗さは私を不快にする。私は全き暗黒にあるような長所をそこに認めないので、不快になるからである。これは欠点であり、私が神の秩序から離れて暗黒を自分の偶像にしている証拠である。ところで、あがめるべきは神の秩序だけである。

(1) たんなる真理は、それを省察する知性に満足を与え、それを見いだした理知に誇りの種を供するゆえに、それを目的とすることは邪欲に身をゆだね、神に反することである。

五八三

ラ七四〇

弱者とは、真理を認めはするが、自分の利害がそれに合致するかぎりにおいてのみ、それを支持する人々のことである。その他のときには彼らは真理を放棄する。

五八四　ラ四六一

世界はあわれみと裁きとを行なうために存続し、人々はそこに神の手から出てきたもののようではなく、いわば神の敵として存在している。彼らに対して神は、彼らが神をたずね神に従うことを望みさえすれば、神のもとに立ち返るのに十分な光を、恩恵によって与えておられるが、彼らがたずね従うことを拒むならば、彼らを罰するのに十分な光をも与えておられる。

五八五　ラ二四二

神がみずからを隠そうとされたこと。

もし一つの宗教しかなかったならば、神はそのうちに明らかにお現われになるであろう。

もしわれわれの宗教にしか殉教者がなかったならば、同様であろう。

神はこのように隠れているので、神が隠れていることを説かない宗教は、すべて真ではない。またその理由を明らかにしない宗教も、すべて有益ではない。われわれの宗教は、それらをことごとく果たしている。〈まことにあなたは隠れている神である〉(1)

(1)『イザヤ書』四五の一五。

五八六

ラ四四六

もし不分明でなかったならば、人間は自分の堕落に気づかなかったであろう。もし光がなかったならば、人間は救いを望まなかったであろう。したがって神がなかば隠れなかば現われているということは、われわれにとって正当であるばかりでなく、また有益でもある。なぜなら、自分の悲惨を知らずに神を知ることも、神を知らずに自分の悲惨を知ることも、人間にとって等しく危険だからである。

五八七

ラ二九一

神聖で純粋で欠点のない奇跡において、学者、偉大な証人、殉教者において、たてられた王(ダビデ)、王族イザヤにおいて偉大であり、知識において偉大であるこの宗教は、あらゆる奇跡とあらゆる知恵とをならべたのち、それらのすべてを否認して言う、自分には知恵もしるしもない、ただ十字架と愚かさとがあるだけだ(1)、と。

なぜなら、これらのしるしと知恵とによって君たちの信頼をかちえ、またそれらの性質を君たちに立証した人々が次のように宣言するからである。それらのすべてはわれわれを改変することも、われわれに神を知らせ愛させることもできない、それをなしうるのは知恵もしるしもない十字架の愚かさの力であって、この力を持たぬしるしではない、と。

このように、われわれの宗教は、その現実的な力の原因については愚かであるが、その備えをする知恵については賢明である。

（1）『コリント人への第一の手紙』一の一八～二五。『ガラテヤ人への手紙』五の一一。

五八八

ラ八四二

われわれの宗教は賢くもあり愚かでもある。賢いというのは、それが最も知恵に富み、奇跡、預言などの上に最もかたく立てられているからである。愚かであるというのは、人をそれに帰依させるのは、すべてこれらのものではないからである。これらのもの（奇跡、預言など）は、この宗教に帰依しない者を罪に定めるではあろうが、それに帰依する者を信じさせはしない。彼らを信じさせるのは十字架である。〈十字架がむなしくならないために[1]〉

だから、知恵としるしとを持ってきた聖パウロは、自分は知恵もしるしも携えてきたのではないと言う。なぜなら、彼は回心させるために来たからである。だが、たんに説得するために来る人は、知恵としるしとを持ってきたと言うかもしれない。

（1）『コリント人への第一の手紙』一の一七。

五八八の二

相反。——この宗教の無限の知恵と愚かさ。

ラ四五八

中公
クラシックス
W10

パンセ I
パスカル

2001年 9 月10日初版
2011年 4 月 5 日 8 版

訳 者　前田陽一
　　　　由木　康

発行者　浅海　保

印刷・製本　凸版印刷

発行所　中央公論新社
〒104-8320
東京都中央区京橋 2-8-7
電話　販売 03-3563-1431
　　　編集 03-3563-3664
URL http://www.chuko.co.jp/

定価はカバーに表示してあります。
落丁本・乱丁本はお手数ですが小社販売部宛お送りください。送料小社負担にてお取替えいたします。

訳者紹介

前田陽一（まえだ・よういち）
1911年（明治44年）群馬県生まれ。
東京大学仏文学科卒。パリ大学に留学。第一高等学校教授、東京大学助教授を経て同大学教授となる。東京大学名誉教授。著書に『モンテーニュとパスカルとの基督教弁証論』『西欧に学んで』ほか。1987年（昭和62年）逝去。

由木 康（ゆうき・こう）
1896年（明治29年）鳥取県生まれ。
関西学院大学文学部卒。聖書と神学を学び、東京二葉独立教会（現・東中野教会）牧師となり50年間在任。同教会名誉牧師。著書に『神の前に立つ人間―講解・ローマ人への手紙』『日本人とキリスト教』ほか。1985年（昭和60年）逝去。

ISBN978-4-12-160014-1 C1210

■「終焉」からの始まり
——『中公クラシックス』刊行にあたって

二十一世紀は、いくつかのめざましい「終焉」とともに始まった。工業化が国家の最大の標語であった時代が終わり、イデオロギーの対立が人びとの考えかたを枠づけていた世紀が去った。歴史の「進歩」を謳歌し、「近代」を人類史のなかで特権的な地位に置いてきた思想風潮が、過去のものとなった。

人びとの思考は百年の呪縛から解放されたが、そのあとに得たものは必ずしも自由ではなかった。固定観念の崩壊のあとには価値観の動揺が広がり、ものごとの意味を考えようとする気力に衰えがめだつ。おりから社会は爆発的な情報の氾濫に洗われ、人びとは視野を拡散させ、その日暮らしの狂騒に追われている。株価から醜聞の報道まで、刺戟的だが移ろいやすい「情報」に埋没している。応接に疲れた現代人はそれらを脈絡づけ、体系化をめざす「知識」の作業を怠りがちになろうとしている。

だが皮肉なことに、ものごとの意味づけと新しい価値観の構築が、今ほど強く人類に迫られている時代も稀だといえる。自由と平等の関係、愛と家族の姿、教育や職業の理想、科学技術のひき起こす倫理の問題など、文明の森羅万象が歴史的な考えなおしを要求している。今をどう生きるかを知るために、あらためて問題を脈絡づけ、思考の透視図を手づくりにすることが焦眉の急なのである。

ふり返ればすべての古典は混迷の時代に、それぞれの時代の価値観の考えなおしとして創造された。それは現代人に思索の模範を授けるだけでなく、かつて同様の混迷に苦しみ、それに耐えた強靭な心の先例として勇気を与えるだろう。そして幸い進歩思想の傲慢さを捨てた現代人は、すべての古典に寛く開かれた感受性を用意しているはずなのである。

（二〇〇一年四月）